小额信贷理论与实务

陈工孟　主编
傅建源

清华大学出版社
北京

内 容 简 介

本书是编者结合长期的小微金融课程教学经验,再结合丰富的小微金融企业资料编写而成的。全书从基础、实务、提高三方面详细地阐释了小额信贷的相关知识、业务流程及风险管理。其中基础篇包括项目一"认知小额信贷和小额信贷机构"、项目二"树立小额信贷风险管理理念";实务篇包括项目三"介绍小额信贷产品"、项目四"办理小额信贷业务";提高篇包括项目五"评估小额信贷业务风险"。

本书在编写过程中,注重小额信贷业务流程,并结合行业真实案例,重点突出,同时设计了很多实践活动与知识的拓展,并在每个项目开头采用情景模拟带动课程教学的方式,使读者明确学习的目标,学有所用。

本书是一本初级教材,适合具有一定经济金融知识的高职生、本科生及希望从事经济金融研究、信贷操作与管理方面的读者学习。

本书封面贴有清华大学出版社防伪标签,无标签者不得销售。
版权所有,侵权必究。举报:010-62782989,beiqinquan@tup.tsinghua.edu.cn。

图书在版编目(CIP)数据

小额信贷理论与实务/陈工孟,傅建源主编. —北京:清华大学出版社,2017(2023.7重印)
ISBN 978-7-302-46205-7

Ⅰ.①小… Ⅱ.①陈…②傅… Ⅲ.①信贷管理-研究-中国 Ⅳ.①F832.4

中国版本图书馆 CIP 数据核字(2017)第 020015 号

责任编辑:彭 欣
封面设计:汉风唐韵
责任校对:宋玉莲
责任印制:杨 艳

出版发行:清华大学出版社
    网　　址:http://www.tup.com.cn, http://www.wqbook.com
    地　　址:北京清华大学学研大厦A座 邮　　编:100084
    社 总 机:010-83470000 邮　　购:010-62786544
    投稿与读者服务:010-62776969, c-service@tup.tsinghua.edu.cn
    质量反馈:010-62772015, zhiliang@tup.tsinghua.edu.cn
印 装 者:三河市铭诚印务有限公司
经　　销:全国新华书店
开　　本:185mm×260mm 印　张:17.75 字　数:416 千字
版　　次:2017年3月第1版 印　次:2023年7月第6次印刷
定　　价:49.00 元

产品编号:071702-02

编　　委

编撰单位：

深圳国泰安教育技术股份有限公司

广东邮电职业技术学院

主编：

陈工孟　国泰安教育技术股份有限公司　董事长

　　　　上海交通大学　国安泰金融学教授、博士生导师

傅建源　广东邮电职业技术学院　金融专业学科带头人

副主编：

张　超　国泰安教育技术股份有限公司金融大数据事业部　群总经理

贾淑芹　国泰安教育技术股份有限公司金融大数据事业部　群副总经理

编委成员：

程　军　吕蔓青　柯　楠　王　莹　张凌霜

FOREWROD 前 言

写作背景

小额信贷是指主要向低收入群体和微型企业提供的额度较小的信贷服务,旨在通过金融服务扶助低收入群体和小微企业的生存与发展。小额信贷起源于20世纪70年代中后期的孟加拉,以默罕默德·尤努斯(Muhammad Yunus)教授进行的小额信贷扶贫试验为开端。我国真正意义上的小额信贷业务始于1993年的"易县信贷扶贫合作社",至今已有20多年。在这20多年间我国小额信贷不断发展,特别是近几年来,随着社会主义新农村建设的不断推进,普惠金融理念深入人心,面向低收入群体和微型企业的小额贷款业务在政府政策的引导下蓬勃发展。我国小额信贷机构既有银行类机构,也包含非银行类机构。由于小额信贷业务的不断发展及其操作模式与传统银行信贷存在较大的区别,我国小额信贷业务的人才需求也越来越旺盛。截至2016年3月末,我国共计有小额贷款机构8 862家,全国行业从业人员共计112 118人,预计到2016年年底,全国小额贷款机构将突破10 000家。机构扩张速度与从业人员增长速度基本保持一致,小额贷款人才缺口巨大。基于此,我们编写了《小额信贷理论与实务》这本书,介绍小额信贷业务的相关理论和实务操作方法,希望能为培养小额信贷专业人才贡献一分力量。

内容安排

本书阐述了小额信贷的基础理论,并在充分调研小额信贷员岗位的典型工作任务和职业能力要求的基础上,系统地介绍了小额信贷的实务操作方法,内容可分为三个篇章,五个学习项目。

第一篇为小额信贷基础篇,包括项目一 认知小额信贷和小额信贷机构和项目二 树立小额信贷风险管理理念,其内容包括小额信贷在我国的发展、小额信贷机构的组织架构和人才需求、小额信贷的职业操守、小额信贷的风险种类、常见的错误风险管理理念,以及如何树立正确的小额信贷风险管理理念等。

第二篇为小额信贷实务篇,包括项目三 介绍小额信贷产品和项目四 办理小额信贷业务,内容包括:个人小额信贷产品、企业小额信贷产品,小额信贷业务的办理流程,以及小额信贷的贷前、贷中、贷后审查流程与管理办法,等等。

第三篇为小额信贷提高篇,对应项目五 评估小额信贷业务风险。内容包括:认识小额信贷风险评估的基本维度、评估特点等,并介绍了基于客户信息的评估、基于贷款信息的评估和基于客户征信记录的评估方法，以及交叉检验、分析财务报表的方法。

本书的内容遵循由浅至深、由理论到实务的编排思路，希望读者对小额信贷业务的认识能够得到逐步的提升。

特色

本书在编写过程中注重小额信贷的实际业务操作流程，并结合行业真实案例，将理论融于实际操作中，重点突出，够用为度，同时结合案例设计了相关思考问题等供读者参考和学习，具有很强的实践指导意义。同时，在书中我们补充了大量国内外关于小额信贷行业的前沿知识，以实务界内容为主，力图为读者拓宽视野和更好地把握行业前景提供参考。

本书紧跟信贷业务发展的新方向，参考了大量国内外小额信贷的相关文献资料，查阅了大量行业相关案例和机构网站，既可用于日常课堂教学，也可为有志于从事小额信贷事业的人员提供学习参考。

面向读者

本书是一本初级教材，适合具有一定经济金融知识的高职生、本科生学习，同时也适用于希望从事经济金融研究、信贷操作与管理方面的读者。通过本书的学习，相信您能收获以下几点：

（1）了解小额信贷的基础知识，包括行业发展、机构架构、信贷产品、行业风险、从业人员应具备的职业操守等。

（2）对信贷业务的操作从理论到实践、从抽象认识转变为理解运用。

致谢

感谢为本书撰写做出贡献的所有人。广东邮电职业技术学院的傅建源老师负责项目一至项目三的主体内容撰写，与其他部分的评审和修订工作；西南财经大学的王莹参与了项目一、项目三的写作与修订，深圳国泰安教育技术股份有限公司的陈工孟教授带领金融事业部张超、责淑芹、吕蔓青、程军、张凌霜完成项目四、项目五及附录的撰写与全书的排版修订。没有他们的努力，本书无法完成。

书中涉及的大部分参考或引用材料都已在书后的"参考目录"中列出，对于我们参考或引用但没能明确列出的资料和文献，我们对作者表示深深的歉意。

我国小额信贷机构众多，业务品种繁多，且小额信贷业务创新不断，加之作者水平有限，书中难免存在不足与疏漏之处，欢迎广大专家、读者批评指正。

编　者

CONTENTS 目录

前言 III

第一篇 小额信贷基础篇

项目一 认知小额信贷和小额信贷机构 3

    任务一 认知小额信贷行业 4
        一、小额信贷的发展 4
        二、我国小额信贷的发展概况 8
    任务二 认知我国小额信贷机构 12
        一、我国小额信贷机构的类别 12
        二、我国小额贷款公司的行业环境 17
        三、小额信贷机构的组织架构和人才需求 23
    任务三 认知小额信贷职业操守 28
        一、小额信贷从业人员职业操守规定 28
        二、职业操守缺失案例 29
    项目一 重点知识回顾 31

项目二 树立小额信贷风险管理理念 33

    任务一 认知小额信贷的风险 33
        一、小额信贷风险的概念 33
        二、小额信贷风险分类 34
    任务二 树立正确的风险管理理念 37
        一、常见的错误风险管理理念 37
        二、树立正确的小额信贷风险管理理念 39
    项目二 重点知识回顾 41

第二篇　小额信贷实务篇

项目三　介绍小额信贷产品 ·· 45

　　任务一　认知小额信贷产品 ·· 45
　　　　一、小额信贷产品的基本条款 ·· 45
　　　　二、计算贷款利息和还款额度 ·· 53
　　任务二　介绍个人小额信贷产品 ·· 60
　　　　一、个人小额信贷产品 ·· 60
　　　　二、个人消费类小额信贷 ··· 62
　　　　三、个人经营类小额信贷 ··· 65
　　任务三　介绍企业小额信贷产品 ·· 70
　　　　一、企业小额信贷产品 ·· 70
　　　　二、企业流动资金小额信贷 ·· 72
　　　　三、企业固定资产类小额信贷 ··· 74
　　　　四、企业贸易类小额信贷 ··· 76
　　项目三　重点知识回顾 ··· 81

项目四　办理小额信贷业务 ·· 83

　　任务一　认知小额信贷业务流程 ·· 83
　　　　一、小额信贷业务基本流程 ·· 83
　　　　二、信贷工厂模式 ··· 84
　　任务二　办理小额信贷的贷前业务 ··· 88
　　　　一、受理贷款申请 ··· 88
　　　　二、贷前尽职调查 ··· 97
　　任务三　办理小额信贷的贷中业务 ··· 113
　　　　一、贷中审查与审批 ·· 113
　　　　二、签订信贷合同 ·· 120
　　　　三、贷款发放 ·· 132
　　任务四　办理小额信贷的贷后业务 ··· 134
　　　　一、认知贷后管理 ·· 134
　　　　二、实施贷后检查 ·· 135
　　　　三、识别贷后风险预警信号 ··· 140
　　　　四、划分贷款质量 ·· 146
　　　　五、回收贷款 ·· 147
　　　　六、管理不良贷款 ·· 151
　　　　七、管理小额信贷业务档案 ··· 159
　　项目四　重点知识回顾 ·· 162

第三篇 小额信贷提高篇

项目五 评估小额信贷业务风险 ………………………………………… 167

任务一 小额信用风险评估概述 ……………………………………… 168
一、信用风险评估的基本维度 ……………………………………… 168
二、小额信用风险评估的特点 ……………………………………… 169
三、信用要素分析法 ………………………………………………… 170
四、把握重要风险点 ………………………………………………… 172

任务二 基于客户信息评估信用风险 ………………………………… 172
一、评估个人/企业共性信用风险 ………………………………… 173
二、评估个人信用风险 ……………………………………………… 176
三、评估企业信用风险 ……………………………………………… 180

任务三 基于贷款信息评估信用风险 ………………………………… 189
一、评估贷款用途 …………………………………………………… 189
二、评估贷款担保条件 ……………………………………………… 194

任务四 基于客户征信记录评估信用风险 …………………………… 201
一、认知征信 ………………………………………………………… 201
二、查询征信报告 …………………………………………………… 204
三、解读征信报告 …………………………………………………… 206

任务五 基于财务信息评估企业信用风险 …………………………… 208
一、认知财务分析 …………………………………………………… 208
二、分析财务报表的关键科目 ……………………………………… 210
三、分析企业财务指标 ……………………………………………… 218

任务六 交叉检验客户信息的可靠性 ………………………………… 229
一、认知交叉检验 …………………………………………………… 229
二、交叉检验同一信息 ……………………………………………… 230
三、逻辑检验不同信息 ……………………………………………… 233

任务七 评估客户信用等级 …………………………………………… 241
一、认知信用评级 …………………………………………………… 241
二、认知信用评级指标体系 ………………………………………… 241
三、对客户信用评分 ………………………………………………… 243
四、信用等级标准 …………………………………………………… 246

项目五 重点知识回顾 ………………………………………………… 248

附录 ……………………………………………………………………… 251

参考文献 ………………………………………………………………… 271

PART 1

第一篇

小额信贷基础篇

PROJECT 1

项目一 认知小额信贷和小额信贷机构

- 了解小额信贷行业的发展现状和趋势
- 熟悉小额信贷行业岗位设置与人才需求,形成职业规划
- 牢记小额信贷从业人员的职业操守

学习情景介绍

小邓是即将毕业的金融专业学生,最近正在为就业问题而烦恼:他想找一份与自身专业对口并具有广阔发展前景的工作,那应该是什么呢?一次偶然的机会,他在"前程无忧"招聘网上看到一则小额贷款公司的应届生招聘信息,上面写着:

招聘职位:小额信贷客户经理

任职资格

(1) 大专以上学历,应届毕业生,性格外向,喜欢从事销售或金融行业;

(2) 较强的学习能力、沟通及表达能力;

(3) 吃苦耐劳、有责任心、做事有冲劲;

(4) 有学习和赚钱欲望,想长期致力于金融行业发展。

岗位职责

(1) 根据公司的要求进行客户的开发及维护;

(2) 收集、整理公司客户资料,并进行调查;

(3) 进行客户管理;

(4) 为客户提供融资咨询;

(5) 协助客户获得信贷资金;

(6) 协助公司进行贷后跟踪管理。

薪资待遇

转正底薪3 450+提成,六险一金、双休、朝九晚五点半、年终奖、旅游机会、过节福利等。

小邓对此产生了很大兴趣,并开始积极搜索这个行业的相关资料……

课前思考

(1) 从何时起,小额信贷进入了你的视线?

(2) 你知道在我国小额信贷服务的提供者有哪些吗?

(3) 小额贷款公司经营什么业务?

(4) 你能否说出一些小额贷款公司的名称吗?你对它们有更深入的了解吗?

(5) 小额信贷从业人员需要遵守哪些职业操守规定呢?

任务一　认知小额信贷行业

- 了解小额信贷行业的发展现状和趋势

一、小额信贷的发展

根据国际流行观点,**小额信贷**(microcredit)或称小微信贷,是指主要向低收入群体和微型企业提供的额度较小的信贷服务,旨在通过金融服务扶助低收入群体和小微企业的生存与发展。小额信贷的主要客户是城市和农村的个体经营户、低收入企业主,例如商贩、街头小商户、服务性小业主、小作坊主等。小额信贷产品一般具有额度较小、手续简便、放贷迅速、还款方式灵活、还款期限短等特点。

小额信贷的一般特征见表1-1。

表1-1　小额信贷的一般特征

贷款额度	小,甚至小微
目标客户	微型企业主或者低收入家庭
资金用途	一般用于生产,不用于消费,除了必要的开支如医疗、教育等
贷款条件	灵活、易懂,与当地情况相适应,期限较短,往往没有抵押或全无担保
放贷过程	手续简便、放贷迅速

随着小额信贷行业在各国生根演变,其含义已有所扩展,服务方式和服务对象都更为广泛。

拓展阅读1-1　多小的信贷业务称为"小额"

小额信贷的额度上限并无定论,但一般的原则是要结合各地的人均收入和经济发展状况来制定标准。

通常,我们还会遇到"微贷款""微小贷款"等概念,它们也属于小额信贷的范畴,其额度和服务对象集中于小额信贷的低端。

(一) 小额信贷的起源和发展

1. 小额信贷在孟加拉

小额信贷起源于20世纪70年代中后期的孟加拉,以默罕默德·尤努斯(Muhammad Yunus)教授(见图1-1)进行的小额信贷扶贫试验为开端。1976年,乡村银行①(又被称为格

---

① 资料来源:田甜,万江红.孟加拉GB小额信贷模式及其启示[J].时代经贸学术版,2007,5(2):126-128.

莱珉银行，Grameen Bank，GB)首先在孟加拉的乔布拉(Jobra)村成立，1983年孟加拉当局允许其注册为银行。

GB小额信贷业务主要针对农村贫困人口，尤其是贫困的女性。因为尤努斯认为，女性在社会中处于弱势地位，比男性更难以改变自己的贫困状况，但女性维护家庭完整和子女利益的意志比男性更坚决，她们会积极地利用贷款改善经济条件，使其家庭和子女受益。GB采取的是无担保、无抵押的贷款制度。为管控信贷风险，GB创造性地提出"贷款联保小组"机制，联保小组由居住在贷款人服务区域内的借款人组成，一般不少于5人，每个借款人都为其他借款人的借款承担连带担保责任。通过这种机制设计，为银行找到足够的担保群体，同时借款人相互之间会有道德约束，有效地防范违约风险。

图1-1 孟加拉乡村银行创始人尤努斯
(图片来源：中国网. http://finance.qq.com/a/20090703/002530.html)

2006年，"为表彰他们从社会底层推动经济和社会发展的努力"，尤努斯教授和他的孟加拉GB共同获得诺贝尔和平奖。孟加拉GB的运作模式被众多国家关注和效仿。

2. 小额信贷在印度尼西亚

印度尼西亚人民银行[①](Bank Rakyat Indonesia，BRI)是世界上为农村提供金融服务最大的国有商业性金融机构。其小额信贷体系向印尼数百万农村居民提供了大量且可持续性的金融服务，同时在商业运作上也获得了巨大成功，是继孟加拉GB之后的又一小额信贷运作模式的典范。

BRI是印尼最主要的五大国有商业银行之一，成立于1895年。从1984年开始，BRI对小额信贷业务的经营模式进行改制，在其内部建立村银行，专门经营农村小额信贷业务，主要服务于农户、农业劳动力、佃农、家庭作坊加工者、小养殖户、小渔民及小商贩等在贫困线以上的农村群体。贷款之前，BRI村银行会要求借款人成立农户小组，小组成立之后，村银行会和政府人员分工对小组成员进行一系列培训，确保农户小组有能力经营项目。此外，BRI村银行还制定了贷款额度逐步分发制度、安全保障制度、还款激励制度等以进行信贷风险的管控。

3. 小额信贷在全球其他国家的发展

随着孟加拉和印尼小额信贷的成功，小额信贷业务迅速推广到亚洲、非洲和拉丁美洲的许多发展中国家，作为一种有效的扶贫手段，小额信贷在世界上越来越多的国家实践。目前，除了GB和BRI之外，玻利维亚的阳光银行、乌干达国际社会资助基金会也在此领域大获成功。

活动拓展1-1

(1) 思考：BRI村银行为什么只对贫困线以上的客户提供贷款？

(2) 请收集资料，了解小额信贷在世界各国的发展情况，并分析为何小额信贷在众多国

---

① 资料来源：节选改编自鱼小强. 国际小额信贷的发展趋势[J]. 农业经济，2005(3)：46-47.

家受到欢迎。

除了正文中的例子,还有下列这些各具特色的小额信贷发展模式,搜索了解它们吧:

欧洲复兴开发银行模式;

美国社区银行模式;

美国富国银行模式;

日本金融公库模式……

(二) 小额信贷的发展趋势

从20世纪70年代至今,小额信贷发展已近40年,作为面向中低收入人群和微型企业的金融服务,它在世界经济发展中扮演着越来越重要的角色,其自身也得到长足进步。小额信贷在发展过程中主要呈现如图1-2所示的几个趋势。

1. 制度主义模式渐占主流

目前,世界上存在两大小额信贷发展模式流派,福利主义和制度主义。

福利主义小额信贷以社会发展为首要目标,该流派以孟加拉GB银行为代表,以社会发展为首要目标,不仅为贫困人群提供小额信贷服务,同时也为他们提供技术培训、教育、医疗等社会服务。这一模式主要被一些社会发展机构和非政府组织所推崇。

图1-2 小额信贷的发展趋势

制度主义小额信贷更强调机构的商业可持续性,尤其是财务可持续性,并在此基础上扩大业务覆盖率,为广大低收入群体提供信贷服务,一般不涉及培训、教育、医疗等服务。该流派以印尼BRI-UD和玻利维亚阳光银行为代表机构,目前其业务正被扶贫咨询组织①(The Consultative Group to Assist the Poor,CGAP)及其主要成员组织世界银行(World Bank)等作为"最佳实践"总结推广。

国际小额信贷发展的实践证明,制度主义更符合小额信贷可持续发展的要求,因而也成为国际小额信贷的主流发展方向。福利主义小额信贷作为一种扶贫手段,其资金来源基本依靠的是国际机构援助或贷款,这种方式是很难有发展的,因为慈善资金不可能源源不断,而且数量上也远无法满足社会实际需求。因此小额信贷机构为了自身的可持续发展,越来越倾向于商业化运作,作为独立的信贷主体,它们追求能自身创造足够收入,以弥补资金成本和其他相关成本,产生商业利润,在扶贫和追求商业利益之间寻求新平衡点。在中国,近年来涌现出的大量商业性小额贷款公司就是很好的例子。商业性小额贷款公司,在有效弥补了传统商业银行没有覆盖到的中低收入客户群体的同时,能够获得一定商业利润,这种可持续发展模式能够使小额信贷机构持续而稳定地创造社会效益。

拓展阅读1-2 小额信贷机构的其他业务

小额信贷机构并不局限于发放贷款。小额信贷机构的非信贷业务主要有储蓄、支付和

---

① 扶贫咨询组织(CGAP)由全世界34个领导机构合作组成,旨在刺激创新、推进普惠金融的发展以及改善低收入人群的生活。

保险。对小额信贷扶贫效应的分析中,往往认为储蓄和信贷同等重要。为未曾或难以获得银行金融服务的贫困人口提供储蓄服务,可以有效地帮助他们更合理地安排收入与支出,减小突发事件对家庭经济造成的冲击。小额信贷机构提供的储蓄服务主要有储蓄账户、支票/活期账户、养老金、青少年储蓄、计划储蓄等。储蓄业务的开展,还有利于小额信贷机构随时、更准确地了解客户的现金收支情况,降低与客户之间的信息不对称性。支付业务,也是小额信贷机构所提供的重要金融服务,主要包括ATM/借记卡、政府支付、汇款、电子支付等。保险服务方面,主要是小额保险,也可以按照保险标的分为人寿保险、医疗保险、财产保险、农业保险等。

此外,国际劳工组织提出了信贷增值服务(credit plus approach)的概念,旨在提供金融服务之外,还可向客户提供技能培训、企业经营、营销培训、市场信息等相关服务。其目的在于提高客户的素质,不仅"授之以鱼",更要"授之以渔",从而间接地提高其还贷能力。

可见,小额信贷机构,虽然名义上只是信贷机构,但实际上,其经营的业务可能远远不止信贷业务。这既是为了更好地满足低收入综合金融需求,也是为了增强机构的服务能力和盈利能力。

(资料来源:节选改编自何嗣江,严谷军.微型金融理论与实践[M].杭州:浙江大学出版社,2013)

2. 信贷机构日趋合规合法化

小额信贷本身属于金融业务的一种,遵循金融稳定方面的专门法规,保证小额信贷机构能合规、可持续地运作发展。

例如,2008年《关于小额贷款公司试点的指导意见》(银监发〔2008〕23号),为我国小额贷款公司确立了合法运作的法律依据,对小额贷款公司的设立、资金来源和资金运用等问题进行了规范。

3. 信贷利率市场化

小额信贷机构服务的客户主要是中低收入人群,他们需要的贷款通常额度小、无抵押,贷款的交易成本高,因而必须受到考虑,各国政府正逐步出台政策法规,确立小额信贷机构的合法地位,将其纳入国家金融体系,并进行相应合规监管。在世界银行的倡导下,许多发展中国家把小额信贷纳入法制轨道,例如尼泊尔、菲律宾、孟加拉和印尼等国家制定了一系列法规,把小额信贷扶贫作为国家扶贫的主要形式,并把扶贫机构注册为合法的银行。通过制定有关资本充足率、资产风险加权、坏账准备金以及信息发布等方面的专门法规,保证小额信贷机构具有合法地位并进行营利性运作。

小额信贷机构往往收取比商业银行更高的利率以弥补经营成本。小额信贷的客户往往没有条件从商业银行或其他金融机构取得常规贷款,他们更加关注贷款是否易于获得、是否适合小型经营活动的特点、是否具备弹性的还款条件、贷款使用范围是否多样化,贷款利率高低并非那么重要。

正是从小额信贷市场这种供求关系出发,各国纷纷制定了高于银行常规贷款但低于民间高利贷的利率,使利息能够覆盖小额信贷机构的所有成本并略有结余。在中国,法律规定利率必须在人民银行规定的同期贷款基准利率的4倍之内[①]。因此,小额信贷机构必须在

---

① 中国人民银行于2013年7月20日起全面放开金融机构贷款利率管制,取消金融机构贷款利率0.7倍下限,由金融机构根据商业原则自主确定贷款利率水平。

此范围内设定利率,这个利率由于市场供求的原因往往接近于规定的利率上限。表1-2所示为广州市某段时间内的小额信贷利率水平。

表1-2 广州市小额信贷利率水平

周 期	月利率(%)	年利率(%)
10天	1.70	20.40
1个月	1.48	17.80
3个月	1.50	17.95
6个月	1.56	18.73
一年	1.48	17.71
一年以上	1.62	19.45

(数据来源:广东省小额贷款公司协会.广州市小额信贷利率统计[DB/OL].广东省小额贷款公司协会网站,2014-07-22. http://www.gdxdxh.com/)

4. 信贷产品多样化

20世纪70年代,小额信贷刚刚出现时,小额信贷机构很少,产品也比较单一。在发展过程中,一些国家的商业银行和私人投资者等多方主体受政策引导和较好的金融回报率的吸引,开始进入小额信贷市场而形成了小额信贷市场的竞争性格局。这种竞争格局促使小额信贷机构不断进行产品创新以更好地赢得市场。目前,小额信贷机构从贷款品种、贷款期限、利率水平、服务对象、抵押担保方式、信用评估技术、资金用途等多方面均进行了各种创新,使信贷产品呈现多样性,为更多客户提供更加个性化的金融服务。

5. 信贷技术现代化

在信息化时代,小额信贷机构纷纷采用先进的计算机、互联网技术,改善运营条件,降低运行成本,提高工作效率。此外,随着金融工程、信用风险管控理论研究的深入,信用风险评估与管控技术也得到了显著改进,有利于小额信贷机构有效防范和管理风险,降低违约率。

二、我国小额信贷的发展概况

(一)我国的小额信贷

1. 我国小额信贷的发展

我国真正意义上的小额信贷业务始于1993年,至今已有20多年。总体而言,我国小额信贷经历了四大发展阶段见表1-3。

表1-3 我国小额信贷发展的四大阶段

1993—1996年	**外援资金的扶贫试点阶段** 1993年,中国社会科学院农村发展研究所首先将与国际规范接轨的孟加拉乡村银行GB模式的小额信贷引入了中国,成立了"扶贫经济合作社",联合国开发计划署以及一些国际组织也相继在我国开展了一些小额信贷项目
1996—2000年	**政府主导的小额信贷农村扶贫阶段** 中国政府在继续借助国际援助资金的同时,利用小额信贷这一金融工具,以国家财政资金和扶贫贴息贷款为资金来源,以政府机构、农业发展银行以及农业银行为运作机构实施政策性小额贷款扶贫项目

续表

2000—2005年	农村正规金融机构全面介入和各类项目制度化建设阶段 农村信用社作为农村正规金融机构，在中国人民银行的推动下，借助中央银行再贷款的支持，逐步介入和快速扩展农户小额信贷试验
2005年至今	多元化信贷政策和信贷机构相继涌现阶段 　　国家出台了相关政策，放宽了农村金融市场资本和机构的准入门槛。2006年，银监会发布《关于调整放宽农村地区银行业金融机构准入政策更好支持社会主义新农村建设的若干意见》（银监发〔2006〕90号）；同年，中央1号文件"鼓励在县域内设立多种所有制的社区金融机构，允许私有资本、外资等参股。大力培育由自然人、企业法人或社团法人发起的小额贷款组织"。由此，中国小额贷款公司开始登上历史舞台。此后，外资银行和中国农村商业银行均开始在农村设立村镇银行。而且，中国小额信贷业务出现了异化——多家中小商业银行开始以小额信贷作为重要的业务增长新来源，将目标客户逐渐转向农村中富裕和比较富裕的农户，甚至是城市的个体工商户以及中低收入的工薪阶层

（资料来源：节选改编自中国人民银行小额信贷专题组.小额贷款公司指导手册［M］.北京：中国金融出版社，2006.）

拓展阅读1-3　小微金融新政策

近年来，我国不断出台相关政策，鼓励小微金融的发展，近期的有：

2013年7月，国务院《关于金融支持经济结构调整和转型升级的指导意见》（"金融十条"）；

2013年7月，国务院《关于金融支持小微企业发展的实施意见》；

2014年4月，国务院《关于金融服务"三农"发展的若干意见》；

2014年6月，央行"定向降准"；

2014年6月，银监会"调整商业银行存贷比"；

2014年7月，李克强总理部署融资"国十条"；

2014年7月，银监会《中国银监会关于完善和创新小微企业贷款服务提高小微企业金融服务水平的通知》；

……

请大家搜索了解它们。

2．我国小额信贷的目标客户群体

我国小额信贷目标客户群体主要为以下几类。

1）小微企业

小微企业是目前我国小额信贷最主要的客户。小微企业基本上都是民营企业，资金来源较少，难以获取大银行的传统贷款，小额信贷恰好弥补了这一空白。

2）农户

这一客户群主要是从事农村土地耕作或者其他与农村经济发展相关的生产经营活动的农民、个体经营户等。对于农户的小额贷款常具有扶贫的性质，有来自政府的支持或补贴等。

3）从事新农村建设的人群、机构及社区

贷款资金主要用于农业基础设施建设、农业新技术的开发推广、农业增产措施、农村及社区商品物流、高效种养殖业等。

4）城市中低收入者

如城市中的下岗失业人员，用于其自谋职业、自主创业或合伙经营和组织就业；又如创业的妇女、青年。对这个群体的贷款也符合国家鼓励创业和增加就业的政策。

5）城市中的个人

这主要是城市中的个人，用于住房、汽车及综合消费等。

拓展阅读 1-4　社会主义新农村建设

党的十六届五中全会作出了加快社会主义新农村建设的重大决定，提出实施以"生产发展、生活宽裕、乡风文明、村容整洁、管理民主"为内容的新农村建设战略。建设社会主义新农村是我国现代化进程中的重大历史任务，是统筹城乡发展和以工促农、以城带乡的基本途径，是缩小城乡差距、扩大农村市场需求的根本出路，是解决"三农"问题、全面建设小康社会的重大战略举措。

（资料来源：节选改编自中共中央关于制定国民经济和社会发展第十一个五年规划的建议[Z].中发〔2006〕1号.）

请收集了解一下你身边的新农村建设。

（二）我国小额信贷机构的资金来源

无论对于哪种小额信贷机构，资金问题作为经营运作的基础条件都会直接影响它们顺利发展业务和扩张规模。因此，保证信贷资金供给充足，寻找有利于小额信贷机构高效持久运营的资金来源渠道，是小额信贷机构发展过程中需要解决的重要问题。

从资金性质来看，小额信贷机构的资金来源可分为两类，一是非商业性资金来源；二是商业性资金来源，具体如图1-3所示。

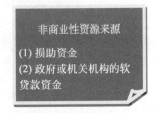

图1-3　小额信贷机构的资金来源

1. 非商业性资金来源

1）捐助资金

捐助资金主要是指各类非营利性组织（在我国多为境外捐助机构）及个人提供的无偿资金。在小额信贷的发展历史中，捐助一直是其资金来源的支柱之一，特别是在机构创设初期，捐助资金的作用尤为明显，解决了业务开展的资本金问题，为小额信贷机构日后独立运营奠定了基础。

2）政府或相关机构的软贷款资金

该类资金通常用于资助政府或相关机构重点支持的项目，软贷款[①]与商业银行硬贷款[②]

[①] 软贷款指贷款条件较为优惠的贷款，通常其利率比市场利率低，贷款期限比一般银行贷款长，且有宽限期。

[②] 硬贷款是指普通条件的贷款，一般为商业性贷款。

相比,最大的区别在于它的贷款条件更为宽松优惠:如利息率低于市场平均水平;还款期限更长;贷款到期后还可设置宽限期,在宽限期内,借款机构只需支付利息或服务费,而不需支付罚息。常见的软贷款资金来自世界银行、国际货币基金组织、国家开发银行等。

2. 商业性资金来源

小额信贷机构的商业性资金来源主要包括以下几种。

1)商业股权资本

商业股权资本也称自有资金或权益资本,是企业依法取得并长期拥有、自主调配运用的资本,与贷款资金和债权资金不同,它不需要向投资者归还本金。股权资本的筹集方式主要有发行股票、吸收直接投资、留存收益和认股权证筹资等。中国的股权资本主要包括以下几种来源:资本金、公积金、盈余公积金和未分配利润等。

2)硬贷款资金

硬贷款是指普通条件的贷款,一般为来自银行业金融机构的商业性贷款。此外,国家开发银行实行的硬贷款,是国家开发银行在项目总体资金配置的基础上将借入资金直接贷给项目、到期收回本息的贷款,包括基本建设贷款和技术改造贷款。

3)存款资金

存款资金指存款人在保留所有权的条件下暂时存储于银行等金融机构,将使用权暂时转让给金融机构的资金。存款是银行业金融机构最重要的信贷资金来源。然而,我国的小额贷款公司尚不被允许吸收存款资金,资金来源受到较大限制,但满足条件的小额贷款公司可以转制为村镇银行,从而获得吸收存款的权利。

4)债券资金

债券资金是指将对外发行债券作为信贷资金的来源而获得的资金。债券是一种金融契约,是债务方借债筹措资金时,向债权方发行,同时承诺按一定利率支付利息并按约定条件偿还本金的债权债务凭证。债券按发行主体不同,可分为政府债、公司债、金融债。小额信贷机构可以通过发行公司债、金融债的方式向资本市场融集资金。

5)资产证券化融得的资金

资产证券化是以特定资产组合或特定现金流为支持,发行可交易证券的一种融资形式。这对于小额信贷机构而言是一种融资渠道创新,即是允许小额信贷机构将优质的小额信贷组合作为基础标的物,在承诺向市场提供现金流回报的前提下,向市场发行可流通交易的证券。其发行对象可以是银行、证券公司等金融机构,也可以是普通社会大众。根据中国的《信贷资产证券化试点管理办法》以及《关于进一步加强信贷资产证券化业务管理工作的通知》等规范文件,中国目前只允许银行业金融机构通过信贷资产证券化融资,小额贷款公司尚不符合法律主体的要求。

活动拓展 1-2

(1)请收集舆论和学术观点,就上述各类融资渠道的利弊做出自己的分析和判断。

(2)请搜索了解我国的小额信贷机构的融资渠道情况,填写表 1-4。

表 1-4 小额信贷机构融资渠道选择表

小额信贷机构类型	非商业性资金来源	商业性资金来源
NGO		
小额贷款公司		
农村信用合作社		
城市商业银行		
大型商业银行		
P2P贷款互联网平台		

知识自测 1-1

(1) 什么是小额信贷,小额信贷有哪些一般特征?

(2) 目前小额信贷呈现怎样的发展趋势,福利主义和制度主义小额信贷的区别是什么?

(3) 我国小额信贷机构有哪几大类,它们信贷资金的来源有哪些?

任务二　认知我国小额信贷机构

• 熟悉小额信贷机构的类别、岗位设置与人才需求,形成职业规划

一、我国小额信贷机构的类别

广义上的小额信贷机构[①](microcredit institutions)是指提供小额信贷业务的各类机构,既有银行类机构,也包含非银行类机构;而狭义上的小额信贷机构则指为从事小额信贷业务而创立、以小额信贷为核心业务的机构。目前,我国的小额信贷机构主要有[②]以下几种(图 1-4)。

第一层次,民间自发产生的自由借贷的平台机构。比如 P2P 借贷。

第二层次,从事项目式小额信贷的机构。这些小额信贷项目往往以非政府公益性组织

---

① 本书中,若非特殊指出,"小额信贷机构"一词即指广义上的小额信贷机构。

② 资料来源:参考改编自何广文,杜晓山,白澄宇等.中国小额信贷行业评估报告[EB/OL].中国小额信贷发展促进网络,2009-02-17. http://wenku.baidu.com/link? url=l69UNjoStQxxq9oCWjy8rac0e591QLYSNmHobmZh6vtKRo3Spz_0D5I3vVM71qIv8ICAOr_WA3ojYb7nzNY_krrem4EpciG6d0wSrTAKkPi.

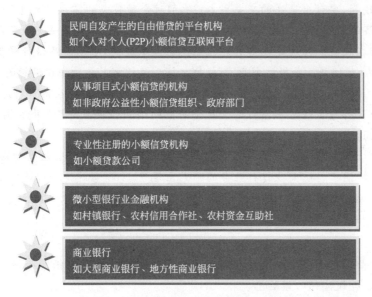

图1-4　我国主要的小额信贷机构类别

(Non-Governmental Organizations, NGOS)或政府部门为主导,以募集资金或财政拨款形式进行运作,一般以扶贫的名义在欠发达地区开展。

第三层次,专业性注册的小额信贷机构。由银行业金融机构、私人资本等投资成立的专业性小额贷款公司,不吸收存款,是纯粹的放贷机构。

第四层次,微小型银行业金融机构。服务于一定区域和范围内的人群,如城市低端人群和农村人群。如村镇银行[①]、农村信用合作社[②]、农村资金互助社等。

第五层次,商业银行。传统商业银行通常会成立专门的小额信贷业务部,发展小额信贷业务线。在我国,中小型商业银行尤其重视小额信贷业务的发展。

此外,涉及小额信贷业务的机构还有贷款公司、典当公司、担保公司、消费金融公司、供应链服务公司等。

拓展阅读1-5　我国专门从事小额信贷业务的机构为何产生

专门从事小额信贷业务机构的出现,是要为那些资金需求无法被正规金融机构满足的低收入人群和微型企业提供信贷服务。

首先,从理论上讲,商业银行等正规金融机构由于交易成本和信息不对称等问题,在低收入和贫困居民占主体的农村与城镇贫困地区,既不能提供市场需要的金额小、频率高的贷款,也缺乏其他适当的金融产品可供选择,金融运行效率非常低,这样导致的结果就是低收入阶层、贫困居民和微型企业处于传统商业银行提供的金融服务的边缘地位,或者被排斥在外。

其次,低收入阶层、贫困居民和微型企业本身的特性也决定了其获取商业银行服务的难度:总体来讲,低收入阶层、贫困居民和微型企业一般业务规模较小且住地分散,银行若与

---

① 村镇银行指为当地农户或企业提供服务的银行机构,主要为当地农民、农业和农村经济发展提供金融服务。
② 农村信用合作社又称农村信用社、农信社,指经中国人民银行批准设立,由社员入股组成,实行民主管理,主要为社员提供金融服务的农村合作金融机构。其主要任务是筹集农村闲散资金,为农业、农民和农村经济发展提供金融服务。

每个客户分别谈判,要付出很高的交易成本;他们对金融服务的需求较为单一,不足以使银行得到规模经济的收益;一般缺乏可信的长期信用记录,也没有规范的、具有公信力的财务报表,导致银行在收集和处理这些客户信用信息时成本过高,难以满足银行对于抵押品的要求。低收入居民、贫困居民和微型企业,一般缺乏符合银行要求并受法律保护的抵押品;一般没有自有资本或者只有很少的生产资料,而且这些生产资料与他们的生活资料是混同使用的。

最后,商业银行与上述客户签订的贷款合同中的限制性条款,可能并不能切实执行,或者执行成本过高,因而他们无法控制贷款资金使用中的道德风险。

鉴于这种背景,也因为推动低收入地区脱贫解困的社会需要,小额信贷和小额信贷机构,以一种全然不同于传统商业银行业务的形式出现了。

(资料来源:节选改编自中国人民银行小额信贷专题组.小额贷款公司指导手册[M].北京:中国金融出版社,2006.)

活动拓展 1-3

请查阅《商业银行小微金融经理人调查报告(2015)》,了解商业银行小微金融服务的过去、现在和未来,并谈谈你的读后感。

百家齐放
扶持力度加大 银企共赢 风险增加
审慎发展 创新频出 有所改善
产品多元 **竞争激烈** 稳步增长
蓬勃发展 效率提升 重视程度提高
缺乏进步 同质化竞争 转型升级
贷款规模紧张

拓展阅读 1-6　P2P 小额信贷在中国

互联网金融在中国刚刚兴起,已经受到来自各方的关注。P2P 网贷(Peer-to-Peer Lending,P2P)处于互联网、金融等多个行业的交叉领域,其核心理念是最大限度地方便民间资金融通。其中 P2P 贷款又名"人人贷",是个人与个人间的小额借贷交易,即有资金与投资想法的个人,通过中介机构牵线搭桥,使用信用贷款的方式将资金贷给其他有借款需求的人。其中,中介机构负责对借款方的经济效益、发展前景等情况进行详细的考察,为双方提供一个安全的交易平台,并收取账户管理费和服务费等。P2P 模式的显著特点在于信息公开、直接透明,网络公司只提供平台,放款人可对不同贷款人的资信进行评估和甄别,贷款人与放款人一对一地了解对方的基本信息,双方商定贷款利率,然后直接签署借款合同。同时,门槛较低、渠道成本低,给予每个资金需求者和提供者参与的机会,令社会闲散资金得以有效利用,真正开启了"大众金融"时代。

2014 年上半年,全国 P2P 网贷成交额 964.46 亿元(各月份成交额如图 1-5 所示)。而这一数字在 2009 年仅为 1.5 亿元。按地域分类,成交额在前三名的是广东省 317.14 亿元、浙江省 195.56 亿元、北京市 133.35 亿元,三地合计 645.2 亿元,超过全国总成交额 66.99%。

2014 年上半年平台数量呈稳定增长的趋势。截至第二季度末一共有 1 184 家。月复合增长率约为 6.24%。越来越多的上市公司、国企、基金、银行等涉足网贷。P2P 平台中贷款余额居于前列的有**陆金所**、**人人贷**、**融资城**、**团贷网**、**红岭创投和爱投资**。图 1-6 所示为我国著名的 P2P 网贷平台 Logo。

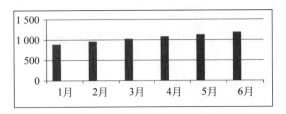

图1-5 2014年上半年P2P网贷成交额

图1-6 我国著名的P2P网贷平台

我国P2P网络信贷市场发展情况见表1-5。

表1-5 中国P2P小额信贷市场发展和展望

2007—2010年	**萌芽期** 　　P2P贷款于2007年正式进入中国。拍拍贷是国内第一家注册成立的P2P贷款公司，同期还有宜信、红岭创投等平台相继出现。但总体来看，2007—2010年，我国社会融资的需求和导向还没有从资本市场中转移，大部分资金集团还寄希望于资本市场的再次转暖，尽管市场对于新形式的融资平台期望较高，但是从业者相对较少
2010—2013年	**行业膨胀期** 　　2010年后，随着利率市场化、银行脱媒以及民间借贷的火爆，大量的P2P贷款平台在市场上涌现，各种劣质产品也涌向市场。由于缺少必要的监管和法规约束，2012年多家P2P贷款公司接连发生恶性事件，扰乱了正常的金融秩序。市场对P2P贷款行业的期待更趋理性，各P2P贷款公司开始组成行业联盟、资信平台，并积极向央行靠拢，寻找信用数据对接，市场开始呼唤法律法规的监管
2013—2015年	**泡沫化低谷期** 　　随着市场的理性回归，市场上不正规的劣质企业被淘汰，企业数量增速放慢，幸存下来的优质P2P贷款公司具有更多话语权。预计未来关于P2P贷款的法律法规出台，试点增多，P2P贷款行业将进入牌照经济时代
2015年后	**正规运作期** 　　我国个人及中小企业征信系统将因P2P贷款风控体制的补足而进一步完善，同时P2P贷款的本土化进程基本完成。整体市场将形成三足鼎立局面：首先是更多国有金融机构将会以子公司或入股已有P2P公司的方式参与P2P市场竞争；其次是资历较深的正规P2P贷款公司，经过行业整合后实力进一步加强；最后是地区性、局部性以及针对特定行业的小规模P2P贷款平台

资料来源：
(1) 巴曙松. 2013年小微企业融资发展报告——中国现状及亚洲实践[R]. 海南：博鳌亚洲论坛2013年年会，2013-04-06
(2) 艾瑞研究院. 2014年P2P小额信贷典型模式案例研究报告[EB/OL]. 艾瑞网，2014-01-08. http://www.iresearch.com.cn/Report/2099.html
(3) 艾瑞研究院. 2013年中国P2P贷款行业研究报告. 艾瑞网，2013-10-10. http://www.iresearch.com.cn/report/2060.html

活动拓展 1-4

（1）请选定一家小额信贷机构，以报告的形式介绍它，内容可以包含组织使命、服务对象、产品种类等相关情况。

（2）请阅读下文，并搜索资料，了解一个到多个在中国从事小额信贷服务的非政府组织及其项目情况。

中国扶贫基金会小额信贷项目介绍

中国扶贫基金会（China Foundation for Poverty Alleviation，CFPA）成立于 1989 年 3 月，由国务院扶贫开发领导小组办公室主管，是对海内外捐赠基金进行管理的非营利性社会组织，是独立的社会团体法人，现已成长为我国扶贫公益领域最大的公益组织。

1）项目目标

为真正的贫困人口提供资金支持；提高贫困人口的自立和自我发展能力；实现项目操作机构的可持续发展。

2）目标群体

无法从正规金融机构获得贷款的贫困人口（尤其是妇女）。

3）合法地位

2001 年国务院扶贫办下发文件（国开办函〔2001〕25 号）：根据国务院《中国农村扶贫开发纲要（2001—2010 年）》第二十七条的精神，同意中国扶贫基金会作为小额信贷扶贫的试点单位。

4）项目历史

1996 年，中国西部人力资源开发中心（以下简称西部中心）负责实施中国秦巴山区世界银行贷款项目中的小额信贷项目。当时的项目区包括陕西省的安康市和四川省的阆中市。

2000 年，西部中心负责实施的秦巴项目中的小额信贷分项目及其管理队伍全部并入中国扶贫基金会。此后，中国扶贫基金会先后在 10 个贫困县实施了小额信贷项目。

2005 年，中国扶贫基金会在总结以往经验和教训的基础上，明确提出要从项目型小额信贷向机构型小额信贷转变的重大战略调整，并力争在中国建立一家真正以扶贫为目标的、可持续发展的专业小额信贷机构。

2005 年 6 月，中国扶贫基金会在辽宁省康平县成立了第一家基金会直属的小额信贷操作机构——康平县农户自立服务中心。

2005 年 9 月，中国扶贫基金会顺利地将左权县、六枝特区、霞浦县和福安市的小额信贷机构由当地的社团组织变成了基金会的下属机构。至此，中国扶贫基金会已经成功地完成了建立小额信贷机构的治理结构和管理体制等方面的改革，为建立可持续发展的小额信贷机构奠定了坚实的基础。

截至 2007 年 2 月，中国扶贫基金会在全国共成立了 10 个分支机构，管理贷款本金 6 850 万元人民币，有效贷款客户超过 21 000 人。

（资料来源：节选改编自朱文明. 中国扶贫基金会小额信贷模式及其启示[J]. 中国农村金融，2012 (24)：60-63）

二、我国小额贷款公司的行业环境

小额贷款公司(microcredit companies)是由自然人、企业法人与其他社会组织投资设立,不吸收公众存款,经营小额贷款业务的有限责任公司或股份有限公司。它是企业法人,有独立的法人财产,享有法人财产权,以全部财产对其债务承担民事责任。小额贷款公司股东依法享有资产收益、参与重大决策和选择管理者等权利,以其认缴的出资额或认购的股份为限对公司承担责任。作为小额信贷业务的一大主力,小额贷款公司以小额信贷为自身的核心业务,这一特点使其区别于其他业务面更广的金融服务机构,同时,小额贷款公司是按市场化原则经营的商业性组织,这也让其有别于福利性质的 NGO 小额信贷机构,运作模式更具代表性。因此本节选取这一信贷机构进行重点介绍。

(一)小额贷款公司的发展

近年来,小额贷款公司数量迅速增长。根据央行的统计,截至 2014 年年末,全国已有 8 791 家小额贷款公司,从业人员 109 948 人,实收资本超过 8 000 亿元,贷款余额超过 9 000 亿元;而在 2010 年年末,全国仅有 2 614 家小额贷款公司,从业人员也只有 27 884 人。历年的小额贷款公司数量如图 1-7 和表 1-6 所示,从业人员数量如图 1-8 所示。

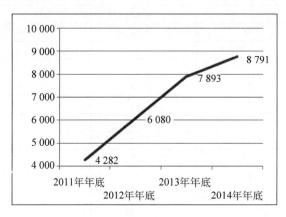

图 1-7 小额贷款公司数量

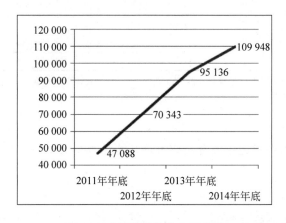

图 1-8 小贷贷款从业人员数量

表 1-6 2014 年我国小额贷款公司（分地区）

地 区 名 称	机构数量（个）	从业人员数（人）	实收资本（亿元）	贷款余额（亿元）
全国	8 791	109 948	8 283.06	9 420.38
江苏省	631	6 231	929.91	1 146.66
辽宁省	600	5 586	375.86	346.20
河北省	479	5 524	270.92	288.97
内蒙古自治区	473	4 756	343.64	355.22
安徽省	461	5 808	357.96	423.70
吉林省	427	3 575	111.88	87.06
云南省	409	3 984	195.91	204.18
广东省	400	9 274	559.93	614.23
甘肃省	351	3 337	144.82	117.95
四川省	350	8 245	582.31	661.91
山西省	344	3 544	218.95	214.51
浙江省	340	4 127	708.99	910.61
山东省	327	4 040	400.66	462.44
河南省	325	4 952	223.03	246.25
广西壮族自治区	312	4 121	250.53	358.30
贵州省	281	3 244	86.97	86.02
湖北省	272	3 860	310.28	330.84
新疆维吾尔自治区	257	2 019	161.82	184.32
黑龙江省	255	2 263	122.94	110.35
山西省	253	2 660	217.19	216.63
重庆市	246	5 736	549.25	743.13
江西省	224	2 925	244.10	282.10
湖南省	127	1 587	98.27	106.39
上海市	117	1 601	166.25	204.42
宁夏回族自治区	116	1 470	67.13	65.25
福建省	113	1 783	258.20	301.35
天津市	110	1 445	129.77	137.06
北京市	71	867	103.98	118.46
青海省	70	818	49.07	52.68
海南省	38	451	34.50	38.38
西藏自治区	12	115	8.01	4.82

（数据来源：节选改编自中国人民银行统计调查司.2014 年上半年我国小额贷款公司数据统计报告[EB/OL].中国人民银行官网,2014-07-23. http://www.pbc.gov.cn/diaochatongjisi/116219/116225/751771/index.html）

活动拓展 1-5

请查阅资料,了解并阐述小额贷款公司以外其他类型的小额信贷机构在我国的发展历程和现状。

（二）小额贷款公司的行业自律

1. 中国小额贷款公司协会

2015 年 1 月 30 日,中国小额贷款公司协会在北京成立。它是经中国银监会和中国人民银行同意、民政部审批后成立的,由小贷机构和地方行业自律组织自愿结成的全国性行业自律组织。中国小额贷款公司协会业务主管部门是中国银监会,其接受中国银监会、中国人民银行工作指导,并接受民政部的指导、监督和管理。

中国小额贷款公司协会的工作主要有:

(1) 打通小微金融服务"最后一公里",引领行业服务实体经济。

(2) 深入了解、及时反映行业诉求,切实维护行业权益;发挥内引外联作用,做好行业引领,促进形成公平、有序的市场环境。

(3) 推动探索小微贷款技术,创新产品类别,找准目标客户,降低小微融资成本,提升贷款投放质效,促进行业创新发展。

(4) 推动小贷公司依法完善公司治理;坚持审慎经营和稳健发展,强化风险管控,培育行业合规文化。

(5) 促进小贷公司建立健全业务统计与披露制度,开展正面宣传,强化舆情应对,提升行业价值和社会形象。

(6) 结合国家战略调整、产业结构升级和行业形势变化等因素,探索建立信息交流、资源整合以及行业自救等基础服务平台。

(7) 立足于中央和地方双层监管治理架构,建立涵盖全国行业自律组织、地方行业自律组织、地方监管机构的多维、互通、互动的行业监管自律协调机制。

2. 中国小额信贷机构联席会

2011年1月6日,在中国人民银行研究生部的指导下,中国小额信贷机构联席会应运而生,适时担负起了促进中国小微金融机构健康发展、转型升级的重任。为进一步促进新常态下广大小微金融机构的创新可持续发展,自2015年8月1日起其正式更名为"中国小微金融机构联席会",将由提供基础服务的"1.0时代"升级驶入提供深度服务的"四维空间时代",构建小微金融领域各类机构互联、互通、互助、互惠的现代生态群岛体系。

1) 联席会工作

联席会为会员机构搭建业务交流平台,实现机构间的联谊协作,组织研讨行业最新课题,总结最佳实践,考察先进机构,提供业内专业培训,加强机构创新和发展能力,从而引导小额信贷行业规范、可持续发展,为中国的普惠金融乃至整个社会的发展贡献力量。

2) 联席会宗旨

联席会在国家法律、法规和相关政策指导下,为全国小额信贷机构搭建"课题研讨、业务交流、联谊协作、考察培训、创新发展、自律维权"服务平台。以打造和发展具有中国特色的小额信贷市场为己任,引导小额信贷行业健康、有序、可持续发展。

3) 联席会愿景

联席会旨在成为全国性的、有影响力、代表性的行业协会,联席会将进一步扩大会员的覆盖范围,以优秀小贷公司、小型商业银行为引领,吸纳农信社、村镇银行、邮储银行、农村合作组织等,未来的联席会将成为中国小额信贷机构的服务中心、信息中心、学习中心、交流中心,成为小额信贷机构之家。我们希望其能不断地为中国的普惠金融事业贡献力量。

3. 地方小额信贷协会

我国许多城市或区域形成了地方性的小额信贷协会,大多数地方小额信贷协会都是由地方小额信贷公司及相关企业组织构成的,力图增强行业自律,整合相关资源,提升行业形象,等等。以下列举了浙江省小额贷款公司协会和广东省小额贷款公司协会的概况。

1) 浙江省小额贷款公司协会

浙江省小额贷款公司协会是由本省小额贷款公司自愿发起,经省金融办、省民政厅批准设立的联合性的非营利性的社会团体。发起单位有海宁宏达等 76 家小额贷款公司,于 2009 年 12 月 15 日正式成立。协会的主要任务如下:

(1) 协助政府贯彻相关法律、法规和政策。

(2) 为小额贷款公司建立信息平台,收集和发布小额贷款公司所需的各种信息。

(3) 协调解决小额贷款公司试点过程中的有关问题。

(4) 维护小额贷款公司的合法权益。

(5) 开展与外省市小额贷款公司协会和经济组织的联系,加强跨地域交流与合作。

(6) 组织各类业务培训,开展理论研讨和高层论坛,不断提高小额贷款公司从业人员的综合素质。

(7) 研究和探讨小额贷款公司的发展方向、目标、体制、政策、管理等理论和实际问题,调查了解并及时反映小额贷款公司的建议和要求,为政府决策提供建议和依据。

(8) 组织交流本行业先进经验,开展评选、表彰、宣传优秀小额贷款公司与优秀企业家活动,促进小额贷款公司品牌建设与自主创新工作。

(9) 引导小额贷款公司守法诚信,遵守国家法律法规,提升职业道德,加强自律管理,积极承担社会责任。

(10) 编辑、出版、发行会刊和年鉴等出版物。

(11) 承办相关政府部门委托的各项工作。

2) 广东省小额贷款公司协会

广东省小额贷款公司协会是由广东省行政区域内的小额贷款公司及小额贷款行业相关经济组织自愿组成,经广东省民政厅批准并登记注册的非营利性社会团体法人,是维护会员合法权益、协助业务监管部门监管的行业自律组织。其主要工作如下:

(1) 协助政府贯彻落实国家出台的有关小额贷款公司及小额贷款行业发展的法律、法规和政策。协调解决小额贷款公司试点期间及发展中遇到的问题。

(2) 通过制定行业自律公约、行业经营规范及从业人员道德行为准则等,加强自律管理,维护公平竞争的市场环境,促进行业的规范发展。

(3) 协调行业联合行动,提供法律援助或代表行业参与法律诉讼,维护行业合法权益。

(4) 通过开设网站、编辑会刊、发布新闻和利用公众媒体等,宣传会员业务和行业发展成果,维护行业声誉,提升行业社会形象。

(5) 组织或参与对内对外的学习交流和参观考察活动,促进行业创新发展;组织或参与学术论坛、行业调研和政策研讨等活动,推动本行业理论研究,为政府提供决策建议和依据,优化行业发展的外部环境。

(6) 建立信息平台,收集和发布会员及行业所需的各种信息。建立行业数据收集统计制度,为行业研究和政府监管提供数据资料;协调对接人民银行征信查询系统,建立"客户诚信档案查询平台"。

(7) 组织从业人员业务培训,在省金融办的委托下开展从业人员资格认证,制定业务规范,提高从业人员整体素质和行业经营管理水平。

(8)经有关部门审核备案,开展评选优秀会员和优秀经营管理人员等活动,树立行业标杆,促进行业品牌建设。

(9)建立交流平台和沟通机制,促进会员间的友谊和沟通合作。

(10)组织开展其他有利于促进行业健康发展的业务活动。

(11)承办省金融办等相关政府部门委托的各项工作。

活动拓展 1-6

(1)请查找你所在地区或城市的小额信贷行业协会,了解它们的主要职责和工作。

(2)查找这些协会的活动公告,你也可以选择参加其中一些培训或宣传活动,并总结你的感想和所得。

(三)小额贷款公司的监管

1. 小额贷款公司的监管体系

小额贷款公司由地方政府审批设立并由地方政府监管,其主管部门主要有地方金融办、公安局、工商部门、银监部门及人民银行。《关于小额贷款公司试点的指导意见》(银监发〔2008〕23号)(以下简称《指导意见》),对小额贷款公司的性质以及其监督管理予以明确。《指导意见》强调为民监管,并指出凡是省级政府能明确一个主管部门(金融办或相关机构)负责对小额贷款公司的监督管理,并愿意承担小额贷款公司风险处置责任的,方可在本省(区、市)的县域范围内开展组建小额贷款公司试点。目前,各地区关于小额贷款公司的监管并不相同。在此仅以广东省为例。

广东省政府授权省金融办作为全省小额贷款公司试点工作的主管部门,负责全省小额贷款公司监督管理工作,具体负责牵头组织实施试点工作,制定和完善试点工作的相关政策,对小额贷款公司的设立、变更等重大事项进行审批等工作。广东省各市(地)、县(市、区)指定的一个主管部门(金融办或相关机构)负责对小额贷款公司进行日常监督管理。

广东省市、县级主管部门负责依法对小额贷款公司实施持续、动态的日常监管。市、县级主管部门要建立多方联动的协同监管机制,组织工商、公安、人民银行、银监会等部门加强对小额贷款公司的监督检查,重点防范和处置吸收公众存款、非法集资、高利贷等违法违规行为。各级政府对小额贷款公司的监管如图 1-9 所示。

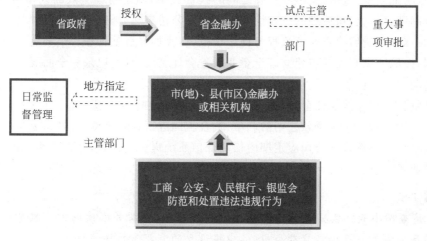

图 1-9 广东省小额贷款公司监管体系图

活动拓展 1-7

请查阅资料,选取一类小额信贷机构,了解并阐述其在我国全国及地方的监管体系。

2. 小额贷款公司的监管政策

对小额贷款公司进行监管的依据主要为《中华人民共和国公司法》、银监会和央行发布的《关于小额贷款公司试点的指导意见》(银监发〔2008〕23号)以及各地金融办出台的试行管理办法。以下为指导意见中的部分规定。

1) 小额贷款公司的设立

小额贷款公司的股东需符合法定人数规定。有限责任公司应由50个以下股东出资设立;股份有限公司应有2~200名发起人,其中须有半数以上的发起人在中国境内有住所。有限责任公司的注册资本不得低于500万元,股份有限公司的注册资本不得低于1 000万元。单一自然人、企业法人、其他社会组织及其关联方持有的股份,不得超过小额贷款公司注册资本总额的10%。

2) 小额贷款公司的资金来源

小额贷款公司的主要资金来源为股东缴纳的资本金、捐赠资金,以及来自不超过两个银行业金融机构的融入资金。在法律、法规规定的范围内,小额贷款公司从银行业金融机构获得融入资金的余额,不得超过资本净额的50%。

3) 小额贷款公司的资金运用

小额贷款公司在坚持为农民、农业和农村经济发展服务的原则下自主选择贷款对象。小额贷款公司发放贷款,应坚持"小额、分散"的原则,鼓励小额贷款公司面向农户和微型企业提供信贷服务,着力增大客户数量和扩大服务覆盖面。同一借款人的贷款余额不得超过小额贷款公司资本净额的5%。

小额贷款公司按照市场化原则进行经营,贷款利率上限放开,但不得超过司法部门规定的上限,即银行同期贷款利率的4倍;下限为人民银行公布的贷款基准利率的0.9倍,具体浮动幅度按照市场原则自主确定。

4) 小额贷款公司的监督管理

小额贷款公司应按照《中华人民共和国公司法》(主席令〔2014〕8号)要求建立健全公司治理结构,明确股东、董事、监事和经理之间的权责关系,制定稳健有效的议事规则、决策程序和内审制度,提高公司治理的有效性。小额贷款公司应建立健全贷款管理制度,明确贷前调查、贷时审查和贷后检查业务流程与操作规范,切实加强贷款管理。小额贷款公司应加强内部控制,按照国家有关规定建立健全企业财务会计制度,真实记录和全面反映其业务活动与财务活动。

小额贷款公司应接受社会监督,不得进行任何形式的非法集资。

中国人民银行对小额贷款公司的利率、资金流向进行跟踪监测,并将小额贷款公司纳入信贷征信系统。小额贷款公司应定期向信贷征信系统提供借款人、贷款金额、贷款担保和贷款偿还等业务信息。

活动拓展 1-8

(1) 请查阅小额贷款公司的国家和地方政策法规,了解并熟悉它们。思考:如果要在你所在的区域成立一家小额贷款公司,其申报设立的流程是怎样的呢?

(2)假设你希望成立一家小额贷款公司,请根据当地的相关法规,搜索并参照现有各家小额贷款公司的公开资料,尽可能使用多媒体手段演示说明你设计的公司。

三、小额信贷机构的组织架构和人才需求

(一)银行小额信贷部门的组织架构与人员配置

近年来,银行业金融机构通常在其原有组织架构基础之上增设小微金融事业部,围绕小微企业、三农等专业领域,拓展以信贷为主的综合金融服务。这些部门的基础架构通常是类似的,在此仅以某银行①的中小企业事业部为例,如图1-10所示。

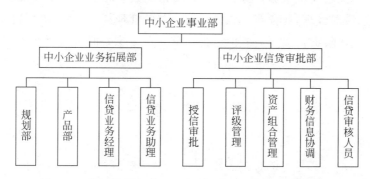

图1-10 某银行的中小企业事业部的组织架构及人员配置

银行的中小企业事业部下设中小企业业务拓展部和中小企业信贷审批部:业务拓展部主要包括规划和产品宣传两大职能,由信贷业务经理和信贷业务助理负责其主要工作;信贷审批部则包括授信审批、评级管理、资产组合管理以及财务信息协调四大职能,主要由信贷审核人员负责其主要工作。其中,信贷业务经理、信贷业务助理、信贷审核人员三个基层岗位的职责如下:

1. 信贷业务经理岗位职责
(1)拟定本部贷款业务经营目标,制定业务流程并不断改进。
(2)负责客户业务咨询。
(3)受理贷款申请,认真筛选贷款项目。
(4)负责贷款的调查、初审、发放和收回,对客户进行全程服务。
(5)实行客户经理制,对业务进行分类管理。
(6)负责做好贷款台账、贷款档案的建立与管理,负责贷款贷后跟踪管理等工作。

2. 信贷业务助理岗位职责
(1)负责受理客户提交的有关资料,接受客户咨询。
(2)负责客户的调查与分析,进行授信客户的营销。
(3)负责贷款合同的谈判与签订工作。
(4)进行抵押的办理、担保的核实工作。
(5)负责信贷客户档案资料的整理、保管、移交工作。

---

① 资料来源:中国银行业协会.小额信贷[M].北京:中国金融出版社,2012.

3. 信贷审核人员岗位职责

（1）负责审核客户相关资料，进行客户调查与授信分析，审批授信额度等。

（2）管理客户档案，并进行信用评级和审核。

（3）对客户相关的抵押和担保进行复核。

（4）跟踪客户贷中和贷后情况，及时向信贷业务经理反馈情况。

（二）小额贷款公司的组织架构

相比银行类金融机构，小额贷款公司通常规模更小，组织分工更简单。它们的组织架构并非一成不变，每家公司可根据自身需要和人员情况设置相应部门及岗位，一般有董事会、监事会、总经理、副总经理、业务部、风险控制部、财务管理部、人力资源部、行政综合部等责任主体和部门。有限责任公司，董事会之上设立股东会；股份有限公司，则设股东大会（见图 1-11）。

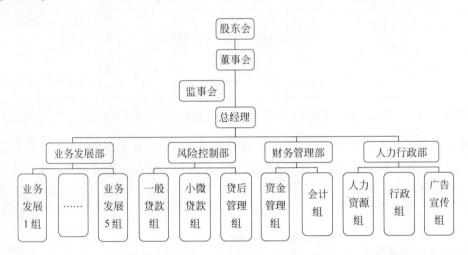

图 1-11　某小额贷款公司组织架构示意图

业务发展部门是小额贷款公司至关重要的部门。业务部的主要职责是贷款项目的营销、贷前调查，贷款的发放和收回，以及客户关系的建立、维护等。业务部的岗位设置包括：经理岗、副总经理岗、放款审查岗、统计分析岗。其具体职责见表 1-7。

表 1-7　业务发展部工作职责

序号	工 作 职 责
1	制订公司贷款业务的营销方案，宣传推广公司的贷款业务
2	贷款业务的受理、贷款项目初审及尽职调查、贷款合同的签订、贷款担保措施的落实、贷款利率的确定、贷后管理、贷款利息和本金回收等全过程的工作
3	贷款业务的统计工作，按月报送贷款业务报表及分析报告
4	及时了解掌握经济发展状况，以促进公司贷款业务的发展
5	及时了解国家对相关行业的政策变化，定期或不定期作出有关行业的分析报告供决策层参考
6	新客户的开发和已有客户关系的维护

风险控制部的主要职责是围绕以信贷风险为主的一系列风险的管理工作。部门的岗位

设置包括：总经理岗、副总经理岗、授信政策岗、风险监控与质量分析岗、授信尽职检查岗、贷后检查岗。其具体职责见表1-8。

表1-8　风险控制部的职责

序号	工作职责
1	制定公司风险管理规章制度办法，并确保该规章制度的落实，制订风险管控及风险处理方案，最大限度地保护公司利益
2	负责对贷款业务部门送审的贷款业务资料和风险分类认定资料进行审查
3	监督贷款项目审批条件的落实，对金额较大或风险较大的贷款项目，在贷款业务部门的配合下进行现场监管检查
4	负责公司贷款评审委员会办公室日常工作，提请召开贷审委员会议，核实参会委员资格，确认出席会议的委员是否达到规定人数，组织当场投票和计票工作
5	负责对公司贷款合同、协议文本进行法律审查
6	按业务操作规程督促贷款业务部门进行贷后跟踪检查和定期检查
7	在贷款业务部门的配合下，负责对不良贷款进行资产保全和诉讼工作

活动拓展1-9

（1）请收集信息，描述小额贷款公司股东（大）会、董事会、监事会、人力资源部、财务部等其他部门的人员构成和相关职责。

（2）请收集资料，描绘其他类型小额信贷机构的组织架构图，并加以解释。

（三）小额信贷业务基层核心岗位的职责与素质要求

围绕小额信贷业务，有两个核心的基层岗位，即小额信贷业务员和小额信贷风控专员。其岗位职责和素质要求见表1-9。

表1-9　小额信贷从业人员岗位职责和素质要求

岗位名称	岗位职责	素质要求
小额信贷业务员	（1）挖掘潜在客户需求，积极向客户介绍信贷产品，开拓信贷业务。 （2）做好贷前尽职调查研究和可行性分析，保证贷前尽职调查资料的真实性和完整性；掌握贷款企业或个人的生产经营情况，严防不良业务、资产的产生。 （3）负责贷款风险分类的基础工作以及相关信贷报表的统计分析和上报。 （4）做好贷后检查和管理，定期深入了解掌握借款客户对贷款的使用情况、生产经营情况和担保保证情况，发现问题及时向部门领导及有关部门汇报。 （5）建立完善贷款档案，对文件、报表、资料、借款合同及附件资料收集齐全、分类，并按时、准确地建立贷款档案	（1）熟悉信贷业务操作全流程，对信贷管理与风险防范具有较为深入的理解，熟悉小额贷款公司业务产品和本地市场情况。 （2）熟知并能严格遵循国家金融政策、法规，包括《商业银行法》《贷款通则》《物权法》《担保法》等。 （3）具备较强的信贷分析能力和风险识别能力。 （4）社会活动能力强，具备优秀的公关组织能力和出色的营销策划力及创新能力。 （5）具有敏锐的市场洞察力和市场开拓能力，有较强的沟通协调能力

续表

岗位名称	岗位职责	素质要求
小额信贷风控专员	(1) 负责贯彻落实公司的风险管理有关决策、计划、制度规定、工作措施等。 (2) 负责放款审查工作,审核放款业务送审材料的有效性、合规性、合法性,包括客户基础材料、贷款合同、担保合同的核查、验印及其他前提条件的落实情况,统一意见反馈给客户经理,督促其落实补齐,及时催收待补事项资料,等等。 (3) 负责所审查项目的贷后管理有关工作,配合客户经理进行贷后检查工作,审查贷后检查报告、访客报告、预警报告,提出风险分类调整建议,等等。 (4) 负责担保条件评估工作,对权限内的担保品进行价值认定,对抵押物进行实地考察,对担保人的担保能力进行评估。负责对入围评估机构的联系、质疑,记录评估机构信用状况,将信用不佳的机构及时报告总经理并提出处理意见。 (5) 负责质押品保管工作,负责质押品出入库并登记台账,定期核对盘点质押品的账实	(1) 熟悉信贷业务操作全流程,对信贷管理与风险防范具有较为深入的理解。 (2) 熟知并能严格遵循国家金融政策、法规、监管制度。 (3) 具有较好的组织协调管理能力和风险控制能力,具备市场风险、操作风险等敏锐的风险识别和判断能力,了解风险计量方法和风险缓释技术

活动拓展 1-10

(1) 小额信贷从业人员在工作中经常要援引《民法通则》《中国人民银行法》《商业银行法》《贷款通则》《物权法》《担保法》《保险法》《合同法》《票据法》《企业破产法》等作为依据。请查阅并了解它们,并从中挑选出一些你认为与小额信贷相关的规定,说说你的理解。

(2) 请根据自身兴趣,查找小额贷款公司或其他小额信贷机构的岗位职责和素质要求,举例说明,并进行报告演示。

拓展阅读 1-7　小额贷款公司迅速崛起业务员月薪过两万元

2013年前三季度,佛山除顺德以外新增18家小贷公司,超过以往四年佛山成立的小贷公司总量。如此快速的发展势头下,相关专业人才成为稀缺资源,小贷行业掀起了一场争抢人才的"暗战"。

尽管接受采访的多家佛山小贷公司都认为,这种小贷人才的稀缺只是暂时性的,但"抢人"行动早已上演。小贷公司内,普通业务员的月薪高达两万元,但小贷公司普遍遭遇的资金"瓶颈"可能会造成高收入的不可持续性。基于业务同质化,银行成了小贷公司的"黄埔军校"。

在许多从业者看来,小贷公司正成为高收入的代名词。一些小贷公司普通业务员的税后薪酬可达数万元。普通业务员的这种高薪在行业内是否具有普遍性呢?

友诚小贷的一名负责人认为,这与某些岗位的特殊要求有关,需要区别看待,每家小贷公司的情况不一样。"某些技术型岗位的薪酬可能会高一些,比如信贷部从事风控的相关岗位,不然你凭什么招到专业人才?"

那么,对于金融发展相对薄弱的佛山来说,小贷行业的人才从哪里来呢?

记者采访多家小贷公司后发现,很多小贷公司都更青睐具有银行或担保行业从业经验的人才,其中银行更是成为小贷公司的"黄埔军校"。贝兴荣是佛山粤纺小贷公司的总经理,他本人曾经在佛山某国有银行工作了20多年。"直接从银行或者担保公司挖人,这是现在众多同行普遍采取的做法。"贝兴荣说道。

小贷公司喜欢从银行挖人,一方面源于业务的同质化,对人才的要求相通;另一方面也带有政策因素。据了解,监管部门对小贷公司的中高层任职人员有一定要求,其中总经理和风控总监需要有银行从业经验。除了对薪酬的比较外,很多人从银行跳槽到小贷公司是对自身职业规划的重新考虑,"银行的工作可能更程序化,个人可以发挥的空间不大,相对而言,小贷公司的自主性更强,无论是知识层面还是交际层面对自己都有一个很大提升。"友诚小贷负责人表示。

另一个值得注意的现象是,小贷公司在招募基层员工时,考虑到其更多的熟人经济属性,所以更偏爱本地人,因为他们更容易带来客户资源,对于公司的起步有很大帮助。

(资料来源:节选改编自叶洁纯,孙景锋.小额贷款公司迅速崛起——业务员年薪过两万元[N].南方日报,2013-10-30(5))

活动拓展1-11

请描述你在小额信贷行业的职业规划,填写表1-10。

表1-10 我的小额信贷职业发展规划

我理想的职位	
我有什么能力和特长使我胜任这个职位?	
对比招聘信息中的岗位职责要求,在哪些方面我仍需提高?	
我将通过哪些方式提升自己,实现发展目标?	

知识自测1-2

(1)什么是小额贷款公司?小额贷款公司的法律属性是什么?

(2)请描述小额贷款公司的监管环境和监管体系。

(3)《关于小额贷款公司试点的指导意见》的主要内容是什么?

(4)小额信贷机构的核心业务部门有哪些,它们的职责主要是什么?

(5)小额信贷业务人员和风控人员的主要职责有哪些?小额信贷从业人员需要怎样的知识和能力。

任务三　认知小额信贷职业操守

- 牢记小额信贷从业人员的职业操守规定

一、小额信贷从业人员职业操守规定

小额信贷从业人员对外代表了小额信贷机构，因此从业人员职业道德是小额信贷机构树立良好形象和获得公众信任的基石。对于小额信贷从业人员而言，我国目前并未统一出台正式职业操守规定，但实务中多参考中国银行业协会 2007 年 2 月 9 日审议通过的《银行业从业人员职业操守》①（以下简称《职业操守》）中规定的从业人员行为准则。以下为《职业操守》的部分内容。

（1）诚实信用。从业人员应当以高标准职业道德规范行事，品行正直，恪守诚实信用。

（2）守法合规。从业人员应当遵守法律法规、行业自律规范以及所在机构的规章制度。

（3）遵守岗位职责。从业人员应当遵守业务操作指引，遵循银行岗位职责划分和风险隔离的操作规程，确保客户交易的安全，主要做到以下三方面：首先，不打听与自身工作无关的信息；其次，除非经内部职责调整或经过适当批准，不代其他岗位人员履行职责或将本人工作委托他人代为履行；最后，不得违反内部交易流程及岗位职责管理规定将自己保管的印章、重要凭证、交易密码和钥匙等与自身职责有关的物品或信息交与或告知其他人员。

（4）授信尽职。从业人员应当根据监管规定和所在机构风险控制的要求，对客户所在区域的信用环境、所处行业情况以及财务状况、经营状况、担保物的情况、信用记录等进行尽职调查、审查和授信后管理。

（5）熟知业务，胜任专业。从业人员应当加强学习，不断提高业务知识水平，熟知向客户推荐的金融产品的特性、收益、风险、法律关系、业务处理流程及风险控制框架。从业人员应当具备岗位所需的专业知识、资格与能力。

（6）处理好利益冲突。从业人员应当坚持诚实守信、公平合理、客户利益至上的原则，正确处理业务开拓与客户利益保护之间的关系，并按照以下原则处理潜在利益冲突：①在存在潜在冲突的情形下，应当向所在机构管理层主动说明利益冲突的情况，以及处理利益冲突的建议；②从业人员本人及其亲属购买其所在机构销售或代理的金融产品，或接受其所在机构提供的服务时，应当明确区分所在机构利益与个人利益。不得利用本职工作的便利，以明显优于或低于普通金融消费者的条件与其所在机构进行交易。

（7）保护商业秘密与客户隐私。从业人员应当保守所在机构的商业秘密，保护客户信息和隐私。

（8）团结合作。从业人员在工作中应当树立理解、信任、合作的团队精神，共同创造，共同进步，分享专业知识和工作经验。

（9）公平对待。从业人员应当公平对待所有客户，不得因客户的国籍、肤色、民族、性别、年龄、宗教信仰、健康或残障及业务的繁简程度和金额大小等方面的差异而歧视客户。对残障者或语言存在障碍的客户，银行业从业人员应当尽可能为其提供便利。但根据所在

---

① 资料来源：银行从业资格委员会.银行业法律法规与综合能力[M].成都：西南财经大学出版社，2015.

机构与客户之间的契约而产生的服务方式、费率等方面的差异,不应视为歧视。

活动拓展 1-12

（1）"你的一位朋友希望来你所在的小额信贷机构申请贷款,用于经营个人的生意。"在该案例场景下,作为信贷员,你该怎么办？作为主管,你该怎么办？

（2）请查阅资料,了解并阐述从业人员还应该遵守哪些职业操守规定。

二、职业操守缺失案例

现实中,仍然存在许多信贷从业人员职业操守缺失的情况。这不仅给客户带来损失,也给所在的机构带来了巨大的风险,同时也损害了个人的职业发展。因此,遵守从业人员职业操守规定和培养良好的职业道德尤为重要。

案例1-1　违法发放贷款案例

2006年至2013年,湖南省新邵县农村信用联社一信贷员违反法律规定,在明知申请人不符合信贷条件的情况下,仍违法发放冒名、借名贷款11次,金额共计人民币147.8万元,导致这些款项均未收回。

李鹏原是新邵县陈家桥乡信贷员。2006年年初,韩某、谢某因没有本地户口,不符合该乡信用联社的信贷条件,遂分别以当地人刘某、唐某的名义申请贷款。李鹏在刘某、唐某未在场的情况下办理信贷手续,并填写借款借据,要求韩某、谢某代替刘某、唐某签字,发放贷款共15万元。

之后,李鹏又于2009年4月向曾某发放贷款。此前,曾某在信用社有贷款未归还,根据有关规定,不应对其再发放贷款。李鹏明知曾某不符合贷款条件,仍冒用他人名义发放贷款20万元给曾某使用。

依行规,信贷员有完成本金、收回利息的任务,李鹏为了完成任务,在2010年至2013年期间,每当遇到到期未还款的贷款人,便采取借用他人身份证、冒用他人名义的方式发放贷款,共计112.8万元。李鹏将发放的贷款交给实际贷款人,用于办理归还到期贷款的转据手续。

法院经审理认为,信用联社允许贷款办理续贷手续,俗称转据。但是,贷款后用于归还到期贷款,本质上是借新还旧。法律严格禁止将续贷贷款转到第三人。第三人到信用社为他人办理续贷手续是全新的贷款,不是老贷款的延续,而是第三人的个人贷款,需要进行贷前审查。李鹏在担任金融机构工作人员期间,违反国家规定,没有对贷款进行审查、调查和评估,违法发放贷款超过100万元,数额巨大,并造成贷款未能收回的后果,其行为构成违法发放贷款罪。2015年7月24日,湖南省新邵县法院以违法发放贷款罪判处李鹏有期徒刑一年零六个月,并处罚金2万元。

（资料来源：节选改编自李冠男.违规发放贷款信贷员获刑[N].检察日报,2015-08-05(6)）

案例1-2　舞阳县信贷员违法放贷谋私利　被法院判刑并处罚金

河南省舞阳县某金融机构一信贷员多次利用职务之便,采取各种手段骗取贷款30万元,并将贷款用于自己与他人的合伙生意。

据了解,被告人张某是供职于舞阳县某金融机构的信贷员,负责贷款的发放和清收。2011年3月15日,张某明知贷款不是舞阳县某镇孟某本人使用,仍违反规定以孟某名义发放50 000元贷款,此后的两个月内,张某以同样的方法违法发放4笔贷款共20万元。

后来,张某所在的金融机构到法院起诉孟某要求其归还贷款,孟某才知道张某已将50 000元贷款给别人使用。孟某于2012年12月31日到舞阳县公安局报案。截至案发时有6笔共30万元贷款到期后未清偿。2013年7月,张某被舞阳县公安局刑事拘留,9月5日被舞阳县公安局执行逮捕。

经查,张某办理发放该数笔贷款的目的是用于其与他人合伙的生意,明知该贷款不是发放给贷款合同的借款人而仍然违规办理,在办理贷款手续时,相关借款人、担保人没有实际签名、确认,申办贷款卡时,贷款合同的借款人没有实际签名申请,而是由张某代替签名申领,并将该款实际用于合伙生意,贷款合同的借款人也没有实际收到贷款。舞阳县人民法院以违法发放贷款罪,判处信贷员张某有期徒刑一年零六个月,并处罚金2万元。

(资料来源:节选改编自蔡强,邰飞.舞阳信贷员违法放贷谋私利 被法院判刑并处罚金[EB/OL].大河网.http://news.dahe.cn/2015/08-10/105430228.html)

活动拓展 1-13

阅读案例1-1和案例1-2,请问上述信贷员在工作过程中违背了哪些职业操守?这给了你什么启示?

案例1-3 邮政银行信贷员收取好处费7万元被判五年

中国邮政储蓄银行某支行一信贷员,利用职务便利,为三家公司提供优先办理、贷款申请建议等帮助,使三家公司顺利获得贷款,结果事情败露被判刑,真应了那句话:莫伸手,伸手必被抓。

被告人滕某健本是中国邮政储蓄银行横县支行一名信贷员,虽然发不了大财,但收入还算稳定,但其在行使职务过程中,一时起了贪念,收受了三个公司的钱款。2012年至2014年8月,被告人滕某健在担任中国邮政储蓄银行某支行(以下简称邮政银行某支行)信贷员期间,先后在办理南宁市显河商贸有限责任公司、横县横州国际大酒店有限责任公司、南宁永浩航运有限公司的企业贷款申请业务过程中,利用职务上的便利,为上述三家公司提供优先办理、贷款申请建议、完善贷款申请材料等帮助。在该三家公司获得贷款后,滕某健收受该三家公司股东或法定代表人给予的好处费共计7万元,并用于个人支配使用。

横县人民法院申请后认为,被告人滕某健身为国家工作人员,在国有公司从事公务活动过程中,利用职务上的便利,非法收受他人财物共计7万元,为他人谋取利益,其行为已构成受贿罪。公诉机关指控被告人滕某健犯受贿罪,事实清楚,证据确实、充分,2015年5月22日,横县人民法院一审以受贿罪判处滕某健有期徒刑五年,并处没收财产2万元。

(资料来源:节选改编自何家银,李胜.邮政银行信贷员收取好处费7万元被判五年[EB/OL].南宁法制网,2015-05-28.http://www.nnfzw.com.cn/news_show.asp?id=59610)

活动拓展 1-14

阅读案例1-3,你认为信贷从业人员应当树立怎样的职业道德意识?如何在这个过程中抵制住诱惑、防微杜渐?

案例1-4 信贷员违法放贷四百多农户"被贷款"千余万元

经过近三个月的缜密侦查,杜集公安分局经侦大队破获原安徽省朔里信用社信贷员刘某某特大违法发放贷款案,犯罪嫌疑人刘某某因涉嫌违法发放贷款,被杜集区人民检察院批准逮捕。

2005年以来，先后有30多名群众陆续来到分局经侦大队报案，反映自己在不知情的情况下，被他人冒领贷款，且拒不偿还贷款，造成自己被银行拉入"黑名单"，无法办理房贷、车贷等个人信贷业务。接警后，分局经侦大队迅速展开立案侦查，经调取银行信贷资料，发现有400余人被冒名贷款。经过近半个月的紧张调查，基本查清了事实。

2006—2009年，在刘某某任原朔里信用社信贷员期间，个体户武某某、陈某等90余人因做生意需要资金，遂找了400余农户的身份证或身份证复印件找到刘某某申请办理"农户小额贷款"。刘某某审核同意向上述人员共发放了贷款1 159万元，这些贷款全部没有归还，给国家造成了特大经济损失（损失本息20万元为立案追诉标准）。

刘某某既不审查贷款是否是贷款者本人的真实意愿，也不调查贷款人的财产、综合收入、借款用途、还款能力等情况，就签字同意发放每人数额为0.5万～30万元不等的贷款，致使冒用他人名义贷款的武某某、陈某某等人拿到共计300余万元的贷款。其余800余万元贷款目前正在进一步调查中。截至发文日，犯罪嫌疑人刘某某已被执行逮捕，并羁押于市第二看守所。

（资料来源：节选改编自唐成彬.信贷员违法放贷　四百多农户"被贷款"千余万元[EB/OL].中安在线. http://ah.anhuinews.com/system/2015/11/18/007089610.shtml）

活动拓展 1-15

阅读案例1-4，思考你从此案例中得到了什么启示？

项目一　重点知识回顾

学习目标一：了解小额信贷行业的发展现状和趋势

（1）根据国际流行观点，小额信贷或称小微信贷，是指主要向低收入群体和微型企业提供的额度较小的信贷服务，旨在通过金融服务扶助低收入群体和小微企业的生存与发展。小额信贷的一般特征是贷款额度小，客户多为微型企业主或低收入家庭，贷款资金主要用于生产而非消费，贷款条件灵活、易懂，与当地情况相适应，期限较短，往往没有抵押或全无担保，放贷手续简便、迅速。

（2）小额信贷起源于20世纪70年代中后期的孟加拉，以默罕默德•尤努斯教授进行的小额信贷扶贫试验为开端。1976年，乡村银行首先在孟加拉成立。印度尼西亚人民银行是世界上最大的为农村提供金融服务国有商业性金融机构，其小额信贷体系向印尼数百万农村居民提供了大量且可持续性的金融服务，同时在商业运作上也获得了巨大成功，是又一小额信贷运作模式的典范。

（3）小额信贷在发展过程中呈现制度主义模式渐占主流、信贷机构日趋合规法化、信贷利率市场化、信贷产品多样化和信贷技术现代化这几大趋势。

（4）我国真正意义上的小额信贷业务始于1993年。总体而言，我国小额信贷经历了四大发展阶段，分别是外援资金的扶贫试点阶段、政府主导的小额信贷农村扶贫阶段、农村正规金融机构全面介入和各类项目制度化建设阶段、多元化信贷政策和信贷机构相继涌现阶段。

（5）我国小额信贷的目标客户群体是小微企业、农户、从事新农村建设的人群、机构及社区,城市中低收入者、城市中的个人。

(6)广义上的小额信贷机构是指提供小额信贷业务的各类机构,既有银行类机构,也包含非银行类机构;而狭义上的小额信贷机构则指为从事小额信贷业务而创立、以小额信贷为核心业务的机构。

(7)2015年,银监会新设银行业普惠金融工作部,改革统筹银行业金融服务工作,大力发展普惠金融。按照为民监管导向,强化银行业普惠金融工作部在小微、"三农"等薄弱环节服务和小额信贷、网贷、融资担保等非持牌机构监管协调方面的抓总职责。

(8)我国小额信贷机构的资金来源有非商业性资金来源和商业性资金来源两种。非商业性资金包括捐助资金和软贷款资金;商业性资金包括商业股权资本、硬贷款资金、存款资金、债权资金和资产证券化融得的资金。

学习目标二:熟悉小额信贷行业岗位设置与人才需求,形成职业规划

(1)近年来,小额贷款公司数量迅速增长。根据央行的统计,截至2014年年末,全国已有8 791家小额贷款公司,从业人员109 948人,实收资本超过8 000亿元,贷款余额超过9 000亿元;而在2010年年末,全国仅有2 614家小额贷款公司,从业人员也只有27 884人。

(2)小额贷款公司是由自然人、企业法人与其他社会组织投资设立,不吸收公众存款,经营小额贷款业务的有限责任公司或股份有限公司。它是企业法人,有独立的法人财产,享有法人财产权,以全部财产对其债务承担民事责任。

(3)小额贷款公司未被正式纳入金融机构范畴,监管职责主要由各地的省级和市级金融办、地方政府以及工商管理局承担,监管依据主要为《中华人民共和国公司法》、银监会和央行发布的《关于小额贷款公司试点的指导意见》(银监发〔2008〕23号)以及各地金融办出台的试行管理办法。

(4)小额信贷机构的组织架构并非一成不变,每家公司可根据自身需要和人员情况设置相应部门及岗位。业务操作与发展相关的职责有贷款项目的营销、贷前调查,贷款的发放和收回,以及客户关系的建立、维护,等等;风险控制相关的职责则是以信贷风险为主的一系列风险的管理工作。

项目二 树立小额信贷风险管理理念

- 了解小额信贷风险的概念及其分类
- 树立正确的风险管理理念

学习情景介绍

毕业生小邓通过自身努力,终于顺利进入了一家小额贷款公司,成为一名小额信贷客户经理。公司要求他参加一个关于小额信贷风险的岗前培训班,学习信贷风险的相关知识。公司的前辈告知小邓:作为一名小额信贷从业人员,对小额信贷风险的认知十分重要;同时,想要成为一名优秀的信贷从业人员,必须树立正确的风险管理理念。

小邓一时间也是似懂非懂。但他觉得应该虚心接受前辈的指导,现在他要做的就是每天早上准时到公司报道,然后抓着笔杆,认真听公司内部培训师的讲解。

这时,培训师让大家试着阐述什么是小额信贷风险、列举自己知道的风险类型,以及作为信贷人员又应该如何对待这些风险。小邓一时陷入了沉思……

课前思考

(1) 你知道与小额信贷业务相伴的风险吗?
(2) 这些与小额信贷业务相伴的风险大致分为哪些类型呢?
(3) 你要树立怎样的风险管理理念呢?

任务一 认知小额信贷的风险

- 了解小额信贷风险的概念及其分类

一、小额信贷风险的概念

小额信贷机构在经营过程中面临着方方面面的风险。因信贷是小额信贷机构主要的业务,信贷资产是其主要资产,故信贷风险也是小额信贷机构面临的核心风险。

信贷风险(loan risk)是指小额信贷业务带来的风险,也可称作小额信贷机构的业务风险,它是贷款收益及损失的不确定性。

信贷风险主要是在小额信贷业务过程中,由于借款人故意违约或缺乏偿债能力等因素,致使小额信贷机构不能按时收回贷款本息,进而给小额信贷机构带来经济损失。同时大量无法收回的贷款呆账,将会直接动摇小额信贷机构的生存和发展。

二、小额信贷风险分类

小额信贷作为一种特殊的信贷业务,其面对的客户群体具有资产规模小、收入偏低、担保条件薄弱的特点,故其所面临的风险比传统信贷业务更为显著和特殊。一般在小额信贷业务开展过程中,有四大类信贷风险,它们是信用风险、市场风险、操作风险和流动性风险,如图2-1所示。

图2-1 小额信贷的风险

(一)信用风险

信用风险(credit risk)是指客户借款后,无法按合同约定还本付息,造成贷款逾期、呆账等问题,并使信贷机构蒙受损失的可能性。信用风险是小额信贷面临的最普遍也最受业界关注的风险。导致借款人违约的原因有很多,例如借款之后借款人遭受台风、地震等自然灾害的打击,资产损失惨重;或者宏观经济形势变差,导致借款人产品滞销;或者借款人经营决策错误,而导致自身入不敷出;也可能是借款人道德品质低下,存心逃债不还;等等。总而言之,信用风险有借款人经营环境的原因,也有借款人自身的原因。因此,小额信贷机构需增强对客户信用水平的判断,谨慎选择贷款对象,设定合理的贷款条件,并在放款之后进行有效的贷后管理。

较之传统信贷,小额信贷的信用风险更为突出,主要有两个原因。

一方面,借贷双方信息不对称。小额信贷的很大一部分目标客户是单个的自然人、农村家庭或小型家庭,与普通贷款客户在道德、文化以及法律意识上都可能存在较大差异,小额信贷机构可能由此承担更多的信息不对称所带来的信用风险。

另一方面,借款人缺乏有效抵押,还款来源单一。小额信贷的客户常缺乏大型商业银行可接受的抵押品,贷款的发放更多采取信用贷款或第三方保证的担保方式,这就加大了产生不良贷款的风险,增加了贷款清收的难度。

活动拓展 2-1

请阅读案例2-1和案例2-2,并针对案例提出你的信用风险管控建议。

案例 2-1 收入变化造成还款能力不足引发风险案例

某分行于2010年3月24日向丁某发放一笔二手房按揭贷款,金额25万元,期限20年。截至2012年10月31日,该笔贷款已累计逾期9次,连续逾期148天。

丁某购买该房产的主要目的是投资,但丁某购买房屋所在区域的房地产市场疲软,房价看跌,丁某不愿低价把房子卖出,而且一时也找不到好的租户,房屋一直空置。同时,由于丁某从原单位离职导致其还款能力不足。丁某因此恶意拖欠,后在催收压力下,丁某于2010年9月16日在其还款账号中存款2 600元,之后一直处于逾期状态。

案例2-2　无房产个人抵押骗贷案例

2012年,一位自称是"张先生"的人在出具了身份证、户口本、房产证等证件后,办理了一份贷款额度10万元的借款合同,并以张先生的房产证作为抵押物,办理了想要的强制公证及抵押登记手续。起初还贷情况正常,同年8月起,"张先生"停止了还款。银行在多次催缴不成的情况下,于2013年将借款人"张先生"告上法庭。

令人意想不到的是,法庭上张先生否认曾经借款,并声称签订合同的不是他本人,而是他的双胞胎弟弟,张先生对此并不知情。法庭经审理后认为,合同上签字的并非张先生本人,银行既没有提供证据证明张先生委托了他人与银行签订合同,也没有证据证明借款是张先生所为。张先生在此案中没有还款义务。

(资料来源:节选改编自阎敏.银行信贷风险管理案例分析[M].北京:清华大学出版社,2015)

(二) 市场风险

市场风险(market risk)是指由于相关市场价格的不利波动,小额信贷机构遭受信贷资产损失或信贷收益降低的可能性。在我国,小额信贷机构面临的市场风险主要是利率风险和通货膨胀风险。

1. 利率风险

利率风险(interest rate risk)是指由于市场利率波动,小额信贷机构遭受信贷资产损失或信贷收益降低的可能性。市场利率的变动会使小额信贷机构的盈利或资产价值发生变动。小额信贷机构与客户签订信贷合约时,一般是按照即期利率签订固定利率合约,但由于金融市场的波动性,市场利率会随着资金供求状况不断变化,若市场贷款利率上升,信贷资产的机会成本就变高,信贷资金就会遭遇相对损失。

2. 通货膨胀风险

通货膨胀风险(inflation risk)是指由通货膨胀引起的信贷收益降低的可能性。当通货膨胀率较高时,小额信贷机构的贷款真实价值萎缩,可能为小额信贷机构带来资产损失风险。

(三) 操作风险

操作风险(operational risk)是指由于小额信贷机构内部管理不完善、制度设置存在漏洞、信息系统出错、业务人员专业素质不足或者从业人员内部欺诈等原因,信贷决策和操作过程中出现失误,造成信贷资产损失的可能性。

例如,信贷人员可能与贷款客户合谋,故意提供错误信息,导致授信决策的失误;小额信贷机构的业务管理信息系统或其他电子系统可能出现故障,引起授信过程中的失误并导致信贷资产的损失。操作风险的发生,归根结底还是因为小额信贷机构自身内部管理、内部控制存在漏洞,甚至失效。操作风险也是小额信贷业务发展中普遍存在的风险。

对于成立时间不长或处于扩张期的小额信贷机构,该类风险尤为显著:不少业务人员从事金融业务的时间较短,甚至之前没有从业经验,业务知识和技能欠缺,而且由于业绩考核压力大,人员流动频繁,给内部管理带来很大难度,有些小额信贷机构虽然有内部风险管理制度,但也只停留在纸上,而未真正落地执行。即使是发展进入成熟期的小额信贷机构,内部管理漏洞或者人员道德、专业素质问题也无法完全避免。

活动拓展 2-2

请阅读案例 2-3,思考:你如何看待案例中华创小额贷款有限公司提起诉讼一案?你认为这是否与该小额贷款公司本身的担保政策漏洞有关?

案例 2-3　担保手续不完善埋下隐患

在小额贷款公司贷款案件中,小额公司一般都会要求借款人提供担保。小额贷款公司的担保多为个人或公司的信用担保,以实物资产抵押、质押担保较少。

武汉中院受理一案中:江岸区华创小额贷款有限公司控诉武汉南华黄冈江北造船有限公司、武汉南华高速船舶工程有限公司以及陈宗良等 6 名自然人。该案中,南华高速船舶与陈宗良等 6 名自然人全部是担保人。

法院审理查明,2014 年 1 月 3 日,华创公司与南华公司签订《贷款合同》,约定南华公司向华创公司贷款 500 万元;同日,华创公司与南华高速船舶及陈宗良等 6 名自然人分别签订了《保证合同》,分别约定各方为南华公司的主债务提供 500 万元担保,保证方式为连带责任保证,并约定了保证范围。

这起案件的争议焦点之一就是担保合同是否有效。庭审中,南华高速船舶认为,其对外提供担保未经公司董事会批准因而担保无效。

虽然武汉中院审理后认为,南华高速船舶应对南华公司的债务向原告承担连带担保责任,小额贷款公司最终胜诉。但是这也引起了我们的关注:即现实中担保人过多会影响诉讼的效率,同时公司担保的没有公司董事会或股东会决议给小额信贷机构的风险管理也埋下了隐患。

(资料来源:节选改编自刘志月.小额贷款公司经营存四大风险[N].法制日报.2015-05-20)

(四)流动性风险

流动性风险(liquidity risk)是指主要由放贷决策不合理、不良贷款损失造成的小额信贷机构的现金流不足,以致无法满足客户借款的现金需求而降低信贷收益的可能性。在我国,银行类金融机构之外的小额信贷机构均不得吸收存款,这些机构主动获得资金的渠道较狭窄。如果在经营过程中对现金流管理计划性不强,现金支出过多或者前期贷款出现大量坏账,就容易导致小额信贷机构现金流紧张,即使客户经理找到了优质客户也无法放贷,错失盈利机会。

活动拓展 2-3

请阅读案例 2-4,思考:你如何看待案例中正泰小额贷款公司的资金短缺现象?你认为这是政策制定者的问题,还是由企业信贷业务决策本身造成的?

案例 2-4　正泰小额贷款公司成长的烦恼

正泰小额贷款公司位于温州乐清柳市镇一个街口的西北角,记者推开一层门市部的玻璃门,见右边一排客户座椅都空着,隔着电脑桌和液晶显示屏,里面坐着几位身着深色制服系领带的年轻男女。看到有人进来,他们现出浅浅的职业微笑。

"小额贷款公司受中小企业欢迎,因为其产品切合它们的需要,"温州市政府金融工作处副处长余谦说,"小额贷款不强求抵押,手续简便,放款迅速,还允许客户自由选择还款期限。这对大牌银行是一个挑战,会迫使银行改善对基层的金融服务"。

但是这家朝气蓬勃的小额贷款公司正遭遇一个"成长期的烦恼"——资金短缺。2009年3月,当记者采访总经理刘阳的时候,他介绍道:"2008年12月11日,本公司开始营业,头几天电话都打爆了,公司2亿元的注册资金一个多月便放贷告罄。但我们又不能吸收存款,贷款发放出去最快也要半年后才能回收本息。目前公司还没有找到新的资金,这段时间只能是主要给雇员培训,提高业务水平。"说这话时刘阳露出尴尬的神情。

资金短缺是小额贷款公司普遍存在的一个问题。一家公司的自有资金一般是一两个亿,政府不允许它们吸储,但可以向银行或其他金融机构融资,比例不超过注册资金的50%。据悉,有两家金融机构将对正泰小额贷款公司授信1亿元。"从市场需求来看,这钱还是不够!"副总经理杨胜华说,"一个解决办法是提高容许融资的比例,比如到100%。或者取消限制,让我们发展成专业的借贷银行。"

抱怨归抱怨,监管层的融资限制政策短期内难以调整,目前公司的职员和客户也只能眼巴巴地等待银行贷款资金的早日到来。

(资料来源:节选改编自张和平,杨健翔.一家小额贷款公司成长的烦恼[EB/OL].新华网,http://news.xinhuanet.com/newscenter/2009-03/23/content_11057754.html)

知识自测 2-1

(1) 什么是小额信贷风险?
(2) 信贷风险包括哪些方面,它们分别是什么?

任务二 树立正确的风险管理理念

- 了解常见的错误风险管理理念
- 树立正确的风险管理理念

一、常见的错误风险管理理念

实务操作中,小额信贷业务面临着诸多风险,小额信贷机构及其从业人员的错误风险理念很可能会带来巨大的损失,而现实中常见的错误风险管理理念主要有以下几类。

(一)重视局部或个案,缺乏全面的分析

风险的发展是链条式的,只重视其中的一环或者几环并不能有效地管控风险;现实中的风险则更为复杂,例如关联企业可以通过资本纽带相互参股持股从而进行骗贷等行为,如果只重视个案,而忽略对该企业关联关系的全面调查,那么这极有可能带来巨大的损失。

活动拓展 2-4

请阅读案例 2-5,你认为该小额贷款公司的风险防控工作存在哪些问题?

案例 2-5 小额借款合同纠纷案

原告宁海县跃龙小额贷款股份有限公司起诉称:2012年12月7日,原告与被告叶满亦、吴宗建、王锡礼、文春华签订了一份编号为2012121B007的《保证借款合同》,并发放借款200 000元,借款利率12%,借款期限自2012年12月5日起至2013年12月4日止,还款方式为按月付息,每月20日为结息日,次日为付息日,逾期付息视为违约。本金至借款期限届满时一次性归还,利随本清。

借款后,被告叶满亦支付利息至2013年5月20日,此后再未支付利息,也未归还借款本金。原告催讨无果,故诉诸法院。但被告叶满亦称:本案的实际借款人系被告吴宗建,应由被告吴宗建承担全部还款责任。被告吴宗建与被告叶满之间存在海鲜品买卖合同关系。截至2012年年底,被告吴宗建共欠被告叶满亦货款82 300元。之后,被告吴宗建资金紧张欲贷款,便要求被告叶满亦帮其贷款,称贷款部分用于归还尚欠被告叶满亦的货款,部分留给被告吴宗建自用。被告叶满亦为及时收回货款,加之被告吴宗建系自己的外甥,故同意出面为被告吴宗建贷款。从原告处贷款后,被告叶满亦于2012年12月7日将100 000元汇入被告吴宗建的配偶徐会妃的银行账户中,另100 000元,其中82 300元归还其尚欠被告叶满亦的货款,剩余款项放于被告叶满亦处购买海鲜产品。

法院认为:本案的《保证借款合同》是当事人的真实意思表示,且不违反法律、行政法规的强制性规定,应认定有效。根据原告提供的《保证借款合同》及借款借据,能够认定被告叶满亦为借款人的事实,故被告叶满亦应承担还款责任。被告叶满亦辩称借款人系被告吴宗建而非自己,未提供有效证据证明,本院不予采纳。被告吴宗建、王锡礼、文春华系连带责任保证人,其应当按照《保证借款合同》的约定对被告叶满亦的上述借款债务承担连带清偿责任。

(资料来源:节选改编自宁海县跃龙小额贷款股份有限公司与叶满亦、吴宗建等借款合同纠纷一审民事判决书[EB/OL].2013甬宁商初字第1777号.中国裁判文书网,2014-04-02.http://wenshu.court.gov.cn/content/content? DocID=40835c71-728d-4e9d-ad32-327a32226102)

(二)风险管控缺乏部门协调性

对信贷风险的管理,小额信贷机构通常都会设立专门的风险管理部,而这也容易导致其他部门风险管理的意识比较薄弱,造成在风险管控这个问题上各部门间缺乏协调性,从而加大风险发生的可能性。

活动拓展 2-5

请阅读以下情景,你认为应该如何协调部门间的风险管控意识?

小额贷款A公司中的业务拓展部和风险控制部最近因为是否该放贷给一家中小企业客户而争吵起来,这家中小企业急需融入资金,因此找到业务部门想要申请贷款,并且提出可以支付较高的利息,业务部门认为这是帮助公司盈利的好机会,便积极地准备材料为之申请贷款。结果,风控部驳回了该笔申请。因为风险控制部经过调查发现该企业出现了许多的坏账而且未来的现金流也极不稳定,而业务部门则认为风控部没有从帮公司盈利的角度出发,从而造成了两部门的矛盾。

(三)盲目追逐利润,轻视对风险的防范

追求利润是资本家的天性,尤其对于商业性小额信贷机构而言,只有获得足够的利润,机构才能生存发展下去。现实中,一些小额信贷机构和从业人员为了获得高额的利润与报酬,违背风险管控的原则违规放贷等,最终给自己带来了巨大的损失。

活动拓展 2-6

请阅读案例2-6,你认为可以从哪些方面来减少以下情况的发生?

案例2-6 信贷员违规放贷被判刑并处罚金

2009年至2011年,高山担任汉寿县信用联社某镇信用社信贷员,负责所在信用社的信

用贷款发放。2010年4月至2011年12月,当地居民杜某多次找到高山,借用他人名义申请贷款。高山明知贷款申请人不符合贷款条件,仍违反国家规定,同意杜某先后借用童某、胡某等9人的名义贷款共计90万元。截至2014年2月案发,杜某所贷款项尚有本金75万元、利息28.8万余元没有偿还。此外,高山还违规为涂某、陈某、王某等6人借用他人名义办理贷款共计85万元。高山违法发放贷款,给其所在的金融机构造成直接经济损失累计达211万余元。

经湖南省汉寿县检察院提起公诉,法院近日以违法发放贷款罪判处被告人高山有期徒刑10个月,并处罚金2万元。

(资料来源:节选改编自华丽,刘春林,王钢.信贷员违规放贷被判刑并处罚金[N].检察日报,2014-08-17(6))

(四)重视事后管理,轻视事前防范

在这一理念的支配下,小额信贷机构试图以严厉的事后处罚方式遏制风险的出现,而对事前的防范和事中的风险控制关注较少。但单凭事后管理的方式并不能将风险带来的损失降到最低,因此风险管控的效果往往并不理想。

活动拓展 2-7

请阅读案例2-7,你认为小额贷款公司应该如何在事前对其风险进行识别和管控?

案例 2-7　小额贷款公司为什么屡遭骗贷

一家三口,一年时间,三次使用伪造房产证,骗取贷款28万元。2010年11月中旬,阳曲县人民法院审理了一起诈骗小额贷款公司案件。案件发生于2010年一年之中。

阳曲县黄寨镇农民宋某看到左邻右舍都依靠辛勤劳动先后富裕起来,便与其妻子张某共谋获取金钱的渠道。刚刚诞生的小额贷款公司进入其视野。

2010年,宋某在无任何抵押财物、更无力履行贷款合同的情况下,使用虚假房产证作抵押担保,与阳曲县某小额贷款公司签订贷款合同,由其妻张某提供保证担保,骗取该公司贷款款项5万元。随后,2010年8月25日,宋某骗取朋友赵某为其提供保证担保,再次使用虚假房产证作抵押担保与该小额贷款公司签订贷款合同,骗取贷款10万元。过了两个月,宋某的儿子要办理结婚事宜,需要一笔彩礼,已经"轻车熟路"的宋某、张某又想到继续采用骗取贷款的办法,便与儿子宋某某共谋使用虚假房产证作抵押担保,继续按照前两次的做法,由宋某与小额贷款公司签订贷款合同,由张某、宋某某提供保证担保,骗取该公司贷款款项13万元。

最终,法院以合同诈骗罪判处宋某有期徒刑五年零六个月,并处罚金3万元;判处张某有期徒刑两年,并处罚金8 000元;判处宋某某有期徒刑一年零八个月,并处罚金6 000元。

(资料来源:节选改编自赵静,金有成.山西一家三口伪造房产证多次骗取贷款公司贷款[EB/OL].中国新闻网.http://www.chinanews.com/fz/2012/10-11/4240122.shtml)

请评论以下观点:

(1)"风险管理部的那帮同事真是老古董,一点儿都不懂得变通!我好不容易找到一个客户,结果他们因为一点儿细节问题就不给发放贷款!"

(2)"风险管理不是属于风险管理部的事儿吗?我是业务员,做好业务才是王道。"

二、树立正确的小额信贷风险管理理念

由此可见,建立完善的小额信贷风险管控制度固然是必要的,但制度最终需靠人来执

行。因此,树立正确的风险管理意识,是从事小额信贷工作的必然要求,也是小额信贷机构风险管理工作执行到位的根本保障。

(一)树立全面风险管理意识

信贷业务的风险时时存在于贷款业务的各个环节,因此,我们应当树立全面风险管理意识,严格监控贷款的各个环节及造成贷款风险的各个因素,才能有效管控贷款风险。在实际工作中,不能仅关注某一个或某几个风险的防范和管控,也不能仅对业务中的某一个或几个环节认真落实而忽略其他细节。面对风险,一定要时刻保持全局观念,时刻保持警惕心和审慎态度。

活动拓展 2-8

请评论以下观点:
(1)"信贷风险管理只需要盯住信用风险就可以啦。"
(2)"合同签名时借款者出差?没事啦,让他老婆代签一下,一个名字而已。"

(二)树立全员风险管理理念

尽管小额信贷机构设立了专门的风险管理部门,但万不可认为风险管控是只属于风险管理部或管理者的事。有些业务人员甚至认为,风险管理的相关措施给业务开展"带来麻烦",因此对风险管理措施存在应付甚至反感抵触的情绪,这些观点态度都是大错特错的。信贷业务涉及的操作环节众多,只靠风险管理部或者管理者来监控风险,显然是不够的,必须依靠团队的力量。管理风险,人人有责。业务部和风险管理部不是互相隔离的部门,而是应该互相紧密配合,共同开展工作。业务人员在做好产品营销、客户服务之余,也要积极主动地与风险管理人员相互配合,对贷前、贷中、贷后的风险进行防范、监控和管理,一旦发现风险预警信号,要及时向有关部门反馈。

(三)树立正确的风险、利润观

在信贷业务发展中,风险和利润是形影相随的,是一枚硬币的两面,有利润的地方就有风险,有风险的地方也潜存着利润。那么,何时应当选择防范风险,何时应当大胆追求利润呢?正确的风险、利润观是:要始终将风险的防范放在第一位,将追求经济利润放在第二位,而非相反。在决定是否承接业务前,一定要科学、全面地评估潜在风险,如果风险超出了可承受范围,就应当果断放弃对利润的追求。

活动拓展 2-9

请评论以下观点:
(1)"我们是商业性小额信贷机构,不追求利润怎么生存?先把贷款放出去再说。"
(2)"公司对我们业绩考核压力很大,每个月都要求我们新增投放贷款,这个月月底要是还放不出款项,我当月的奖金就泡汤了。风险控制差不多就行了,抓紧放贷最要紧。"
(3)"这些客户风险虽然大些,但是富贵险中求,不是吗?我们不给他们发放贷款,自然有其他机构抢着放,不能眼睁睁地看着客户流失!"

(四)风险防范比风险的事后处理更重要

风险事件的发生有从潜伏到触发的过程。小额信贷工作人员应当从风险源头开始,对潜在风险进行认真科学的识别、评估,并及时地反馈汇报,以便帮助小额信贷机构尽可能在风险事件触发之前做出正确的风险管理决策,将风险管理工作尽量前移。风险的识别、评估以及防范工作固然需要耗费一定的人力、物力,但如果风险事件已经发生,损失已经出现,即使事后能通过风险处理来补救,其耗费的成本也只会更高。

活动拓展 2-10

请评论以下观点:

(1)"客户最近订单量出现下降?没关系,只要还能正常还款就行。"

(2)"审贷会那帮专家就是胆子太小!凡事都有风险,哪那么容易就转化成损失啊?放贷后做好风险防控就好啦。"

(五)树立风险管理的责任感

责任心决定执行力。对于小额信贷机构来说,每一笔贷款的正常收回都非常重要。从业人员只有自觉树立强烈的风险管理责任感,始终牢记肩负的使命,在面对复杂的市场经济环境时,才能勇于担当、善于思考,将风险管理工作执行到位。

活动拓展 2-11

请评论以下观点:

(1)"客户有贷款逾期情况?这种事情很正常,过两天他就会来还款了。"

(2)"贷款催收这些工作,意思一下就可以了,客户没有还款能力我也没办法啊。"

(六)树立强烈的自律意识

小额信贷行业的风险无处不在,同时诱惑也无处不在。从业人员掌握着贷款发放权,自然容易成为不良客户公关贿赂的重点目标。面对形形色色的诱惑,从业人员要有强烈的自律意识,树立正确的职业道德观和正确的金钱价值观,谨防在糖衣炮弹攻击下利令智昏,错误决策。切记"法网恢恢,疏而不漏"的道理,如果因为一时利欲熏心而与不良客户同流合污,做出违纪枉法的事,必然要遭受法律制裁,断送自身的职业前途。

活动拓展 2-12

请评论以下观点:

(1)"这么点儿东西,怎么能算贿赂?就算我不收,别人也会收,不收白不收,只要不被发现就行了。"

(2)"只要给他放款就可以抽一部分提成,那么好的事,不干是傻子,至于风险问题,那是风险管理部的事。"

知识自测 2-2

(1)常见的错误风险管理理念有哪些?你能列举出几个吗?

(2)你认为对于小额信贷应该树立怎样的风险管理理念?

项目二　重点知识回顾

学习目标一:了解小额信贷风险的概念,掌握小额信贷风险的分类

(1)小额信贷业务带来的风险即信贷风险,也可称作小额信贷机构的业务风险,它是贷款收益及损失的不确定性。

(2)信贷风险主要分为信用风险、市场风险、流动性风险和操作风险四类。

学习目标2：树立正确的风险管理理念

（1）现实中对于风险管控缺乏全面分析、小额信贷机构中各个部门间协调性不够、盲目追逐利润以及轻视事前防范等四类常见的错误风险管理理念。

（2）信贷人员应树立正确的风险管理理念：树立全面风险管理意识和全员风险管理理念把握正确的风险、利润观，重视事前的风险防范，树立风险管理的责任感和自律意识。

PART 2

第二篇

小额信贷实务篇

2

项目三 介绍小额信贷产品

PROJECT 3

- 理解小额信贷的基本条款
- 了解小额信贷的产品分类
- 掌握个人小额信贷产品的分类及主要产品条款
- 掌握企业小额信贷产品的分类及主要产品条款

学习情景介绍

小邓经过努力,终于顺利掌握了小额信贷的基础知识。有一天他的主管将他叫到办公室,语重心长地告诉他,作为一个优秀的小贷客户经理,首先需要面向市场开拓信贷业务,在拓展业务的时候,很关键的一点,就是要能向客户准确无误地介绍信贷产品的各个条款!例如:贷款资金的用途、期限、申请条件,以及贷款的利息、每期应还的额度等。经过金融创新,贷款公司针对不同的群体、不同的用途,开发了各式各样的贷款产品,不同产品的条款是不一样的,所以,在介绍产品时,一定要明确每项产品的具体条款内容。

课前思考

(1) 你知道小额信贷的产品有哪些种类吗?
(2) 小额信贷产品的基本要求有哪些呢?
(3) 针对个人的小额信贷产品有哪些,它们的具体合同条款是怎样的?
(4) 针对小微企业的小额信贷产品有哪些,它们的具体合同条款又是怎样的?

任务一 认知小额信贷产品

- 了解小额信贷产品的基本条款

一、小额信贷产品的基本条款

一名新任职的小额信贷客户经理通常会有这样的疑问:在向客户介绍信贷产品时,应该向其介绍哪些内容呢?哪些条款是客户必须知道的呢?让我们一起来看看下面的广告。

案例 3-1　中安信业"老板贷"产品介绍

中安"老板贷"为微小企业主提供快速简便的小额贷款服务,能够满足您业务拓展、购置新设备、周转应急等的需要。只要您有自己的生意,均可申请,助力生意一路红火!网站广告横幅如图 3-1 所示。

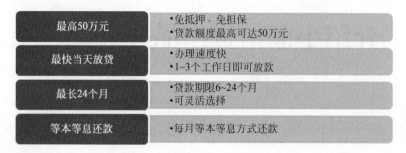

图 3-1　中安"老板贷"网站广告横幅

贷款对象:以经营性收入为主要收入来源的私营企业主、个体工商户、自雇人士。

申请条件:20~65 周岁,拥有中国大陆户口的合法公民;在中安营业网点所在地居住或经营;生意经营时间持续 6 个月以上(部分行业持续经营 3 个月以上即可)。

一般来说,客户在了解小额信贷产品时,关心以下条款内容。

(一)贷款对象与用途

贷款产品面向哪类客户群体发放,资金用途是什么?

小额信贷服务的对象有农户、个体工商户、自由职业者、企事业单位职工、小微企业主等。故按照客户群体,小额信贷可分为个人小额信贷和企业小额信贷,进一步来说,个人小额信贷又可分为农户小额信贷、个体工商户小额信贷、工薪阶层小额信贷等,而企业小额信贷则可分为小微企业小额信贷、科技企业小额信贷等。

按照贷款资金的用途,小额信贷可分为消费类小额信贷和经营类小额信贷(见图 3-2)。前者是为满足借款人购房、购车、购买消费品等生活支出资金需求的贷款;后者是为满足借款人采购货物、购建资产、流动资金周转等经营性资金需求的贷款。

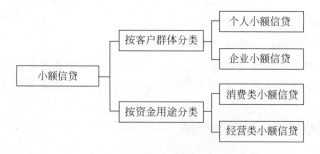

图 3-2　小额信贷产品的常见分类

(二)申请条件

申请条件包括对贷款申请人年龄、工作单位性质、收入状况、户籍、经营年限等的要求。

（三）担保方式

担保是解决借贷双方信息不对称①问题的有效手段。按照担保方式，小额信贷可以分为信用贷款、担保贷款和票据贴现三类（见图 3-3）。

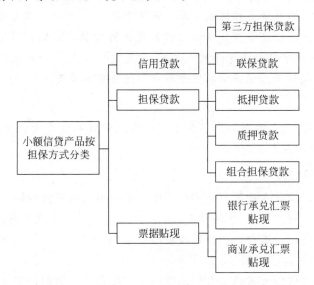

图 3-3　小额信贷产品按担保方式进行分类

1. 信用贷款

信用贷款（loan on credit/unsecured loan）是指完全凭借款人的信誉而发放的贷款，其最大特点是不需要担保，因而在其他条件相同的情况下，信用贷款风险较大。如果客户具备较强的资金实力，信用状况足够良好，小额信贷机构可能不需要客户提供任何担保即可发放贷款。此外，以服务缺乏担保条件的客户群体为出发点的小额信贷机构，也可能选择更多地发放信用贷款。

2. 担保贷款

小额信贷机构在发放贷款时，可能要求借款人对所借款项提供相应担保，即借款人应提供的用作还款保证的"第二还款来源"。

担保贷款（secured loan）是指借款人或第三方依法提供担保而发放的贷款。担保方式是指担保人用以确保债权得以实现的条件和手段。常见的担保方式有以下几种。

1) 保证贷款——人的担保

保证贷款是以第三方承诺为担保，在借款人不能偿还贷款时，第三方按约定代为偿债而发放的贷款。

保证责任包括一般保证责任和连带保证责任，故保证也分为一般责任保证和连带责任保证。连带责任保证中②，保证人在法律意义上放弃了可享有的先诉抗辩权，简单来说就

---

① 信息不对称（information asymmetry）指在市场经济活动中，各类人员对有关信息的了解是有差异的，掌握信息比较充分的人，往往处于比较有利的地位，而信息贫乏的人，则处于比较不利的地位。在信贷业务中，信贷机构无法完全了解贷款客户，对其偿债能力和偿债意愿的判断会弱于贷款客户对于自身的判断。

② 依照我国法律，当事人对保证方式没有约定或者约定不明确的，按照连带责任保证承担保证责任。成立一般保证则要特殊约定，事实上加重了保证人的责任。

是，债务人在借款合同规定的债务履行期届满没有履行债务时，保证人即要承担连带债务责任。因此，与一般责任保证相比，连带责任保证方式中保证人的责任较重，这有助于保护债权人的利益，故信贷机构通常只接受保证人提供连带责任保证。

联保是一种常用的连带责任保证方式。联保贷款为三户（含）以上相互熟悉、自愿组成联保体的借款人相互进行连带责任保证而对其发放的贷款。联保可以发生在个体工商户、农户或私营企业、有限责任公司等借款人之间，它是建立在成员之间相互信任和监督的基础之上的。一个小组成员是否偿还贷款还会影响小组所有成员再次贷款的可得性。

活动拓展 3-1

保证人是否享有"先诉抗辩权"，区分了一般责任保证和连带责任保证。请查找相关法律资料，理解先诉抗辩权的意义。

2）抵押贷款——财产担保

抵押贷款是指以借款人或第三方的财产作为抵押担保而发放的贷款。债务人或者第三方将抵押财产作为债权的担保，不转移抵押财产的占有。当债务人不履行债务时，债权人有权依照《担保法》的规定以抵押财产折价或者以拍卖、变卖该财产的价款优先受偿。

3）质押贷款——财产担保

质押贷款是指以借款人或第三方的动产或财产权利作为质押担保而发放的贷款。债务人或者第三方将动产或者财产权利作为债券的担保，将其动产移交债权人占有，或者将其财产权利交由债权人控制。当债务人不履行债务时，债权人有权依照《担保法》的规定以该动产或者财产权利折价，或者以拍卖、变卖该动产或者财产权利的价款优先受偿。

4）一些不常见的担保方式

根据《中华人民共和国担保法》（以下简称《担保法》）的规定，担保方式还有留置和定金。

留置：债权人按照合同约定占有债务人的动产，债务人不按照合同约定的期限履行债务的，债权人有权按照规定留置该财产，以该财产折价或者以拍卖、变卖该财产的价款优先受偿。

定金：当事人可以约定一方向对方给付定金作为债权的担保。债务人履行债务后，定金应当抵作价款或者收回。给付定金的一方不履行约定债务的，无权要求返还定金；收受定金的一方不履行约定债务的，应当双倍返还定金。

拓展阅读 3-1 《担保法》对抵押物和质押物范畴的相关规定

1. 可作抵押物的财产

按我国《担保法》第三十四条规定，可作抵押物的财产包括：

(1) 抵押人所有的房屋和其他地上定着物。

(2) 抵押人所有的机器、交通运输工具和其他财产。

(3) 抵押人依法有权处分的国有的土地使用权、房屋和其他地上定着物。

(4) 抵押人依法有权处分的国有机器、交通运输工具和其他财产。

(5) 抵押人依法承包并经发包方同意抵押的荒山、荒沟、荒丘、荒滩等荒地的土地使用权。

(6) 依法可以抵押的其他财产。

2. 不可抵押的财产

不可抵押的财产包括：

（1）土地所有权。

（2）耕地、宅基地、自留地、自留山等集体所有的土地使用权。

（3）学校、幼儿园、医院等以公益为目的的事业单位、社会团体的教育设施、医疗卫生设施和其他社会公益设施。

（4）所有权、使用权不明或者有争议的财产。

（5）依法被查封、扣押、监管的财产。

（6）依法不得抵押的其他财产。

3. 可作为质押物的财产

可作为质押物的财产，主要有以下几类：

（1）动产质押。动产质押物主要包括：易变现、易保值、易保管，出质人享有的，并且可以流通、转让的所有权或依法处分权。

（2）金钱质押。就是以保证金等形式特定化的金钱质押。

（3）权利质押。权利质押主要包括以下几类：

① 汇票、本票、存单；

② 国债、金融债券、大企业债券；

③ 股份、股票；

④ 依法可以质押的具体有现金价值的人寿保险单；

⑤ 依法可以转让的商标专用权、专利权、著作权中的财产权；

⑥ 依法可以质押的其他权利。

（资料来源：节选改编自国务院法制办公室. 中华人民共和国担保法注解与配套[M]. 北京：中国法制出版社，2014）

5）组合担保贷款

组合担保贷款是指同时采取保证、抵押、质押中两种或多种担保方式的贷款。

活动拓展 3-2

请收集资料，举例说明你所在区域的小额信贷产品担保方式主要有哪些，不同的担保方式针对哪些客户群体。

信用贷款产品——城市个体工商户、微型企业、创业人群等

抵质押贷款产品——拥有宅基地、自建房的农户等

联保贷款产品——农村市场的农户和小微企业等

……

3. 票据贴现

票据贴现（note discount）是指资金的需求者，将自己手中未到期的票据卖给信贷机构，要求变现的业务，信贷机构收进这些未到期的票据，按票面金额扣除贴现日至到期日的利息（又称为贴息）后将现款付给贴现申请人，到票据到期时再向出票人收款。根据贴现票据的不同，贴现一般可分为银行承兑汇票贴现和商业承兑汇票贴现；根据利息支付者的不同，贴现又可分为买家付息贴现、卖家付息贴现和协议付息贴现。

银行承兑汇票贴现是指当企业有资金需求时,持银行承兑汇票到信贷机构按一定贴现率申请提前兑现,以获取资金的一种融资业务。在银行承兑汇票到期时,信贷机构则向承兑银行提示付款,并对贴现申请人保留追索权。商业承兑汇票贴现是指当企业有资金需求时,持商业承兑汇票到信贷机构按一定贴现率申请提前兑现,以获取资金的一种融资业务。在银行承兑汇票到期时,信贷机构则向承兑企业提示付款,并对贴现申请人保留追索权。

在卖方办理票据贴现业务时,如果贴息由商品交易的买家来承担,那么这种贴现称为买家付息贴现;如果贴息由商品交易的卖家承担,则称为卖家付息贴现;也可以是买卖双方协商,各自承担一定比例的贴息成本,则称为协议付息贴现。

(四)贷款利率

利率(interest rate)是所需支付的利息成本占贷款本金的比率。根据计息频率、方式、浮动情况的不同可按多种方式进行分类。

1. 根据计息频率不同

利率存在年利率(annual interest rate)、月利率(monthly interest rate)和日利率(daily interest rate)之分。通常年利率用百分号表示,月利率用千分号表示,日利率则用万分号表示。例如:年利率为12%、月利率为8.5‰、日利率为4.5‱。

何为"分""厘""毫"?民间借贷合同或口头传述中,利息可能会用"分""厘""毫"表示,它们分别对应"百分号""千分号""万分号"。1分=10厘,1厘=10毫。

2. 根据计息方式不同

利率还可分为单利和复利。单利(simple interest)是指仅对本金计息,利息不计息的增值方式。复利(compound interest)是指不仅本金计息,以前各期所产生的利息也要计息的一种增值方式,俗称"利滚利"。

3. 根据贷款期间利率水平是否变动

利率有固定利率和浮动利率之分。固定利率(fixed interest rate)是指在借贷期内不作调整的利率。浮动利率(floating interest rate)是指在借贷期内可定期调整的利率。

在贷款业务中,央行赋予了信贷机构自主选择利息计算公式的权利,但信贷机构须在借款合同中明确说明计息方式。

(五)结息日

结息日(date of interest settlement)是信贷机构计算客户应还本息并将其入账的日期。一般地,如果贷款是按季度偿还的,结息日是季度末月的20日;如果贷款是按月度偿还,则结息日是每个月的20日。

依据《中国人民银行关于人民币存贷款计结息问题的通知》(银发〔2005〕129号),计息公式由信贷机构自行制定并提前告知客户,客户一般不参与计息方式的制定。但在市场经济中,客户有权选择是否接受计息方式并最终与信贷机构达成协议。

(六)罚息

罚息(penalty interest)是指当借款人违反借贷双方约定,逾期还款或挪用贷款资金时,信贷机构对客户收取的惩罚性利息。其中,逾期还款(late payment)是指客户不能按合同约定的日期还本付息的情况;挪用贷款资金(diversion of loan fund)是指客户不按合同约定使用借款的行为。

罚息利率水平由信贷机构根据央行有关规定确定。我国关于罚息利率水平以及计算方法的规定,来自 2003 年的《中国人民银行关于人民币贷款利率有关问题的通知》(银发〔2003〕251 号)。根据央行规定,罚息幅度为贷款合同约定利率的 0.3 倍至 1 倍之间,具体可由信贷机构根据罚息产生原因而自行确定,但必须事先在贷款合同中注明相关事项。

拓展阅读 3-2　我国央行对贷款罚息计算的相关规定

逾期贷款罚息利率,为在借款合同载明的贷款利率水平上加收 30%～50%;借款人未按合同约定用途使用借款的罚息利率,为在借款合同载明的贷款利率水平上加收 50%～100%。

对逾期或未按合同约定用途使用借款的贷款,从逾期或未按合同约定用途使用贷款之日起,按罚息利率计收利息,直至清偿本息为止。对不能按时支付的利息,按罚息利率计收复利。

(资料来源:节选改编自中国人民银行关于人民币贷款利率有关问题的通知[Z].银发〔2003〕251 号)

(七) 贷款限额

贷款限额(credit limit)也就是可贷资金的上下限。下限(lower limit)是指最少必须申请的贷款额度;上限(upper limit)是最多能申请的贷款额度。一个相关的概念是"实际发放金额"(actual loan amount),它指的是信贷机构最终实际批准发放的贷款金额。实际发放额度与以下因素有关:客户的贷款资金需求、客户的资信状况以及信贷机构的贷款政策规定等。

例如,一款小额信贷产品的贷款金额上限是 30 万元,客户实际申请 20 万元,但经客户经理调研、机构评估核定后,仅能予其 15 万元的贷款额度,如果客户同意该贷款方案,那么该笔贷款的实际发放额就为 15 万元。

除了单笔贷款的额度,信贷机构通常还为其客户提供授信额度(line of credit),即一定期间内可循环使用的贷款额度。提供授信额度的一大好处是当客户在授信期间内需要多次贷款时,无须逐笔报批,从而节约贷款程序的时间。

(八) 贷款期限

贷款期限(loan term)是指贷款起止日期之间的间隔,即贷款人将贷款发放给借款人到合约规定的贷款收回日这一段时间的期限。贷款期限也是借款人对贷款的实际使用期限。按期限的长短,贷款可分为短期贷款、中期贷款和长期贷款(见图 3-4)。

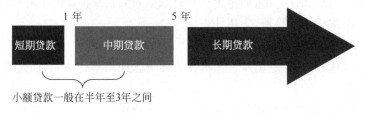

图 3-4　贷款期限示意图

短期贷款(short-term loans)是指期限在 1 年或者 1 年内(3 个月以上 6 个月以下为临时贷款)的贷款。其特点是期限短、风险小、利率高,主要用于满足借款人对短期资金的需求。

中期贷款(medium-term loans)是指期限在 1 年以上(不含 1 年)5 年以下(含 5 年)的贷款。

长期贷款(long-term loans)是指期限 5 年以上(不含 5 年)的贷款。其特点是期限长、利率高、流动性差、风险较大。

考虑小额信贷客户群体的特点,目前小额信贷的期限一般在半年至 3 年之间,具体期限根据客户实际资金需求及资金周转情况而定,也可采用灵活期限。例如,小额信贷机构可根据客户的信用情况,提供一段时间的授信有效期,限定贷款额度,客户在此期间有资金需要便可在贷款额度以内随时借款,有资金结余则可随时还款,节省利息支出,手续简便。

(九)还款方式

常见的还款方式有一次性还本付息法以及分期还款法。其中,分期还款法又有等额本息还款法和等额本金还款法等(见图 3-5)。

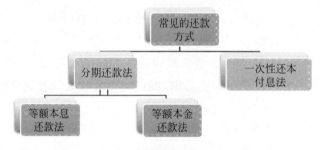

图 3-5　常见的还款方式

1. 等额本息还款法

等额本息还款法下,将贷款的本金总额与利息总额相加,然后平均分摊到还款期限中的每一期(如每周、旬、月、季),每期的还款额是固定的。还款额中的本金比重逐期递增、利息比重逐期递减。等额本息还款法是运用最为普遍的还款方式。

2. 等额本金还款法

等额本金还款法下,将贷款本金分摊到每一期内,要求借款人每期偿还同等数额的本金以及期初贷款余额在该期产生的利息。这种还款方式相对等额本息还款法而言,借款人的利息成本总体较少,但是前期支付的本金和利息较多,因此还款负担在前期较重,后期逐期递减。等额本金还款法计算简便,实用性很强。

3. 一次性还本付息法

一次性还本付息法也叫"利随本清",借款人在贷款期内不还本息,而是贷款到期后一次性归还本金和利息。

此外,信贷机构还提供其他还款方式,如"净息还款法"——借款人在借款期内只需分期偿还利息,本金则在贷款到期时一次偿还。

活动拓展 3-3

请收集信息,了解小额信贷的还款方式,并对其特点及优劣势进行比较,参照已给出的范例填写表 3-1。

表 3-1　小额信贷的还款方式对比

还款方式	特　　点	优　　势	劣　　势
例：等额本息还款法	每期还款额固定,还款额中的本金比重逐期递增、利息比重逐期递减。适合收入稳定的群体	每月还款额相等,方便借款人安排资金支出	利息总支出较高
例：等额本金还款法	前期支付的本金和利息较多,后期利息逐月递减。适合贷款前期收入较高的群体	总还款利息相对较少,节省借款人利息支出	还款开始阶段还款额较高

二、计算贷款利息和还款额度

(一)年利率、月利率和日利率的换算

年利率与月利率、日利率的换算如式(3-1)所示

$$年利率 = 月利率 \times 12 = 日利率 \times 360 \tag{3-1}$$

其中,年利率常用百分号表示,月利率常用千分号表示,日利率则用万分号表示。例如:年利率为 12%,月利率 10‰,日利率 5‱。

(二)单利计息法和复利计息法

1. 单利计息法

单利计息法公式如式(3-2)所示

$$I = P \cdot i \cdot N \tag{3-2}$$

式中:I 为贷款利息;P 为贷款本金;i 为利率水平,可以是年利率、月利率或日利率;N 为贷款期限,单位可以是年、月或日。

计算利息时,对贷款期限的核算,一般采取"算头不算尾"的方法,即借款当天起算计息,还款当天不计息。

例如,1 月 1 日借款,1 月 5 日还款,那么 1 月 1 日计息,1 月 5 日不计息,贷款期限为 4 天。

2. 复利计息法

复利计息法公式如式(3-3)所示

$$I = P \cdot (1+i)^N - P \tag{3-3}$$

式中:I 为贷款利息;P 为贷款本金;i 为利率水平,可以是年利率、月利率或日利率;N 为贷款期限,单位可以是年、月或日。

需要特别注意的是,无论是单利计息还是复利计息,在套用式(3-3)时,贷款期限 N 的时间计量单位务必要与利率水平 i 的时间计量单位保持一致。

复利利息高于单利利息。同样的贷款本金和利率水平,复利计息得到的利息金额要高于单利计息。

例题 3-1　贷款本金 10 000 元,年利率为 20%,按单利计息法计息,则

(1)贷款期限为 2 年时,利息是多少?

(2)贷款期限为 20 个月时,利息是多少?

(3)贷款期限为 100 天时,利息是多少?

解答:(1) 10 000×20%×2＝4 000(元)

(2) 10 000×(20%÷12)×20＝3 333.33(元)

(3) 10 000×(20%÷360)×100＝555.56(元)

还款金额和利息要四舍五入。在实务中,还款额度和利息金额通常精确到分位或个位,视不同信贷机构的具体情况而定。

计算题 3-1

(1) 若例题 3-1 中,年利率为 12%,月利率和日利率分别是多少?

(2) 若一笔贷款,本金为 50 000 元,年利率为 15%,贷款期限为 3 年,按单利和复利计息,该客户分别需要偿还多少利息?

(三)积数计息法和逐笔计息法

1. 积数计息法

积数计息法就是按实际天数每日累计账户余额,以累计计息积数乘以日利率计算利息的方法。

积数计息法公式如式(3-4)所示

$$利息 = 累计计息基数 \times 日利率 \qquad (3-4)$$

其中,累计计息积数为在贷款期限内每日贷款本金余额的合计数。

例题 3-2 客户申请 5 000 元的临时信用贷款,期限为 5 天,贷款日利率为 5‰。信贷机构允许客户在贷款期限内随时偿还任意额度的贷款本金,到期偿还利息及剩余本金。该客户在此 5 天内的贷款本金余额变化情况如表 3-2 所示。如果该信贷机构按积数计息法计息,那么该笔贷款利息金额是多少?

表 3-2 贷款本金金额变化情况

日期	客户对本金的偿还(元)	贷款本金金额(元)
第 1 天	0	5 000
第 2 天	0	5 000
第 3 天	1 000	4 000
第 4 天	1 500	2 500
第 5 天	2 500	0

解答:利息＝(5 000＋5 000＋4 000＋2 500＋0)×5‰＝8.25(元)

2. 逐笔计息法

逐笔计息法是按预先确定的计算公式逐笔计算利息的方法。采用逐笔计息法时,信贷机构在不同情况下可选择不同的计息公式。具体有三种:

(1) 计息期为整年或整月的,见式(3-5)

$$利息 = 本金 \times 年(月)数 \times 年(月)利率 \qquad (3-5)$$

(2) 计息期有整年(月)又有零头天数的,见式(3-6)

$$利息 = 本金 \times 年(月)数 \times 年(月)利率 + 本金 \times 零头天数 \times 日利率 \qquad (3-6)$$

(3) 将计息期全部转换为实际天数计算利息,见式(3-7)

$$利息 = 本金 \times 实际天数 \times 日利率 \qquad (3-7)$$

其中,实际天数每年为 365 天(闰年 366 天),每月为当月公历实际天数。

这三个计算公式实质相同,但由于年利率和日利率转换时,信贷机构将一年只按 360 天算,但在计算实际贷款期限时,又会将一年按 365 天计算,因此得出的结果会稍有偏差。

例题 3-3 有客户申请贷款 10 000 元,期限为 1 年,贷款年利率为 18%,请用逐笔计息法计算该客户应支付的贷款利息。

解答:若用式(3-5)计息,应付利息=10 000×1×18%=1 800(元)

若用式(3-7)计息,应付利息=10 000×365×(18%/360)=1 825(元)

通过例题 3-3 我们可以看出,逐笔计息法的几个公式计算结果之间存在的细微差异。

计算题 3-2

客户申请贷款 10 000 元,期限为 1 年零 5 天,贷款年利率为 18%,请用逐笔计息法计算该笔贷款的利息。

(四) 罚息的计算

罚息是指当借款人出现逾期或挪用贷款资金时,贷款机构对客户收取的惩罚性利息。其中,逾期是指客户不能按合约规定的日期还本付息的情况,挪用贷款资金是指客户不按合同约定使用借款资金的行为。罚息利率水平由贷款机构根据人民银行有关规定确定。我国关于罚息水平确定以及计算方法的最新规定,来自中国人民银行 2003 年的《中国人民银行关于人民币贷款利率有关问题的通知》(银发〔2003〕251 号)文件。

例题 3-4 客户借款 30 000 元,借款日为 2012 年 1 月 1 日,期限为 1 年,合同关于利息计算的条款如下:

利息的计算:借款人每月还息额=当月贷款余额×贷款天数×日利率。

利率执行:15%,该利率系中国人民银行现行期限档次贷款的基准利率上浮 150%。

逾期贷款和挪用贷款的罚息依逾期或挪用的金额和实际天数计算。逾期贷款的罚息利率按本合同约定利率上浮 50%,挪用贷款的罚息利率按本合同约定利率上浮 60%;浮动利率贷款逾期或挪用后遇人民银行调整基准利率的,贷款人有权相应调整本合同罚息利率,自人民银行利率调整日起适用新的罚息利率。

由于经营不善、资金周转不灵,该客户到 2012 年 12 月 31 日尚有 3 000 元本息无法按期偿还。最终该笔款项经过催收,客户在 2013 年 1 月 25 日前来还款。请问该客户在当天需要偿还的罚息是多少?

解答:罚息利率=15%×(1+50%)=22.5%;

贷款逾期天数按照"算头不算尾"的核算方法,从 2012 年 12 月 31 日起算,至 2013 年 1 月 25 日,共 25 天。罚息=3 000×25×(22.5%/360)=46.88(元)

拓展阅读 3-3 我国央行对贷款罚息计算的相关规定

逾期贷款(借款人未按合同约定日期还款的借款)罚息利率由现行按日 2.1‰ 计收利息,改为在借款合同载明的贷款利率水平上加收 30%~50%;借款人未按合同约定用途使用借款的罚息利率,由现行按日5‰计收利息,改为在借款合同载明的贷款利率水平上加收50%～100%。

对逾期或未按合同约定用途使用借款的贷款,从逾期或未按合同约定用途使用贷款之日起,按罚息利率计收利息,直至清偿本息为止。对不能按时支付的利息,按罚息利率计收复利。

(资料来源:中国人民银行关于人民币贷款利率有关问题的通知[Z].银发〔2003〕251号)

(五) 结息日利息的计算

在结息日,信贷机构的计算机会自动计算客户应缴纳的利息并入账。一般而言,每个月或者每个季度末月20日为结息日,对应的利息支付日为每个月或每个季度末月的21日。那么结息日时利息是如何计算出来的呢?

例题 3-5 客户借款30 000元,借款日为2012年1月1日,期限为1年,合同关于利息计算的条款如下:

利息的计算:借款人每月还息额＝当月贷款余额×贷款天数×日利率。

利率执行:15%。该利率系中国人民银行现行期限档次贷款的基准利率上浮150%。本合同项下的贷款按下列第(2)种方式结息,贷款最后到期时利随本清。结息日分别为每季末月的20日和每月的20日。

问:(1)若期间客户并无还款,在2012年1月20日,其应计月利息为多少?

(2)若客户在2012年1月31日归还本金5 000元,那么在2012年2月20日,其应计月利息为多少?

解答:(1)1月1日至1月20日,共20天(提示:由于客户在此日并未偿还贷款,此处不适用"算头不算尾"的期限核算规则),1月的贷款余额为30 000元。

按照合约规定的计息公式

$$应付利息 = 30\,000 \times 20 \times (15\%/360) = 250(元)$$

(2)从1月21日至1月30日,共10天,贷款余额为30 000元,故

$$利息 = 30\,000 \times 10 \times (15\%/360) = 125(元)$$

从1月31日至2月20日,共21日,贷款余额为25 000元,故

$$利息 = 25\,000 \times 21 \times (15\%/360) = 218.75(元)$$

2月20日电脑计算的应付利息为:

$$应付利息 = 125 + 218.75 = 343.75(元)$$

以上例中的结息日利息计算可以说是对逐笔计息法的灵活运用。

计算题 3-3

客户借款20 000元,期限2年,按年还款,一年结息一次,按单利计息,并实行浮动利率。第一年利率15%,客户在年底除了利息之外,还偿还了15 000元本金。第二年利率调整为20%,请问第二年年末客户应还的利息是多少?

(六) 不同还款方式下还款额度的计算

还款额度是借款人在特定还款日应还本息之和。还款额度的大小,与贷款的诸多因素相关,包括:本金、期限、利率、还款方式等。其中,还款方式的差异会导致还款额度计算方

法的不同。以下介绍几种常见还款方式对应的还款额度计算：

1. 一次性还本付息法

该还款法对应的期末还款额度计算公式分别有如下两种计算方法。

1) 在单利计息法下

在单利计息法下，还款金额如式(3-8)所示

$$期末还款金额 = P + P \cdot i \cdot N \tag{3-8}$$

式中：P 为贷款本金；i 为利率水平，可以是年利率、月利率或日利率；N 为时间，单位可以是年、月或日。

2) 在复利计息法下

在复利计息法下，还款金额如式(3-9)所示

$$期末还款金额 = P \cdot (1+i)^N \tag{3-9}$$

式中：P 为贷款本金；i 为利率水平，可以是年利率、月利率或日利率；N 为时间，单位可以是年、月或日。

例题 3-6 客户借款 50 000 元，期限 1 年，年利率 17%，到期一次性还本付息。请问他期末需偿还的金额是多少？（按单利计算）

解答：期末还款金额 = 50 000 + 50 000 × 1 × 17% = 58 500（元）

该客户的还款计划表如表 3-3 所示。

表 3-3　客户还款计划表

日期	归还本金(元)	归还利息(元)	贷款余额(元)
期初	0	0	50 000
期末	50 000	8 500	0

计算题 3-4

客户借款 50 000 元，期限 1 年，月利率 12‰，按复利计算，到期一次性还本付息。请问客户期末需偿还的金额是多少？

2. 等额本息还款法

在等额本息还款法下，客户每期（通常为每月）需偿还的额度计算公式见式(3-10)。

$$每期还款额 = \frac{P \cdot i \cdot (1+i)^N}{(1+i)^N - 1} \tag{3-10}$$

式中：P 为贷款本金；i 为每期利率；N 为还款期数。

例题 3-7 客户借款 50 000 元，期限 1 年，年利率为 17%，分 12 个月偿还，还款方式采用等额本息还款法，那么他每个月需偿还的金额是多少？请为该客户编制还款计划表。

解答：贷款对应的月利率 = 17%/12 = 1.416 7%

$$每月偿还金额 = \frac{5\,000 \times 1.416\,7\% \times (1+1.416\,7\%)^{11}}{(1+1.416\,7\%)^{11} - 1} = 4\,560.16$$

该客户的还款计划表见表 3-4。

表 3-4 客户还款计划表

月份	应还金额(元)	应还利息(元) (期初余额×利率)	应还本金(元) (应还金额－应还利息)	贷款余额(元) (期初贷款余额－应还本金)
0	0	0	0	50 000
1	4 560.16	708.35 (50 000×1.416 7%)	3 851.81 (4 560.16－708.35)	46 148.19 (50 000－3 851.81)
2	4 560.16	653.78 (46 148.19×1.416 7%)	3 906.38 (4 560.16－653.78)	42 241.81 (46 148.19－3 906.38)
3	4 560.16	598.44 (42 241.81×1.416 7%)	3961.72 (4 560.16－598.44)	38 280.09 (42 241.81－3 961.72)
4	4 560.16	542.31 (38 280.09×1.416 7%)	4 017.85 (4 560.16－542.31)	34 262.24 (38 280.09－4 017.85)
5	4 560.16	485.39 (34 262.24×1.416 7%)	4 074.77 (4 560.16－485.39)	30 187.47 (34 262.24－4 074.77)
6	4 560.16	427.67 (30 187.47×1.416 7%)	4 132.49 (4 560.16－427.67)	26 054.98 (30 187.47－4 132.49)
7	4 560.16	369.12 (26 054.98×1.416 7%)	4 191.04 (4 560.16－369.12)	21 863.94 (26 054.98－4 191.04)
8	4 560.16	309.75 (21 863.94×1.416 7%)	4 250.41 (4 560.16－309.75)	17 613.53 (21 863.94－4 250.41)
9	4 560.16	249.53 (17 613.53×1.416 7%)	4 310.63 (4 560.16－249.53)	13 302.9 (17 613.53－4 310.63)
10	4 560.16	188.46 (13 302.9×1.416 7%)	4 371.7 (4 560.16－188.46)	8 931.2 (13 302.9－4 371.7)
11	4 560.16	126.53 (8 931.2×1.416 7%)	4 433.63 (4 560.16－126.53)	4 497.57 (8 931.3－4 433.63)
12	4 561.29* (63.72＋4 497.57)	63.72 (4 497.57×1.416 7%)	4 497.57	0
合计	54 723.05	4 723.05	50 000	—

* 计算中的四舍五入,导致最后一期还款额与前略有不同。

以上例题印证了:在等额本息还款法下,还款额中本金比重逐期递增、利息比重逐期递减。

3. 等额本金还款法

在该还款法下,客户每期(通常为每月)需偿还的额度计算公式见式(3-11),式(3-12)。

$$每期还款额 = 每期需偿还的贷款本金 + 期初贷款余额 \times 当期利率 \quad (3\text{-}11)$$

其中:

$$每期需归还的贷款本金 = 贷款本金 / 还款期数 \quad (3\text{-}12)$$

由以上的公式可知,在等额本金还款法下,每期的利息会随着贷款余额的减少而逐期递减,在偿还本金额不变的情况下,借款人每期的还款金额也是逐渐减少的。

例题 3-8 客户借款 50 000 元,期限 1 年,年利率为 17%,分 12 个月偿还,还款方式采用等额本金还款法,那么他第一个月和第二个月需偿还的金额各为多少?

解答：该笔贷款对应的月利率＝17％/12＝1.416 7％

第一个月还款金额 $= \dfrac{5\,000}{12} + (50\,000 - 0) \times 1.416\,7\% = 4\,875.02(元)$

第二个月还款金额 $= \dfrac{5\,000}{12} + \left(50\,000 - \dfrac{50\,000}{12}\right) \times 1.416\,7\% = 4\,815.99(元)$

计算题 3-5

请根据例题 3-8 中的信息，填写该客户的还款计划表 3-5。

表 3-5　客户还款计划表

月份	应还本金(元)	应还利息(元)	应还本息(元)	贷款余额(元)
0				
1				
2				
3				
4				
5				
6				
7				
8				
9				
10				
11				
12				

通过比较可发现，在例题 3-6、3-7、3-8 中，客户的贷款金额、期限和利率都是相同的，不同的只是还款方式。请基于对三种还款方式支付的利息总额的比较，来判断哪种方式对客户来说最经济划算。

活动拓展 3-4

信贷人员通常使用电子财务计算器来计算还款额度和利率，这也是一项必要的技能。

而今，计算机和互联网的发展为更多非专业人士提供了便捷的贷款计算器，只需在页面中输入贷款相关信息，便可自动进行还款金额的计算：

例如 91 金融超市的贷款计算器(查询 91 网站)……

你不妨在了解贷款计算原理之后，学习掌握一款财务计算器的使用，并查找和试用一下互联网上的这些贷款计算器。

（七）名义利率、实际利率和有效利率

名义利率(nominal interest rate)是借款合同上规定的每期利率，如月息 2％ 或年息 24％。我们已经知道，在同一个名义利率下，还款方式不同，借款人的成本可能完全不同。

实际利率(real interest rate)是指剔除了通货膨胀率后的利率，衡量实际购买力的增值。

有效利率(effective interest rate)则在利息之外，还考虑了其他实际财务费用，并且是以真实的贷款余额(非本金，而是借款人手中实际的贷款余额，是会随着本金的偿还而减少的)为基数计算出的利率,它衡量了实际的借款成本。影响有效利率高低的因素包括还款方式、还款进度、佣金、手续费和强制储蓄等。

小额信贷机构通过对不同贷款条件的组合设计,可能会造成比名义利率高得多的有效利率。以下做法会增加借款人所负担的实际费用,同时增加信贷机构从贷款余额中获得的实际收入[①]。

(1) 按照贷款的初始额度计算利率,而不是按照分期偿还本金后实际留在借款人手中的递减余额来计算,这种方法为固定利息支付。

(2) 要求在贷款开始时支付利息,还款先抵偿整个贷款期间会产生的利息(不论利息是否已发生),再抵偿本金。

(3) 除利息外,再额外收取佣金或手续费。

(4) 以月利率报价,但按星期收本金和利率,每四个星期算为一个月。

(5) 要求将贷款的一部分作为强制储蓄或调整余额存放在信贷机构里。

知识自测 3-1

(1) 小额信贷产品的基本条款有哪些?按照贷款对象、资金用途、担保条件等不同,小额信贷产品分别可作怎样的分类?

(2) 请描述保证、抵押和质押的含义,并列举常见的抵押物和质押物。

(3) 请分别解释等额本息还款法和等额本金还款法,并说明其各自特点。

任务二　介绍个人小额信贷产品

- 了解个人小额信贷产品的基本条款

一、个人小额信贷产品

个人小额信贷是指信贷机构为解决个人借款人临时性的资金需求而发放的,额度通常在 50 万元以内的贷款。其中,个人借款人是指在中国境内有固定住所、有当地城镇常住户口(或有效居住证明)、具有完全民事行为能力的中国公民。具体而言,个人借款人常可分为几类群体:工薪阶层、个体工商户、农户、企业主等。图 3-6 所示为深圳中安信业个人小额信贷产品。

图 3-6　深圳中安信业个人小额信贷产品示意图

---

① 资料来源:节选改编自中国银行业协会.小额信贷[M].北京:中国金融出版社,2012.

（一）发展个人小额信贷业务的意义

随着经济的发展，中国民众的收入水平和消费水平稳步提升，个人创业致富的热情日益高涨，个人客户的消费贷款需求和经营贷款需求增长明显，市场前景广阔。

对于信贷机构而言，开展个人小额信贷业务可以为其带来新的收入来源。个人小额信贷具有额度小、分散度高的特点，可以帮助银行分散风险，避免资金过分集中。同时，由于个人小额信贷业务的技术门槛较低，操作相对简单，而且客户资金需求频繁，该业务也成为小额贷款公司、P2P互联网金融公司等民间信贷机构重点发展的业务。

对于国家宏观经济而言，个人小额信贷业务的发展，为实现城乡居民的消费需求、满足广大消费者的购买欲望起到了融资的作用，对启动、培育和繁荣消费市场起到了催化与促进的作用，同时也帮助更多个体工商户、农户、小微企业主等个人及时获得创业发展所需的资金。因此，该项业务的发展对扩大内需，推动生产，带动相关产业，支持国民经济持续、快速、健康和稳定发展都具有积极的作用。

（二）个人借款人的特点

个人借款人具有以下几个特点：

1. 贷款需求差异大

个人潜在的资金需求多种多样，既包括买房、房屋装修、买车、求学、购买耐用商品等消费性需求，也包括经营个体生意、发展农业、经营办厂等经营性需求，客户的身份、处境不同，由此产生的资金需求也呈现较大的差异性。

2. 借款人素质差异大

个人借款人身处各行各业，所处的社会层次、具备的学历层次、社会阅历各不相同，对信贷产品的认知也有很大差异。有些客户对信贷产品条款、市场利率、相关法律规定等非常熟悉，有些客户则可能知之甚少，甚至难以理解。客户经理在做产品推广介绍时，对于客户的这种差异性应该给予足够的重视，以免造成不必要的误解。

3. 财务信息比较零散

个人客户跟企业客户不同，没有会计人员为其编制正规的财务报表，其财务信息通常反映在银行存款账户交易流水、水电费缴纳情况、工资收入证明、房产车产凭证、税收缴纳证明、营业收入小票、购销合同等原始凭证中。客户经理通常需要多角度搜集这些数据，甚至为客户编制财务报表，计算财务比例，才能确认其财务状况。

4. 客户资信状况和还款能力参差不齐

个人客户中不乏能提供资产抵质押、收入较高、生意经营良好、素质品行良好的优质客户，但也存在不少无法提供抵质押物、收入水平较低、生意运转不灵、素质较低甚至沾染不良生活嗜好的客户。客户经理应对客户资信状况进行充分调查，多方求证，确保放贷客户具备充足的还款能力和良好的还款意愿。

（三）个人小额信贷的分类

从贷款期限上看，个人小额信贷属于中短期贷款，可以是几天、一两个星期的临时性贷款，也可以是一年以内的短期贷款，但最长通常不超过3年。

从担保条件上看，个人小额信贷存在多种形式，通常有：不需任何担保条件的个人信用贷款，需提供抵质押物的个人抵质押贷款，需提供联保小组担保或第三方担保的担保贷款，等等。

从还款方式上看,个人小额信贷可一次性还本付息,也可分期偿还,有些信贷机构也推出个人循环额度贷款,通过前期资信状况调查,给客户核定一个贷款额度,并允许客户在贷款额度有效期内随借随还。

从资金用途上看,个人小额信贷通常可分为两大类:个人消费类小额信贷和个人经营类小额信贷。其中,前者主要支持个人购房置业、房屋装修、买自用车、购买耐用品、旅游等消费性支出,后者主要支持个人做经营周转、购置小型生产设备、采购原材料等经营性支出。

(四)个人小额信贷的准入门槛

一般而言,无论是哪类个人客户,在申请小额信贷时,均需满足以下六项基本条件。

(1) 具有完全民事行为能力的自然人,年龄在18周岁(含)～65周岁(含)。
(2) 具有合法有效的身份证明及婚姻状况证明等。
(3) 遵纪守法,没有违法行为,具有良好的信用记录和还款意愿。
(4) 具有稳定的收入来源和按时足额偿还贷款本息的能力。
(5) 具有还款意愿。
(6) 贷款具有真实的资金用途等。

二、个人消费类小额信贷

个人消费类小额信贷是指信贷机构针对自然人发放的,用以满足其日常消费支出的小额信贷。

(一)贷款对象及申请条件

该类贷款的借款人是指在中国境内有固定住所、有当地城镇常住户口(或有效居住证明)、具有完全民事行为能力的中国居民。借款人除应满足个人小额信贷的基本条件(详见项目三,任务二,一、个人小额信贷产品)外,还应能提供消费用款的证明材料,例如:购房、购车合同,消费发票,等等,以证明贷款用途的真实性。

(二)贷款用途

该类贷款通常不会事先限定具体的用途,而是采取综合消费贷的形式,即贷款资金可根据借款人需要,有买房、买车、房屋装修、旅游、进修、婚庆、医疗等多种消费用途。需注意的是,目前商业银行推出的该类小额信贷均有明文规定不支持买房,因为银行认为买房涉及款项较大,而且期限较长,与该类贷款的特点不匹配,但一些小贷公司则愿意承担高风险,允许消费者将该类贷款资金用以购房资金的短期周转。

(三)担保方式

贷款的担保方式多种多样,根据不同信贷机构的贷款政策、不同的客户资信状况以及贷款金额而定。对于资信良好的客户,可无须抵质押,发放纯信用贷款;对于资信稍差的客户或者额度较大的贷款,也可将个人名下产权清晰的不动产、汽车、存单等资产用于抵质押,发放抵质押贷款。

(四)贷款额度

贷款额度通常为1万～50万元,最终根据具体资金用途、客户资信状况及客户可提供的担保条件而定。

(五)贷款利率

贷款利率根据信贷机构各自的贷款政策,参照中国人民银行基准利率和相关规定而定。

（六）贷款期限

贷款期限通常为 1 年以内,最长不超过 3 年。

（七）还款方式

还款可采用多种还款方式。

（1）一次性还本付息。到期一次性偿还贷款本息,适用于不到一年的短期贷款。

（2）分期还本付息。可采用等额本金还款法或等额本息还款法。

（3）随借随还。有些信贷机构也为优质的借款人推出可循环使用的消费信贷,首先根据客户资信状况核定一个贷款额度,额度有效期通常为 1 年,在额度有效期内借款人可根据自身资金情况随借随还。

（八）案例

案例 3-2　平安银行新一贷产品介绍

"新一贷"是平安银行专为拥有稳定连续性工资收入人士发放的,以其每月工资收入作为贷款金额判断依据,用于个人消费的无担保人民币贷款。产品特点如下：

1）无须任何担保

无须任何抵押、无须任何担保,您的信用就是最好的贷款通行证。

2）放款速度快

资料齐全,最快 1 天放款,更有独特的远程审批模式,让您只需上门一次,即可获得无担保贷款。

3）期限选择多

可自由选择 12 个月、24 个月、36 个月还款期限,最长可达 3 年。

4）资金用途灵活

买车、装修、旅游、进修、婚庆、医疗等多种消费资金用途。（温馨提示：不能用于股权投资或购房）

5）可贷金额高

平安银行将根据您的收入及信用状况综合决定贷款金额,1 万~50 万元,满足您众多消费需要！

6）申请门槛低

（1）25 周岁到 55 周岁（含）,具有完全民事行为能力,并在以下地区之一生活工作：北京、上海、天津、重庆、广东、浙江、辽宁、四川、湖北、云南、海南；

（2）拥有稳定的工作收入及良好的信用记录。

（3）在平安银行有"代发工资"账户或收入结算账户的工薪人士及中小企业主、个体工商户、公司合伙人等。

7）申请手续简单

（1）避免烦冗的评估、担保手续。

（2）无须抵押任何资产凭证。

（3）只需要提供：二代身份证、收入证明、工作证明、贷款用途证明。

8）资金成本低

具体贷款利率和违约金见表 3-6。

表 3-6　平安"新一贷"贷款利率和违约金

项 目 定 价	利率（月利率，%）	提前还款违约金（%）
优良职业*	1.5	5
标准受薪	1.7	5
做生意的自雇人士	2.0	5

* 优良职业指的是：上市公司、世界 500 强、国有垄断企业、金融企业非销售性质的正式编制员工。

案例 3-3　广发银行"自信卡"小额消费信贷产品介绍

（图片来源：广东发展银行网上银行官方网站 http://www.cgbchina.com.cn/Info/17785823）

活动拓展 3-5

请找到一款个人消费类小额信贷的产品，并将它的基本条款内容填在表 3-7 里，并总结分析这款产品的特色、优点。

表 3-7　个人消费小额信贷产品特色

产品条款	产品名称：＿＿＿＿＿＿＿ 产品所属机构：＿＿＿＿＿	产品的特色、优点
贷款对象及申请条件		
贷款用途		
担保方式		
贷款额度		
贷款利率		
贷款期限		
还款方式		

三、个人经营类小额信贷

个人经营类小额信贷是指信贷机构向个人借款人发放的用于借款人流动资金周转、购置或更新经营设备、支付租赁经营场所租金、商用房装修等合法生产经营活动的小额贷款。

（一）贷款对象及申请条件

该类贷款的主要对象包括以经营性收入为主要收入来源的私营企业主、个体工商户、农户、自雇人士等。一些信贷机构还会将该类贷款作进一步的细分：商户经营小额信贷和农户经营小额信贷。

商户经营小额信贷是指向城乡地区从事生产、贸易等活动的私营企业主（包括个人独资企业主、合伙企业个人合伙人、有限责任公司个人股东等）、个体工商户等微小企业主发放的用于满足其生产经营资金需求的贷款。

农户经营小额信贷是指向农户发放的用于满足其农业种植、养殖或者其他与农村经济发展有关的生产经营活动资金需求的贷款。借款人除应满足个人小额信贷的基本条件外，还需具备合法的经营资格（例如拥有经过年检的有效的经营许可证、工商营业执照等）以及固定的经营场所。

（二）贷款用途

该类贷款的常见资金用途包括：

(1) 借款申请人合法生产经营活动所需的周转资金。

(2) 购置或更新经营设备。

(3) 支付租赁经营场所的租金。

(4) 商用房装修，其中，用于商用房装修的，贷款资金必须用于借款人（或配偶）名下所拥有或租赁的商用房装修(对于租赁的商用房,租赁合同必须经当地房地产管理部门备案)。

(三) 担保方式

个别信贷机构对于优质客户会发放无须抵质押物的信用贷款,但由于该类贷款属于个人贷款中风险较高的业务,所以大多数信贷机构均要求借款人提供一定的担保。具体担保条件包括:

(1) 第三方保证——由1~2名具备代偿能力的自然人提供保证的贷款。

(2) 联保小组担保——由3~6名农户或商户构成联保小组,为贷款提供连带责任担保。

(3) 质押贷款——以借款人或他人名下的商品仓单、商铺或土地的承租权(经营权)、未到期的整存整取定期人民币存单等动产或权利作为质押物。

(4) 抵押贷款——以借款人或他人名下的房屋、商铺等不动产作为抵押物。

(四) 贷款额度

贷款额度通常为1万~100万元,最终根据具体资金用途、客户资信状况及客户可提供的担保条件而定。

(五) 贷款利率

贷款利率根据信贷机构各自的贷款政策,参照中国人民银行基准利率和相关规定而定。

(六) 贷款期限

贷款期限通常为1年以内,最短1个月,最长不超过2年。

(七) 还款方式

可采用多种还款方式。

(1) 一次性还本付息。到期一次性偿还贷款本息,这种还款法适用于不到1年的短期贷款。

(2) 分期还本付息。可采用等额本金还款法或等额本息还款法。

(3) 分期还息,一次还本。借款期内分次偿还贷款利息,在到期日时一次性偿还贷款本金。

(4) 随借随还。有些信贷机构也为优质的借款人推出了可循环使用的经营信贷,首先根据客户资信状况核定一个贷款额度,额度有效期通常为1年,在额度有效期内借款人可根据自身资金情况随借随还。

(八) 案例

案例3-4 中国邮政储蓄银行"好借好还"个人经营类小额信贷产品介绍

1) 产品定义

邮储银行小额贷款是指中国邮政储蓄银行向单一借款人发放的金额较小的贷款,分为农户小额贷款和商户小额贷款;农户小额贷款是指向农户发放的用于满足其农业种植、养殖或者其他与农村经济发展有关的生产经营活动资金需求的贷款;商户小额贷款是指向城乡地区从事生产、贸易等活动的私营企业主(包括个人独资企业主、合伙企业个人合伙人、有限责任公司个人股东等)、个体工商户等微小企业主发放的用于满足其生产经营资金需求的贷款。

2) 适用对象

适用对象为18~60周岁,具备完全民事行为能力的自然人。

3) 贷款品种

贷款品种有农户保证贷款、农户联保贷款、商户保证贷款、商户联保贷款。

4) 贷款额度

农户贷款额度最高 5 万元,商户贷款额度最高 10 万元(部分地区额度更高,详情请咨询当地邮储银行分支机构)。

5) 贷款期限

贷款期限为 1 个月至 12 个月,以月为单位;借款人可以根据生产经营周期、还款能力等情况自主选择贷款期限。

6) 贷款利率

具体利率水平以当地邮储银行规定为准。

7) 还款方式

(1) 等额本息还款法:贷款期限内每月以相等的金额偿还贷款本息。

(2) 阶段性等额本息还款法:贷款宽限期内只偿还贷款利息,超过宽限期后按照等额本息还款法偿还贷款。

(3) 一次性还本付息法:到期一次性偿还贷款本息。

8) 贷款担保

(1) 可选择采用自然人保证或联保的形式。

(2) 保证贷款需要 1~2 名具备代偿能力的自然人提供保证。

(3) 农户联保贷款需要 3~5 名农户,商户联保贷款需要 3 名商户共同组成联保小组。

9) 办理渠道

您可在当地提供小额贷款服务的邮储银行分支机构办理或登录网上银行在线申请。

10) 办理时限

最快 3 个工作日出具审批意见,详情请咨询当地邮储银行分支机构。

11) 办理流程

提出申请→实地调查→审查审批→签订合同→放款。

12) 申请材料

(1) 小额贷款申请表。

(2) 您的有效身份证件原件和复印件。

(3) 您的当地常住户口簿或经营居住满一年的证明材料。

(4) 办理贷款所需的其他材料。

(5) 申请商户小额贷款,还需要提供:经年检合格的营业执照原件及复印件(工商部门规定不需要办理工商营业执照的可不提供);从事特许经营的,还应提供相关行政主管部门的经营许可证原件及复印件;经营场所产权证明或租赁合同(协议书),如果均不能提供,应通过第三方确认经营场所产权和租赁关系;农村地区没有产权证明的可不提供。

13) 服务特色

(1) 方便、快捷,贷款审查审批速度快,最快 3 个工作日出具审批意见。

(2) "阳光信贷",除贷款利息外不收取任何附加费用。

(3) "按时还款激励",如果按时还款,将有机会享受免息优惠,一年期贷款最多可享受两次。

拓展阅读 3-4 何为个人小组联保贷款

联保贷款是 3 户(含)以上相互熟悉、自愿组成联保体的借款人相互进行连带责任保证而对其发放的贷款。联保可以发生在个体工商户、农户或私营企业、有限责任公司等借款人之间,它是建立在成员之间相互信任和监督的基础之上的。我国农村信用社广泛采用的农户联保贷款就是典型的例子。

在小组联保贷款中,信贷机构所面对的客户不是单一借款人,而是联保小组这个群体。小组成员掌握彼此较为充分的软信息,能够较为准确地对信用状况做出评判,将风险较高的潜在借款人排除在小组之外,且这种合作关系又对每个组员的诚信履约形成一定的社会压力。基于借款人之间的相互了解和监督,小组联保贷款能帮助信贷机构解决信息不对称的问题,将风险识别责任部分转嫁至客户群体,有效降低贷款的信用风险,降低信贷机构的交易成本。

小组联保贷款的还款激励手段主要有:

责任连带:在一个借款人不能归还贷款本息时,联保小组的其他成员必须代为还款。任何成员的贷款无法偿还,整个小组都将可能就此失去借款资格。

连续放款:信贷机构提供给联保小组的贷款额度起初较小,当联保小组的组员能够按时足额还款并累积到一定份额时,整个小组的信用额度就可增加。

自治组织:联保小组组成自治组织,明确成员权责,并组织群体活动,增强成员的责任感和合作意识。

然而,小组联保方式也存在一些问题,例如:小组联保的"风险扩散"使一个成员违约时,其他成员的利益受损,当联保小组的一个成员因为缺乏还款责任心、外出、疾病等种种原因而不还贷款时,其他小组成员可能会在替其偿还贷款或让整个联保小组违约之间选择后者,也就是说,那些即使有能力偿还贷款的成员也可能选择放弃还款,从而造成信贷机构更大的损失;联保小组成员之间的同质性往往很高,在遭受系统性风险而使外部环境恶化的情况下,可能同时出现现金周转不灵的情况,丧失履约能力,此时相互担保能起到的作用就非常微弱。

小组联保贷款在业务流程上与个人贷款并无太大差异,在本书中不再单独展开阐述,在此仅通过一家信贷机构的相关规定,介绍联保小组的设立、变更和解散程序。

1) 联保小组的设立

联保小组按照"自愿组合、递交申请、资格审查、签订合同"四个基本程序设立。

(1) 自愿组合。联保小组成员,在相互了解、相互信任的基础上,通过自我寻求合作者或通过有关部门牵线搭桥的方式,自愿达成设立联保小组的意向,并签订联保小组合作协议。

(2) 递交申请。向信贷机构递交设立联保小组的申请书。

(3) 资格审查。信贷机构对借款人递交的设立联保小组申请书及有关资料进行审查,重点审查设立联保小组及其成员的资格,主要包括:借款人必须在自愿的基础上组成联保小组;原则上,联保小组成员最少不得少于3户,最多不得超过7户;原则上,联保小组成员一次只能参加一个联保小组,不得同时参加两个或两个以上联保小组(包括本信贷机构及其他信贷机构);联保小组成员不得为同一实际控制人或同一集团下的关联企业;联保小组成员的法律主体资格原则上应相同,尽量选择经营实力相当的成员组成联保小组。

(4) 签订合同(《联保协议/合同》)。联保小组成员凭信贷机构对联保小组及其成员资格审查、额度审批的意见,共同签订相关联保协议和合同后成立。

2) 联保小组的变更

联保小组成员在符合规定条件的前提下,可以退出联保小组,联保小组也可以按规定的条件吸收新的成员。

(1) 联保小组成员的退出。联保小组全体成员清偿信贷机构所有贷款本息后,成员可以在通知联保小组其他成员,并经过信贷机构同意后,自愿退出联保小组。对违反联保合同的成员,应在强制收回其所欠贷款本息和落实连带保证责任后,经联保小组其他成员一致同意和信贷机构审查同意,责令其退出联保小组。联保小组成员减少后,联保小组必须与信贷机构签订相关联保协议和合同。

(2) 联保小组成员的补充。符合参加联保小组条件的借款人,经联保小组全体成员一致同意和信贷机构审查同意后,可以补充到联保小组,并重新签订联保协议和合同。

3) 联保小组的解散

联保小组成员全部清偿授信额度项下贷款本息等相关债务,经联保小组成员共同协商同意,向信贷机构申请后可以解散。在联保小组任一成员未还清贷款本息之前,联保小组不得解散。

(资料来源:节选改编自中国银行业协会.小额信贷[M].北京:中国金融出版社,2012)

活动拓展 3-6

请找到一款个人经营类小额信贷的产品,将它的基本条款内容填在表 3-8 里,并总结分析这款产品的特色、优点。

表 3-8 个人经营类小额信贷产品的特点

产品条款	产品名称:_____ 产品所属机构:_____	产品的特色、优点
贷款对象及申请条件		
贷款用途		
担保方式		
贷款额度		
贷款利率		
贷款期限		
还款方式		

知识自测 3-2

（1）什么是个人小额信贷？它有怎样的分类？

（2）什么是个人消费类小额信贷？它的资金用途包括哪些？

（3）什么是个人经营类小额信贷？申请个人经营类小额信贷需要具备哪些基本条件？

任务三　介绍企业小额信贷产品

• 了解企业小额信贷产品的基本条款

一、企业小额信贷产品

企业小额信贷是指信贷机构向小型或微型企业发放的，用于企业日常经营周转或购置小型固定资产等合法经营用途的贷款。根据工业和信息化部、国家统计局、国家发展改革委、财政部《关于印发中小企业划型标准规定的通知》（工信部联企业〔2011〕300号），我国统计局于2011年颁布了《统计上大中小微型企业划分办法》，该办法从企业从业人员、营业收入、资产总额等指标，结合行业特点对我国小型、微型企业加以明确界定。

（一）发展企业小额信贷的意义

目前我国小微企业广泛分布在城市乡村，基本涵盖了国民经济的所有行业，是我国多元化实体经济的重要基础。其数量达我国企业总数的90%以上，在增加税收、促进经济增长、出口创汇、创造就业机会、科技创新等方面发挥着重要作用。据统计，小微企业贡献了我国60%的国内生产总值、50%的税收、70%的进出口和80%的城镇就业。然而目前制约我国小微企业发展壮大的"瓶颈"主要在于融资问题，表现在：传统的贷款产品对于这些企业而言门槛高，需要提供资产抵押，而且附加条件多，但大多数小微企业并没有足值的资产可供抵押，因此获得传统贷款融资特别困难，更不用说通过发放债券、股票等其他市场化融资手段。在此背景下，近年来我国商业银行、村镇银行、小贷公司等纷纷推出的针对小微企业的小额信贷产品，对缓解该经济弱势群体的资金困境和促进我国宏观经济的健康持续发展均具有重大意义。

（二）小微企业借款人的特点

与大中型企业相比，小微企业的主要特征是规模小，经营决策权高度集中，基本上是一家一户自主经营，企业主个人和企业高度融合，在经营过程中个人与企业身份频繁转换，小微企业信用、品牌、风险和公共关系更多体现在企业主个人。具体而言，小微企业具有以下特征。

1. 经营管理制度建设相对不规范

小微企业没有正式的组织方式，缺乏管理工作内容；员工以家庭成员为主，大多为无法通过正式就业渠道就业的人员，没有正式的薪酬制度；小微企业在财务管理方面较为不规范，财务制度也不健全，很多企业连报表都没有；资产管理方面较为随意，个人资产与企业资产、个人收入与企业收入等独立性不强；在企业管理方面较为松散，公司治理结构不完备；生产经营主要以"前店后厂"的模式组织生产运作，缺乏相对完善的质量管理体系，大多采用劳动密集型的生产技术和工艺。简而言之，绝大部分的小微企业在管理、经营、财务等方面存在诸多不规范。

小微企业的管理主要依赖企业主,企业主形成了个人绝对权威,但这也限制了下属作用的发挥,阻碍了员工的成长。当企业主不在或退位,企业容易出现人才断档、权力真空现象,造成企业一段时期内处于无组织状态。大多数小微企业主更加信赖亲属,在处理人际关系时按亲疏远近而非因才适用。企业的个人化或家族式管理模式过分重视人情,忽视制度建设和管理。这些问题使得小微企业的成长存在先天性的制度缺陷。

2. 企业多数分布于传统行业

在经营周期相对稳定、与大众生活直接密切相关、受经济波动影响较小、日常认知度高的生活必需消费品、居民服务等行业中,特别是在批发、零售与服务业中,小微企业数量远多于大中型企业。虽然有些小微企业已经从商贸服务、加工制造等传统领域,向新兴产业、现代服务业、高新技术等行业延伸,但大多数小微企业仍然处于充分竞争的领域,对外部环境变化非常敏感,尤其受经济周期的波动影响较大,存续期难以预料。

3. 企业产业集群化

近年来不少从事生产制造业的小微企业,通过不断升级产业结构,积极与大型企业协作配套,形成产业集群。为寻求生存和发展,小微企业往往在人口密集的城市商业圈(包括批发行业市场、零售商业中心、制造产业基地等)建立销售渠道,充分利用商圈的优势降低成本、扩大销售规模。集群化发展是小微企业提升竞争力的重要途径,通过集群化能够有效降低小微企业的组织成本和市场交易费用,更好地应对外部经济。

4. 企业流动性强

小微企业由于多数处于初创期,企业的资产规模、创收能力都相对较差,再加上管理的先天劣势和市场竞争的激烈,导致这个群体成为一个流动性很强的经济生态群。每年都有大量的小微企业因无法适应残酷的市场竞争而破产,每年又有大量的新生企业加入到市场竞争之中。据估计,我国小微企业生命周期大概在3年,而全国企业平均生命周期在5年以上。小微企业整体抗风险能力差、生命周期短,诞生率和死亡率都比较高。

由以上特征可见,针对小微企业的小额信贷属于风险较高的信贷品种,在信贷风险过滤、风险管理方面应该更加谨慎。

(三) 企业小额信贷的分类

从贷款期限上看,企业小额信贷属于中短期贷款,多为1～3年,若纯信用贷款,期限多为6个月或1年,抵押贷款的期限最长可为3年。

从担保条件上看,企业小额信贷存在多种形式,通常有:不需任何担保条件的企业信用贷款,需提供抵质押物的企业抵质押贷款,需提供第三方担保的担保贷款,等等。

从还款方式上看,由于该类贷款风险较高,通常采用分期偿还的方式,具体分为等额本息还款或等额本金还款,有些信贷机构也推出小微企业循环额度贷款,通过前期资信状况调查,给客户核定一个贷款额度,并允许客户在贷款额度有效期内随借随还。

从资金用途上看,企业小额信贷通常可分为三大类:企业流动资金类、固定资产类和贸易融资类小额信贷。其中,企业流动资金类小额信贷主要用于满足小微企业日常经营周转产生的原材料采购、场租支付等流动资金需求,企业固定资产类小额信贷主要用于小微企业购置小型生产设备或经营场所装修等,贸易融资类小额信贷主要通过票据贴现、应收账款转让或质押等方式,帮助企业迅速变现贸易占款或填补贸易活动产生的资金缺口。

（四）企业小额信贷的准入门槛

一般地，申请小额信贷的企业需满足以下六条基本条件。

（1）经工商行政管理部门核准登记，持有中国人民银行核发的贷款卡（中国人民银行不要求的除外），办理年检手续。

（2）在银行有开立基本结算账户或一般结算账户。

（3）能提供组织机构代码，建立了必要的经营管理制度和财务管理制度（个体工商户除外）。

（4）有固定经营场所，合法经营，注册经营年限达到 1 年以上，产品有市场。

（5）具备履行合同、偿还债务的能力，信用记录良好。

（6）能提供符合要求的贷款担保条件。

二、企业流动资金小额信贷

企业经营周转类小额信贷是指信贷机构发放给小微企业的，用于满足生产经营者在生产经营过程中短期资金需求，保证生产经营活动正常进行的贷款。

（一）贷款对象及申请条件

该类贷款的借款人是指经国家工商行政管理机关核准登记的具备贷款资格的小微企业。除应满足企业小额信贷的基本条件（详见项目三，任务三，一、企业小额信贷产品）外，还应能提供财务报表、纳税证明、主要结算银行对账单、主要购销合同、销售证明等以证明其日常经营所需的流动资金规模。

（二）贷款用途

该类贷款用于企业正常的经营性资金占用，具体包括：采购货物或原材料，缓解因销售订单增加或应收账款增加而导致的流动资金紧张等。

（三）担保方式

贷款的担保方式多种多样，根据不同信贷机构的贷款政策、不同的客户资信状况以及贷款金额而定。对于资信良好的客户，可无须抵质押，发放纯信用贷款，对于资信稍差的客户或者额度较大的贷款，可将企业名下产权清晰的不动产、动产等资产用于抵质押，发放抵质押贷款，也可由第三方企业提供融资担保或由联保小组提供联保，发放保证贷款。

（四）贷款额度

贷款额度通常为 1 万～100 万元，最终根据具体资金用途、客户资信状况及客户可提供的担保条件而定。

（五）贷款利率

贷款利率根据信贷机构各自的贷款政策，参照中国人民银行基准利率和相关规定而定。

（六）贷款期限

贷款期限通常为 1 年以内，最长不超过 3 年。

（七）还款方式

可采用多种还款方式，包括：

（1）一次性还本付息，这种还款法适用于不到一年的短期贷款。

（2）分期还款，可采用等额本金还款法或等额本息还款法。

（3）随借随还，有些信贷机构也为小微企业推出了可循环使用的消费信贷，首先根据客户资信状况核定一个贷款额度,额度有效期通常为1~2年,在额度有效期内借款人可根据自身资金情况随借随还。

(八) 案例

案例3-5　交通银行小企业法人账户透支产品介绍

1) 业务简介

交通银行与企业订立协议,向其提供在结算账户存款余额以外、核定额度内的透支款项,用以提供正常经营活动中的临时支付不足的融资便利。

2) 产品要素

(1) 透支额度可循环使用,有效期最长不超过一年。

(2) 企业单笔透支清偿期限一般不超过10天,最长不得超过90天。

(3) 按日计息,以当日日终透支余额计算。

3) 业务特色

方便企业资金管理,弥补企业正常经营活动中的临时支付不足,免去了借款和还款的烦琐手续,节约了企业财务费用。

4) 申请条件

(1) 符合交通银行流动资金贷款所需的基本条件。

(2) 企业经营、财务、信用状况良好。

(3) 属于交通银行优先支持的重点客户,主要结算在交通银行。

(4) 提供交通银行认可的担保或满足交通银行要求的有关条件。

(5) 透支用途仅限于公司正常经营活动的临时资金不足,不能用于归还贷款本金、支付贷款利息和项目投资。

5) 申请资料

提供交通银行小企业流动资金贷款要求的基本材料。

案例3-6　兴业银行小企业网上自助"循环贷"产品介绍

1) 产品释义

小企业网上自助"循环贷"业务是指兴业银行对符合条件的小企业借款企业,在核定的额度和有效期内,客户通过兴业银行网上银行平台,根据约定的资金用途,实现贷款资金循环周转使用、自助支用、随借随还。

2) 产品特点

(1) 用款灵活。在核定额度及有效期内,可多次提款,循环使用。

(2) 线上办理。网上自助支用,流程简化,方便快捷,无须重复审批。

(3) 还款方式多样。随借随还,可结合企业实际需求,采用一次性偿还、分期归还等多种还款方式。

(4) 节约成本。可有效减少企业资金占用,提高使用效率,降低财务成本,同时也降低了来往银行间的人力成本及时间成本。

3) 适用客户

适用于在兴业银行开通企业网上银行,且交易记录清晰、交易对手稳定、资金往来情况良好的小企业客户。

4) 所需资料

(1) 网上自助"循环贷"业务申请书。

(2) 网上自助"循环贷"借款合同。

(3) 网上银行服务协议。

(4) 兴业银行要求提供的其他材料。

活动拓展 3-7

请找到一款企业经营周转类小额信贷的产品,并将它的基本条款内容填在表 3-9 里,并总结分析这款产品的特色、优点。

表 3-9 企业经营周转类小额信贷产品的特点

产品条款	产品名称:_____ 产品所属机构:_____	产品的特色、优点
贷款对象及申请条件		
贷款用途		
担保方式		
贷款额度		
贷款利率		
贷款期限		
还款方式		

三、企业固定资产类小额信贷

企业固定资产类小额信贷是指信贷机构发放给小微企业的用于新建、扩建、改造、购置、安装固定资产等资本性投资支出的中长期贷款。

(一) 贷款对象及申请条件

该类贷款的借款人是指经国家工商行政管理机关核准登记的具备贷款资格的小微企业。除应满足企业小额信贷的基本条件(详见项目三,任务三,一、企业小额信贷产品)外,还应能提供固定资产项目建设的可行性研究报告和相关审批手续,或者与购买固定资产、项目建设相关的合同和协议文件等材料,以证明项目具备真实性和可行性。

(二)贷款用途

该类贷款用于企业的固定资产投入,具体包括:购置商业物业、购置通用型的小型设备、经营型车辆、建造小型厂房等。

(三)担保方式

贷款一般以所购固定资产为抵押物,发放抵押贷款。对于资信状况较差的客户,还可通过追加第三方担保等方式,发放组合担保贷款。

(四)贷款额度

贷款额度通常为10万~200万元,一般不超过用以抵押的商用房、商用车、设备价值的60%,最终根据固定资产项目金额、客户资信状况及客户可提供的担保条件而定。

(五)贷款利率

贷款利率根据信贷机构各自的贷款政策,参照中国人民银行基准利率和相关规定而定。

(六)贷款期限

贷款期限通常为3年以内,最长不超过10年。

(七)还款方式

因为贷款额度较大,一般采用分期还款方式,可采用等额本金还款法或等额本息还款法。

(八)案例

案例3-7　兴业银行小企业设备按揭贷款产品介绍

1)产品释义

小企业设备按揭贷款是指本行向小企业提供用于购买生产经营所需的自用类型的通用机器设备,并以购买的机器设备提供抵押担保的人民币贷款业务。

2)产品特点

(1)用于小企业购买生产经营所需的自用类型的通用机器设备。

(2)贷款额度最高可达设备采购款的70%。

(3)最长贷款期限为3年,按月或按季分期还款。

3)适用客户

中华人民共和国境内,经工商行政主管部门核准登记注册成立两年(含)以上的生产型企业法人。所需申请资料如下:

(1)借款合同。

(2)设备采购合同。

(3)所购设备发票。

(4)设备采购相关纳税证明。

(5)设备采购自有资金证明。

(6)本行要求提供的其他材料。

案例3-8　平安银行小企业经营性用房按揭贷款产品介绍

1)产品定义

平安银行小企业经营性用房按揭贷款是指平安银行向授信申请人发放的用于购置经营

所需的商业用房（仅限商铺、写字楼），并以所购房产设定抵押的融资业务。

2）适用对象

适用于购置经营所需的商业用房的小企业或个体工商户。

3）授信额度

授信额度最高为 100 万元，贷款金额不超过所购商用房价值的 50%。

4）授信期限

授信期限最长为 10 年。

5）产品特点

（1）可满足客户自营自用的经营性需求。

（2）期限较长，产品鼓励授信申请人持续经营，期限不超过 10 年。

（3）分期还款，还款压力小。

活动拓展 3-8

请找到一款企业固定资产类小额信贷的产品，将它的基本条款内容填在表 3-10 里，并总结分析这款产品的特色、优点。

表 3-10 企业固定资产类小额信贷产品的特点

产品条款	产品名称：_____ 产品所属机构：_____	产品的特色、优点
贷款对象及申请条件		
贷款用途		
担保方式		
贷款额度		
贷款利率		
贷款期限		
还款方式		

四、企业贸易类小额信贷

企业贸易类小额信贷是指信贷机构发放给小微企业的，用于应对商品交易产生的短期资金需求的小额信贷。

(一)贷款对象及申请条件

该类贷款的借款人是指经国家工商行政管理机关核准登记的具备贷款资格的小微企业。除应满足企业小额信贷的基本条件(详见项目三,任务三,一、企业小额信贷产品)外,还应能提供购销合同、发票、发货单等相关材料以证明其贸易的真实性。

(二)贷款用途

该类贷款用于填补企业因商品交易产生的短期资金缺口,具体包括:变现未到期的应收账款或商业票据、融资备货发货等。

(三)担保方式

贷款的担保方式多种多样,根据不同信贷机构的贷款政策、不同的客户资信状况以及贷款金额而定。对于资信良好的客户,可无须抵质押,发放纯信用贷款。对于资信稍差的客户或者额度较大的贷款,可将企业名下产权清晰的商品、仓单、应收账款等动产作为质押,发放动产质押或应收账款质押贷款,也可由供应链中资信状况良好的交易对手企业提供融资担保,发放保证贷款。

(四)贷款额度

贷款额度通常为100万元以内,应收账款的质押率不超过90%,商品、仓单的质押率不超过80%,最终根据商品交易金额、客户资信状况及客户可提供的担保条件而定。

(五)贷款利率

贷款利率根据信贷机构各自的贷款政策,参照中国人民银行基准利率和相关规定而定。

(六)贷款期限

贷款期限通常为1年以内,最长不超过2年。

(七)还款方式

一次性还本付息,这种还款法适用于不到一年的短期贷款。而分期还款,可采用等额本金还款法或等额本息还款法。

(八)案例

案例3-9 民生银行"商链通"产品介绍

1)商链通的含义

民生商链通——小微供应链金融,是中国民生银行依托核心企业,针对其上游供应商、下游经销商中的小微客户群体,设计个性化或标准化的金融服务产品,提供综合金融解决方案,利用信息流、资金流、物流等交易数据构建授信体系、防范授信业务风险的一种服务模式。

2)商链通的特色

(1)担保种类丰富。区别于传统授信产品,供应链金融产品不仅包括货押授信、信用授信等传统产品,还包括E押贷、微贷和基于互联网技术的网乐贷等新型产品,支持客户线上、线下申请,满足客户多样化需求。

(2)办理高效快捷。通过核心企业与民生银行实现系统对接,上游供应商、下游经销商中的小微客户在核心企业原有系统中即可实现线上贷款申请、用款、还款全流程,高效快捷。

(3)合效益高。民生商链通可以助力核心企业扩大销售规模、提高市场占比、拓展销售渠道、吸引新经销商,从而帮助核心企业和谐供应关系,体现承担社会责任的正面效应。

3)申办流程

借款人可以通过支行网点咨询办理相关业务。其贷款流程为:贷款申请→贷款调查→

贷款审查审批→贷款签约→贷款发放。

4) 申请资料清单

（1）个人资料：身份证、户口本、婚姻证明、资产证明等。

（2）用款企业资料：营业执照、组织机构代码证、税务登记证、公司章程、近期公司账户对账单（个人账户对账单）、主要交易合同、财务报表等。

（3）贷款用途资料。

5) 温馨提示

（1）授信客户需在民生银行确定的目标核心企业名单内。

（2）贷款不得用于股权投资、证券市场投资及国家法律法规明确禁止的经营项目或用途。

案例 3-10　平安银行小企业应收账款质押贷款产品介绍

1) 产品定义

平安银行小企业应收账款质押贷款是指授信申请人将自己或第三方合法拥有的、合格的、分散的应收账款集中起来，形成相对稳定的应收账款余额"池"，以池内现有的和未来一段时间内多笔应收账款整体质押给平安银行作为授信偿还的主担保手段，平安银行根据应收账款池中余额的一定比例给予融资的授信业务。

2) 适用对象

该产品适用于交易链上游的小企业、小企业主或个体工商户。

3) 授信额度

授信额度根据应收账款的质量、借款人的经营、财务和资信状况等因素综合确定，质押率一般不超过80%。

4) 授信期限

授信期限最长为2年。

5) 产品特点

借款人可以一个或多个债务人形成的多笔合格的应收账款整体质押申请融资，融资余额与应收账款池中的有效应收账款具有对应关系，池内单笔应收账款之间允许替换。具体特点如下：

（1）以商业信用为基础。

（2）以真实的交易为基础。

（3）授信额度循环使用。

（4）简化操作，降低成本。

拓展阅读 3-15　中征应收账款融资服务平台简介

中征应收账款融资服务平台（以下简称"平台"）是由中国人民银行征信中心（以下简称"征信中心"）牵头组织的服务于应收账款融资的金融基础设施。该平台由征信中心下属全资子公司中征（天津）动产融资登记服务有限责任公司（以下简称"中征登记公司"）运营，依托互联网为应收账款融资交易中的各参与机构提供服务。平台已于2013年12月31日上线试运行。

平台根据市场发展的需要，通过为应收账款的债权人、债务人和资金提供方等参与机构提供信息合作服务,让更多的企业和应收账款参与到融资中来,盘活应收账款存量,提高市场效率,推动应收账款业务的创新和中小企业融资难问题的解决。

1）平台参与机构

平台参与机构主要包括应收账款债权人、应收账款债务人、资金提供方,如图3-7所示。

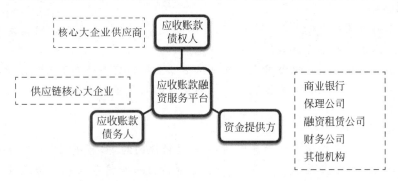

图3-7　平台参与机构示意图

应收账款债权人是指因出售货物、提供服务或设施而获得的要求义务人支付对价款的权利人,包括供应链核心大企业供应商等。

应收账款债务人是指因购买货物、接受服务或使用设施而承担的向权利人支付对价款的义务人,包括供应链核心大企业等。

资金提供方是指根据国家法律法规可以开展应收账款质押或转让融资业务的银行和非银行金融机构、商业保理公司及其他机构。

2）平台服务功能

平台的服务功能是集聚应收账款参与各方、沟通应收账款融资相关信息、促成应收账款融资交易的达成。具体功能包括应收账款信息的上传与确认、有效融资需求和融资意向的传递与反馈、融资成交信息的发送、应收账款转让/质押通知的发送、代理应收账款转让和质押登记以及代理企业信用报告查询等。

3）业务流程

（1）参与机构注册。登录平台网站进行在线注册并上传身份证明材料,与中征登记公司签署《中征应收账款融资服务平台应收账款融资信息合作主协议》,并以银行转账方式缴纳注册费,通过身份真实性验证后,即可成为平台用户,参与平台业务。

（2）上传与确认账款。应收账款债权人和债务人均可上传账款,由平台推送至交易对手方进行确认。

（3）推送融资需求。应收账款债权人可以将经确认的应收账款支持的融资需求发送给特定资金提供方,资金提供方可以通过平台反馈融资意向;资金提供方反馈融资意向后,可以委托中征登记公司查询该应收账款债权人的企业信用报告。

（4）达成交易并反馈成交信息。资金提供方与应收账款债权人在线下谈判,达成交易。达成交易后,资金提供方通过填写成交单的形式向平台反馈成交信息。

融资交易过程中,应收账款债权人可以通过平台发送应收账款转让/质押通知;资金提供方可委托中征登记公司代理应收账款质押或转让登记。代理登记能够发挥平台与征信中心应收账款质押登记公示系统之间的接口优势,实现应收账款权益的快速登记。

4)信息安全

中征登记公司将对平台参与机构身份的真实性进行严格审查,并采取有效措施确保平台安全运行,准确、及时地推送平台参与机构上传或填写的相关信息;确保平台收集的信息仅在参与机构之间定向传送,保护信息安全。

5)服务收费

平台提供的服务为有偿服务,中征登记公司以业务公告形式在平台网站发布具体收费项目及收费标准。目前平台收取注册费100元。

资金提供方委托中征登记公司代为在征信中心应收账款登记公示系统办理应收账款质押、转让登记的,中征登记公司将按照登记机构发布的收费项目与标准代收登记费,代理登记服务本身不收费。

6)温馨提示

平台参与机构应遵循诚实信用原则,按照有关协议的约定,遵守国家现行法律法规和金融监管要求,合法、合规开展业务。其中,应收账款债权人和债务人应上传或确认具有真实交易背景的、合法有效的应收账款。资金提供方应利用平台提供的信息,自行做好尽职调查、自行做出交易决策并承担由此产生的风险。

(资源来源:中征应收账款融资服务平台官网.http://www.crcrfsp.com/)

活动拓展 3-9

请找到一款企业贸易类小额信贷的产品,将它的基本条款内容填在表 3-11 里,并总结分析这款产品的特色、优点。

表 3-11 企业贸易类小额信贷产品的特点

产品条款	产品名称:_____ 产品所属机构:_____	产品的特色、优点
贷款对象及申请条件		
贷款用途		
担保方式		
贷款额度		
贷款利率		
贷款期限		
还款方式		

知识自测 3-3
（1）什么是企业小额信贷？它可怎样的分类？
（2）什么是企业经营周转类小额信贷？它的贷款期限一般是多长？
（3）什么是企业固定资产类小额信贷？它的主要资金用途包括哪些？
（4）什么是企业贸易类小额信贷？通常可有哪些担保方式？

项目三　重点知识回顾

学习目标一：理解小额信贷的基本条款
（1）小额信贷的基本条款指的是客户在了解小额信贷产品时，通常会关心的产品条款。
（2）小额信贷的基本条款包括：贷款对象与用途；申请条件；担保方式；贷款利率；息日罚息；贷款限额；贷款期限；还款方式。

学习目标二：了解小额信贷的产品分类
（1）按照客户群体，小额信贷可分为个人小额信贷和企业小额信贷，进一步而言，个人小额信贷又可分为农户小额信贷、个体工商户小额信贷、工薪阶层小额信贷等，而企业小额信贷则可分为小微企业小额信贷、科技企业小额信贷等。
（2）按照贷款资金的用途，小额信贷可分为消费类小额信贷和经营类小额信贷。前者是为了满足借款人购房、购车、购买消费品等生活支出资金需求的贷款；后者是为了满足借款人采购货物、购建资产、流动资金周转等经营性资金需求的贷款。
（3）按照担保方式，小额信贷可以分为信用贷款、担保贷款和票据贴现。其中，担保贷款又可细分为保证贷款、抵押贷款和质押贷款。
（4）按期限的长短，贷款可分为短期贷款、中期贷款和长期贷款，其中短期贷款指的是期限在 1 年或者 1 年内的贷款（3 个月以上 6 个月以下为临时贷款），其特点是期限短、风险小、利率高，主要用于满足借款人对短期资金的需求；中期贷款指的是期限在 1 年以上（不含 1 年）5 年以下（含 5 年）的贷款；长期贷款指的是期限 5 年以上（不含 5 年）的贷款，其特点是期限长、利率高、流动性差、风险较大。

学习目标三：掌握个人小额信贷产品的分类及主要产品条款
（1）个人小额信贷是指信贷机构为解决个人借款人临时性的资金需求而发放的，额度通常在 50 万元以内的贷款。其中，个人借款人是指在中国境内有固定住所、有当地城镇常住户口（或有效居住证明）、具有完全民事行为能力的中国公民。具体而言，个人借款人常可分为几类群体：工薪阶层、个体工商户、农户、企业主等。
（2）从资金用途上看，个人小额信贷通常可分为两大类：个人消费类小额信贷和个人经营类小额信贷。其中，前者主要支持个人购房置业、房屋装修、买自用车、购买耐用品、旅游等消费性支出，后者主要支持个人做经营周转、购置小型生产设备、采购原材料等经营性支出。
（3）无论是哪类个人客户，在申请小额信贷时，均需满足以下六项基本条件：①具有完全民事行为能力的自然人，年龄在 18 周岁（含）～65 周岁（含）；②具有合法有效的身份证明（居民身份证、户口本或其他有效身份证明）及婚姻状况证明等；③遵纪守法，没有违法行为，具有良好的信用记录和还款意愿；④具有稳定的收入来源和按时足额偿还贷款本息的能力;⑤具有还款意愿;⑥贷款具有真实的资金用途等。

学习目标四:掌握企业小额信贷产品的分类及主要产品条款

(1) 企业小额信贷是指信贷机构向小型或微型企业发放的,用于企业日常经营周转或购置小型固定资产等合法经营用途的贷款。

(2) 从资金用途上看,企业小额信贷通常可分为三大类:企业流动资金类、固定资产类和贸易融资类小额信贷。其中,企业流动资金类小额信贷主要用于满足小微企业日常经营周转产生原材料采购、场租支付等流动资金需求,企业固定资产类小额信贷主要用于小微企业购置小型生产设备或经营场所装修等,贸易融资类小额信贷主要通过票据贴现、应收账款转让或质押等方式,帮助企业迅速变现贸易占款或填补贸易活动产生的资金缺口。

(3) 一般地,申请小额信贷的企业需满足以下六个基本条件:①经工商行政管理部门核准登记,持有中国人民银行核发的贷款卡(中国人民银行不要求的除外),办理年检手续;②在银行开立基本结算账户或一般结算账户;③能提供组织机构代码,建立了必要的经营管理制度和财务管理制度(个体工商户除外);④有固定经营场所,合法经营,注册经营年限达到1年以上,产品有市场;⑤具备履行合同、偿还债务的能力,信用记录良好;⑥能提供符合要求的贷款担保条件。

PROJECT 4
项目四 办理小额信贷业务

- 认知小额信贷的基础业务流程,体会业务流程的多层性
- 掌握小额信贷贷前工作的规范及技巧
- 掌握小额信贷贷中工作的规范及技巧
- 掌握小额信贷贷后工作的规范及技巧

学习情景介绍

小邓下了一番苦功,终于将公司各类小额信贷产品条款记得烂熟于胸了,而且经过前期的营销推广,小邓挖掘到了几个意向客户。他们对小邓介绍的小贷产品都很有兴趣,并很想知道申请贷款的具体业务流程和注意事项,因为他们都着急用款,所以希望小邓能协助他们尽快将贷款申请下来。

客户热切的需求对于小邓来说是一种极大的鼓励,同时也是一种挑战!

课前思考

(1) 你了解小额信贷业务的办理流程吗?
(2) 一笔完整的贷款业务都有哪些职能人员的参与呢?
(3) 在一笔贷款的贷前、贷中、贷后三大环节,信贷机构的从业人员各自需要做哪些工作呢?

任务一 认知小额信贷业务流程

- 认知小额信贷的基础业务流程,体会业务流程的多层性

一、小额信贷业务基本流程

不论是在不同的小额信贷机构,还是针对不同的业务类型,小额信贷业务流程都可能有所差异,但信贷业务的基础流程和原理都是相通的。风险控制,则作为信贷业务的核心,贯穿整个业务流程。通常来说,小额信贷业务程序较之传统信贷业务更为简单、迅速。

一笔完整的小额信贷业务,从与客户接洽其贷款需求,到将贷款发放给客户,最后到贷款收回,终止信贷关系,要经历贷前、贷中、贷后三大阶段,每个阶段又包含多个业务内容,分别涉及小额信贷机构不同岗位、不同职能的人员。小额信贷业务基本流程如图4-1所示。

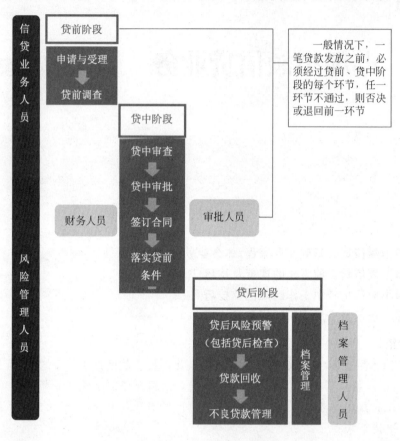

图 4-1 小额信贷业务基本流程

在业务流程上,贷前阶段包括申请与受理、贷前调查环节;贷中阶段包括贷中审查、贷中审批、签订合同、落实贷前条件环节;贷后阶段包括贷后风险预警、贷款回收、不良贷款管理等内容。

在职责分工上,信贷业务人员作为一笔贷款业务的经办人,全程参与业务流程;风险控制人员则全程提供风险管理的专业支持和审查。其他人员,如有权审批人员、财务人员、档案管理人员,则分别负责贷中审批、贷款发放和档案管理环节。

从风险控制的角度来说,贷前阶段主要是收集印证贷款客户信息,评估一笔贷款业务的风险,对贷款进行准入控制;贷中阶段着重于流程、环节,以及信贷机构的整体风险的把握,对贷款进行准入控制;贷后阶段则侧重于贷款风险的预警及风险的应对。在贷前和贷中阶段,信贷风险较高的贷款要提高要求或不予办理;而在贷后阶段,信贷风险较高的业务成为贷后管理的重点。

二、信贷工厂模式

在一般的小额信贷流程中,除审查、审批之外,信贷业务人员几乎要参与一笔贷款从受理到收回的全过程,信贷风险控制的职责相对集中,这就难免造成流程不经济和服务效率低下的问题。

起源于新加坡淡马锡的信贷工厂模式以传统小额信贷业务原理和流程为基础进行革新,以其专业化分工,以及对规模化、精细化、流程化的作业模式的构建,解决了传统小额信贷业务人员的管户饱和问题,有效降低小额信贷的业务和管理成本,提高效率,提高风险控制水平。

(一)信贷工厂概述

信贷工厂(credit factory)意指信贷机构(主要适用于银行)在进行中小企业授信业务管理时,摆脱传统小额信贷业务中一人包干的责任落实理念,从前期接触客户开始,到授信的调查、审查、审批,贷款的发放,贷后维护、管理,以及贷款的回收等工作,均采取专业化分工、流水线作业、标准化管理——对信贷业务流程各环节中的岗位职责和要求进行标准化,并分解到多人中去,共同完成,仿佛工厂中的"流水线",其特点如图4-2所示。

图4-2 信贷工厂的特点

在信贷工厂模式下,信贷业务人员、审批人员和贷后监督人员各自专注于自身环节,定位明确,既提高了业务操作的专业化和精细化程度,也减少了不必要的流程和部门协调工作,提升了工作效率,有利于扩大信贷机构的业务规模,并以规模效应降低授信业务的成本。

(二)中银信贷工厂

1. 中银信贷工厂介绍

2008年以来,以中国银行为首,建设银行、招商银行、平安银行、杭州银行等纷纷借鉴国外经验,推行信贷工厂。中银"信贷工厂"获得了2009年"最佳中国中小企业融资方案"等诸多荣誉。图4-3所示为中银"信贷工厂"的宣传图片。

图4-3 中银"信贷工厂"

---

① 资料来源:节选改编自曹华.中国银行小企业金融服务特色产品-中银信贷工厂[EB/OL].人民网经济频道,2011-1-9. http://finance.people.com.cn/GB/8215/210272/211234/211448/13686152.html.

与传统大企业、大公司授信业务相比,中银"信贷工厂"有以下几个转变:

1) 客户评判标准的转变

以往单纯强调企业规模和财务指标,现在运用财务模型并考察企业非财务信息后综合进行决策,强调经营风险和收益覆盖风险的原则。

2) 营销管理的转变

先进行市场调查,确定目标客户名单,交营销小组进行名单营销,由被动等客变主动上门,同时设计了客户移交机制,客户营销授信三个月后,须移交给其他工作人员进行维护、监控,有利于防范员工道德风险。

3) 审批机制的转变

由传统"三位一体"决策机制转变为双人专职审批,将客户重要信息简化成表格式标准信贷提案,便于专职审批人批量审批,大大缩短了审批时间。

4) 贷后管理的转变

由传统偏重依靠企业财务信息的被动式管理,转变为以专职预警人员为主的主动管理,根据企业经营活动设置84项预警参数指标,实时监控。

5) 问责机制的转变

由过去出现不良授信逐笔问责,转变为强调尽职免责、失职问责,为各分行设定风险容忍度,超过风险容忍度后启动问责。

6) 对企业信用管理的转变

对遇到暂时性经营困难的企业,设立"信用恢复期",帮助企业渡过难关,恢复生产经营,应对金融危机尤为重要。

2. 中银"信贷工厂"产品

1) 产品介绍

中银"信贷工厂"是中行专门为中小企业客户打造的服务品牌,通过"端对端"的工厂式"流水线"运作和专业化分工,提高服务效率,根据中小企业经营特点与融资需求,丰富产品组合与方案设计,为广大中小企业客户提供专业、高效、全面的金融服务。

2) 产品特点

(1) 实现"机构专营"。设立单独的中小企业专职机构,实现业务运作的专业化。

(2) 打造"流程银行"。借鉴"工厂化"运作模式,重塑业务流程和管理体制,提高服务效率与水平。

(3) 设计"专属产品"。以满足客户需求和改善客户体验为立足点,从小微企业轻资产现状出发,设计特色产品。

3) 适用客户

适用于年销售收入不超过1.5亿元人民币的批发类客户,以及年销售收入不超过1亿元人民币的非批发类客户,涵盖国家标准的小企业和部分中型企业。

4) 申请条件

(1) 营业执照有效且经过年审。

(2) 经营年限在两年以上。

(3) 法定代表人/实际控制人从业经验在4年以上。

(4) 信用记录良好。

5) 办理流程

(1) 借款人向中国银行当地分支机构提交授信申请及相关材料。

(2) 中国银行对借款人进行资质审核。

(3) 审批通过后,双方签署借款合同及相关协议文本。

(4) 落实抵押、担保等用款手续,提取贷款。

6) 适用范围

适用于中国银行境内30家一级分行,海南、宁夏、西藏、青海地区除外。

7) 中银"网络通宝"

中银"网络通宝"业务是中国银行为广大中小企业及微型企业客户提供的一种在线融资服务。客户在注册成为网站用户后,填写简单的融资申请并在线提交,通过后台的资料审核后,即可享受中行提供的融资服务。

3. 中银"信贷工厂"的主要特点

中银"信贷工厂"的主要特点可以用6个"一"来概括。

1) 一张名单

在一个区域内,通过市场调研和情景分析,对目标行业和目标客户进行事前筛选,确定行业优先发展次序,形成目标客户名单。市场营销实现了从被动式等客上门到名单式、主动式、目标式、叩门式营销方式的转变。很多客户虽然与中行素昧平生,但也可能接到中行的电话、收到中行寄送的资料、接受中行客户经理的拜访。

2) 一份报告

为适应中小企业授信时效要求高、客户数量多、单户授信金额小的特点,"信贷工厂"模式对授信发起环节需要提交的材料进行了简化,形成以表格为主的标准化信贷提案,避免了客户提供大量资料的问题,内部也统一了审核和审批的标准。

3) 一个工厂

全面梳理和优化了中小企业业务流程,制定了市场营销、客户开发、授信审批、审核放款、后续服务、售后管理、贷款收回等多个子流程,并针对各业务环节编写了标准作业程序,使每个业务步骤都有具体明确的操作规范,突出"标准化、端对端"的工厂式、流水线特点。所以我们形象地称之为"信贷工厂"。

4) 一套风险识别技术

针对中小企业的特征,中国银行在定量评估模型基础上,开发出一套完整的中小企业风险识别技术,解决中小企业信息不对称的问题,并强调实现全流程风险控管和节点控制。

5) 一个专营机构

在总、分行层面建设不同于大公司业务独立的专营机构,整合业务流程、加强风险管理、实现专业化经营、促进业务发展。

6) 一批专业人才

为了保证业务又好又快地发展,中行通过多种形式聘用优秀人才充实中小企业业务核心岗位,并建立了以专业审批人为代表的后备专业人才库,保证了业务的持续健康发展。

(资料来源:节选改编自张杨.小议"信贷工厂"模式[J].经济生活文摘月刊,2013(2):14-16)

活动拓展 4-1

请查找更多与信贷工厂相关的资料和应用实例。思考：信贷工厂有哪些缺点和风险？

知识自测 4-1

（1）请描述小额信贷的一般业务流程及人员职责分工。

（2）信贷工厂模式是什么？它的主要特点和优势是什么？

任务二　办理小额信贷的贷前业务

• 掌握小额信贷贷前工作的规范及技巧

小额信贷贷前业务包括申请、受理与贷前（尽职）调查环节，旨在收集贷款客户与业务信息，分析信贷风险，合理筛选贷款，并为通过贷前环节的贷款的评审和决策提供有力依据。

一、受理贷款申请

（一）申请与受理概述

小额信贷申请与受理（application and acceptance）环节主要由信贷业务部门办理，一般在 1~2 天内完成。信贷业务人员（客户经理）根据初步了解到的客户及其贷款需求，帮助客户进行贷款产品的匹配，要求条件适合的客户提交相关申请资料并对其进行初步审查，对符合条件的贷款申请进行受理，作为贷款进入后续环节的前提。在此过程中，客户通常还会向信贷业务人员咨询贷款事宜，包括贷款业务的基本条件与业务流程等信贷规定。

该环节重在了解客户及贷款申请的基本情况，在客户与贷款同时满足贷款受理的准入条件的基础上，对客户偿债能力、偿债意愿、贷款用途、贷款担保等信贷风险分析的主要方面做出判断。

申请与受理是贷款业务的第一道关口，其搜集资料的质量会直接影响到后续贷款调查甚至贷款决策的效率和效果，而若发现不符合条件的贷款业务并及早排除，就能将不必要的风险拒之门外，并且降低借贷双方的成本。

一般来说，客户在产生融资需求后，并不会第一时间准备好信贷机构要求的资料直接到信贷机构所在地提交书面申请，而是会以各种方式，如电话或互联网、口头或网上提出贷款申请，并咨询贷款条件和受理的可能性，然后再前往信贷机构进行实地办理。将信贷机构营业厅作为申请与受理的场所，能够方便客户阅读和填写相关材料，还能够凸显贷款工作的正式与严谨。

贷款业务的法律依据为《贷款通则》，由中国人民银行制定，于 1996 年 8 月 1 日起施行，是普遍适用于金融机构贷款业务的基本规范。《贷款通则》旨在规范贷款行为，维护借贷双方的合法权益，保证信贷资产的安全，提高贷款使用的整体效益，促进社会经济的持续发展。

（二）与客户的沟通接洽

相比传统信贷，小额信贷客户提供书面资料的难度更大，因此，信贷业务人员通过沟通与观察来获取对非书面信息的感知就更加重要。

若要很好地与客户进行初步的沟通接洽，信贷业务人员必须掌握小额信贷的基本知识，熟悉相关信贷产品及业务流程，热情服务，礼貌用语，介绍清晰明了。在沟通过程中，要由浅入深,充分调动自身的经验和技能,尽可能多地了解客户。要注意观察和分析客户的回答内容与细节,尤其关注客户申请贷款的主观态度,及其工作、经营的认真程度和现实程度。信贷业务人员应针对不同情况做出恰当的反应。

当不考虑客户的贷款意向时,应委婉予以拒绝,留有余地表明信贷机构的立场,耐心向客户解释原因,并建议其他融资渠道,或寻找其他业务合作机会。若需要小组联保贷款的客户还未找好其他小组成员,应鼓励其组建好联保小组。

当可以考虑客户的贷款意向时,应进一步获取客户的信息和资料,做好沟通记录,对于小组联保贷款还要记录下小组其他成员的联系方式,注意不要越权轻易对客户做出有关承诺。

活动拓展 4-2

许多小额信贷机构要求信贷业务人员在一张表上记录下初次面谈中所获得的主要信息,请试着搜索查阅这些"信贷面谈记录",并阐述其主要内容。

贷款咨询情景模拟:请以两人为一组,分别扮演信贷业务人员与客户,模拟练习小额信贷电话咨询和现场咨询的过程,并分别模拟接受和拒绝客户的场景。可使用一些道具,包括:桌椅、电话、小额信贷产品宣传单、纸笔、贷款受理登记表、还款利息试算表等。

(三)收集客户申请书及申请资料

1. 贷款申请资料介绍

根据《贷款通则》第二十五条关于贷款申请的规定,借款人应当填写包括借款金额、借款用途、偿还能力及还款方式等主要内容的《借款申请书》并提供以下资料。

(1)借款人及保证人基本情况。

(2)财政部门或会计(审计)事务所核准的上年度财务报告,以及申请借款前一期的财务报告。

(3)原有不合理占用的贷款的纠正情况。

(4)抵押物、质押清单和有处分权人的同意抵押、质押的证明及保证人拟同意保证的有关证明文件。

(5)项目建议书和可行性报告。

(6)贷款人认为需要提供的其他有关资料。

贷款申请人应将填写好的借款申请书及其他申请资料一并交与小额信贷机构进行受理。借款申请书格式多样,但要包含贷款申请人与贷款申请的基本信息。相比传统信贷更为灵活、快捷、便利的小额贷款,其借款申请表也要尽可能简洁和易于填写。

对于互助式会员制的信贷机构,贷款申请人首先须是机构会员。并非所有会员都需要贷款,但他们有资格提出贷款申请。

在联保情况下,申请人应以联保小组为单位提出贷款申请。联保小组贷款申请表应涵盖所有小组成员的信息及贷款需求。

2. 个人客户借款申请书及申请资料

1)个人客户借款申请书

表 4-1 是某信贷机构个人贷款的借款申请书。

表 4-1 个人贷款借款申请书示例

年 月 日		编号:	
借款人基本情况			
姓名		年龄	
身份证号码			
户口所在地			
现居住地			
家庭电话		邮编	
工作单位			
职务		月收入	
配偶情况			
姓名		年龄	
身份证号码			
户口所在地			
现居住地			
家庭电话		邮编	
工作单位			
职务		月收入	
借款信息			
申请借款金额			
借款用途		还款来源	
还款期限		还款方式	
担保方式	1 抵押　2 质押　3 保证	抵(质)押物名称	
申请人申明	本人承诺提供的所有资料均真实、有效,并已了解贷款程序及相关权利义务		
本人同意	贷款机构可以调查本人的收入、财产及就业经历		
申请人签字:		配偶签字:	
年 月 日		年 月 日	

拓展阅读 4-1　贷款卡退出历史舞台

过去,凡需要向各金融机构申请贷款,或办理其他信贷业务的借款人,均须向营业执照(或其他有效证件)注册地的中国人民银行各城市中心支行或所属县支行申请领取贷款卡。贷款卡是商业银行登录征信系统查询客户资信信息的凭证。

在 2014 年公布的《国务院关于取消和调整一批行政审批项目等事项的决定》(国发〔2014〕50 号)明确取消贷款卡发放核准后,自 2014 年 12 月 5 日起中国人民银行停止办理贷款卡发放和年审工作,也意味着贷款卡正式退出了历史的舞台。中国人民银行也不再对金融机构在办理信贷业务时是否查验借款人贷款卡事项进行检查。

(资料来源:节选改编自国务院关于取消和调整一批行政审批项目等事项的决定[Z].国发〔2014〕50 号)

2) 个人客户需提交的贷款资料

个人客户通常需按小额信贷机构要求提交以下资料中的全部或部分。

(1) 夫妻双方身份证、户口本、结婚证原件及复印件(离婚者提供离婚证明、未婚者需出具未婚证明)。

(2) 固定住所证明,包括房产证或住房所交水电、煤气、电话费、物业管理等费用单据。

(3) 夫妻双方职业与收入证明及家庭财产状况等能证明其偿债能力的材料,如工资存折、房屋出租协议、村民分红凭证、产权证明、相关股权证等。

(4) 能证明自然人客户一定期间现金流量的资料,包括银行存折流水、购买保险取得的保险单、购置重要资产的付款凭据等。

(5) 个人客户若自有经营,则应提交在经营过程中涉及的相关营业执照、经营许可证、纳税证明、税务报表、银行对账单,及其他重要的相关购销合同。

(6) 个人资信证明、人民银行征信系统信息查询授权书、已有的贷款合同(包括民间贷款协议)。

(7) 个人简历、专业资格(如经济师、会计师等)与职业资格(如律师、医生、注册会计师等)以及其所担任社会职务的相应证明;学历与学位证明的原件及复印件。

3. 企业客户借款申请书及申请资料

1) 企业客户借款申请书

表 4-2 是某信贷机构企业贷款的借款申请书。

表 4-2 企业贷款借款申请书示例

年　月　日　　　　　　　　　　　　　　　编号:

借款人信息					
借款人名称					
注册时间		注册地址			
借款人性质		所属行业		注册资本	
基本账户开户行		基本账号		企业代码	
法定代表人		身份证号		联系电话	
授权经办人		身份证号		联系电话	
借款人经营范围					
借款人主导产品					
主要财务数据					
年份	资产总额	负债总额	净资产	销售收入	利润总额
20　年					
20　年(截至　月)					
已有贷款情况					
贷款原因及用途					

可附页,主要陈述以下内容:
(1) 借款企业概况。
(2) 项目概要。
(3) 项目前期准备情况。
(4) 项目进度安排与实施期限。
(5) 项目投资预算及资金来源。
(6) 社会效益(贷款前后比较)。

续表

	还款信息
借款人可提供的担保措施	
还款资金来源	
还款计划	
客户承诺	

(1) 本申请人郑重申明此表所填内容属实。
(2) 本申请人所递交的所有材料都是真实合法的。
(3) 本申请人无违法、违纪、舞弊现象。
(4) 本申请人将按期偿还贷款。
(5) 本申请人若在规定期限内不能偿还贷款,则抵押资产由贵公司处置。
(6) 本申请人所提供抵押资产的所有权真实合法。

贷款申请人： 公司(公章)

法定代表人： (签字)

财务负责人： (签字)

申请日期： 年 月 日

2) 个体工商客户需提交的贷款资料

个体工商客户的特点介于个人与企业之间,其需提交的申请资料通常有:

(1) 借款人的身份证件。
(2) 营业执照副本。
(3) 借款人家庭财产和经济收入的证明。
(4) 能够证明授信合理用途的资料,如生产经营计划、纳税凭证、采购合同。
(5) 信贷机构要求提供的其他资料。
(6) 开户许可证[①]。

3) 企业客户需提交的贷款资料

申请贷款企业客户通常需按小额信贷机构要求提交以下资料中的全部或部分。

(1) 营业执照、组织机构代码证及税务登记证,并有相关的年检证明。
(2) 特殊行业需提供特殊行业生产经营许可证及环境评价资料(环评报告、排污许可证等)。

---

① 开户许可证是由中国人民银行核发的一种开设基本账户的凭证。凡在中华人民共和国境内金融机构开立基本存款账户的单位可凭此证,办理其他金融往来业务。

（3）法定代表人证明（委托）书、法定代表人及（或）委托人身份证件（法定代表人授权委托书需法定代表人亲笔签字授权）、主要股东身份证件。
　　（4）企业基本介绍、注册资本验资报告、出资协议、公司章程、管理人员及组织架构资料、上下游关联企业资料、企业及相关个人的荣誉称号证书。
　　（5）开户许可证、人民银行征信系统信息查询授权书。
　　（6）同意申请贷款和担保的董事会或股东（大）会决议。
　　（7）生产经营状况说明，包括购销、租赁、服务合同等资料和合作协议等。
　　（8）当期的财务报表（月报）和经合法中介机构验证的近几年的财务报表（附审计报告）、银行对账单（银行盖章）等。
　　（9）税务部门年检合格的税务登记证明和近几年的纳税证明资料。
　　（10）借款及对外担保情况相关资料。
　　（11）信用等级证书等资信证明文件。
　　（12）能证明贷款用途和还款来源的资料，如购销合同、生产经营计划、现金流预测。
　　（13）申请固定资产等项目贷款时，提交项目可行性研究报告、主管部门批件、项目概算、自筹资金来源等。
　　（14）盖有企业公章、法定代表人印章、法定代表人签字的贷款客户印鉴卡；董事会成员和主要负责人、财务负责人签字样本。
　　通常，企业预先在信贷机构留下公章或财务专用章印鉴的图样，而后在办理相关业务时，在相关文件票据上需加盖与预留印鉴相同的章，以印证其身份。

活动拓展 4-3

　　请查阅资料，列举出一些需要特殊行业生产经营许可证的行业。

　　4．抵（质）押相关资料
　　若贷款有抵（质）押担保，则通常需提供以下资料中的全部或部分：
　　（1）抵（质）押物的权属证明，如土地证、房产证。
　　（2）若抵（质）押人为个人，提交抵（质）押意愿书（已婚需夫妻双方签字）；若抵（质）押人为企业，提交董事会或股东会同意抵（质）押的决议书。
　　（3）抵（质）押物价值评估报告（可为信贷机构认可的第三方评估公司提供）。
　　（4）若抵（质）押人为借贷双方之外的第三方或抵（质）押财产为共有的，则需提交抵（质）押人或财产共有人身份、资质相关的资料（可参照借款人申请资料要求进行简化）。
　　（5）相关承诺函，如借款人同意将抵（质）押物办理保险手续并以信贷机构作为第一受益人的承诺函，又如抵（质）押物承租人放弃租赁权利的承诺函。
　　5．保证相关资料
　　若贷款有保证担保，则通常需提供以下资料中的全部或部分。
　　（1）保证人基本资料及情况说明，以证明其保证能力与保证意愿（可参照借款人申请资料要求进行简化）。
　　（2）若保证人为个人，提交保证承诺书；若保证人为专业担保公司，则需提供相关保证确认和保证额度证明等；若保证人为其他一般企业，提交董事会或股东会同意保证的决议书。

(四)审查和处理客户申请

1. 业务处理

信贷业务人员应凭借贷款申请人及担保人等提供的征信查询授权,对其征信记录进行查询(有些信贷机构在信贷业务进入调查环节之后才查询征信),结合从客户处收集到的信息和资料进行整理与审查。不同信贷机构的制度不同,这一环节除了信贷业务部门,可能还有风险管理部门或信贷主管人员的参与。

在此过程中,若有资料欠缺,应督促客户补充完整;若担保不符合条件,应告知贷款申请人补充担保或另行提供担保方式。

根据审查决定的不同,应做如下处理。

(1) 对于不通过审查的贷款申请,应向客户解释不予受理的情况,并退还客户资料。

(2) 对于通过审查决定受理的贷款申请,应在复印客户提交的补充资料后将原件退回,并对客户信息进行受理登记,若调查人员与申请受理人员不相同,则要做好交接工作,作为贷款进入后续调查环节的前提。

2. 审查要点

1) 审查原则

贷款审查要秉承资料真实、完整、有效的原则,对如下方面进行审查。

(1) 贷款申请人提供的资料需经本人签名,要谨防被涂改或伪造。

(2) 资料上的有关印鉴是否清晰,签名是否真实。

(3) 资料的复印件上需要加盖贷款申请人等的相关印鉴,需对复印件与原文件进行核对,核对无误后,要在复印件上签上核对人的姓名、核对日期,并按信贷机构要求签上相关说明,如"经核对与原件一致"字样。

(4) 审查申请资料是否有所欠缺,若在要求客户补齐资料的情况下问题仍存在,则可能是客户无法提供或不愿提供。

(5) 证件等资料是否真实,注意使用交叉检验方法,看资料之间是否相互矛盾。

(6) 证件等资料是否有效,需要年检的是否经过年检,是否存在失效的情况。

2) 个人客户重要申请资料审查要点

个人客户重要申请资料的审查要点见表4-3。

表4-3 个人客户重要申请资料的审查要点

申请资料	审查要点
借款申请书	申请书贷款信息与协商内容应相符,填写是否完整规范,签章处是否有客户亲笔签名
个人有效身份证件	个人有效证件包括居民身份证、军官证、警官证、港澳台通行证、居留证、护照等;应通过公安信息系统查询身份证的真伪;查看证件是否在有效期之内;借款人年龄加借款期限之和不得超过70年
个人收入来源证明	检查个人所在公司的真实性、收入来源证明上公章的有效性;评估个人收入的合理性;也可通过查询个人工资收入账户的交易流水以及税收证明、社保缴纳数据等方式进行交叉检验
个人征信报告	姓名、证件号码无误;检查24个月之内逾期次数是否超过信贷政策要求;检查借款人的现有负债情况和还款状况;对于出现的逾期贷款应要求借款人说明原因

续表

申请资料	审查要点
面谈记录	应填写完整规范;需要双人调查的,面谈记录上应有两位客户经理签名
首付款支付证明材料	应核对发票真伪,发票的金额、商品品名、付款方姓名等内容应该清晰无误;除了发票之外,还可检查对应款项的银行转账凭证
抵质押物的财产权证	确认财产权证上的财产名称、数量、持有人等信息无误;确保抵质押物产权清晰,若为共有财产,需提供财产共有权人的身份证、户口本、婚姻证明、征信报告等材料

3)企业客户重要申请资料审查要点

企业客户重要申请资料的审查要点见表4-4。

表4-4 企业客户重要申请资料的审查要点

申请资料	审查要点
借款申请书	申请书贷款信息与协商内容应相符
营业执照、机构代码证	营业执照、机构代码证应在有效期限内且有年检记录;贷款用途不宜超过营业执照规定的经营范围,贷款期限、担保期限不宜超过借款企业、担保企业的经营期限
验资报告	注册资本应足额到位
股权证明	是否为已经破产或解散的企业的股权;企业应为本人经营
法定代表人证明书	宜采用工商局制定的统一版本;企业法人代表必须与营业执照所列一致;应有明确的签署日和到期日,并加盖企业公章
法人授权委托书	必须由法定代表人签发;应当载明代理人姓名、代理事项权限及期间,并由委托人签名或盖章;委托人必须在代理期间和代理权限内行使代理权限
企业章程	是否发生企业名称、法定代表人、股东、股份、股权或其他登记内容的变更,变更登记是否提供工商部门出具的相关证明材料,必要时应到工商部门进一步核实;贷款期限应在章程有效使用期限内;章程所列贷款有关条款与贷款事项应不冲突;担保企业的章程中关于担保方面的条款与贷款手续应不冲突,且没有涉及不得为其他企业提供担保的条款;公司章程对担保总额或者单项担保数额有限额规定的,不得超过规定的限额
股东(大)会或董事会决议	董事会人数应与章程人数一致;董事会成员的更改必须出具相关的证明;应有明确的会议召开时间、与会人员名单、会议内容,并加盖公章;参加会议并签署该决议的董事会人数应达到公司章程规定的人数;各董事会成员应亲笔签名
财务报表	财务报表上的企业名称应与营业执照上的名称一致;报表种类应齐全;盖章应当清晰;对企业提交的经审计和未审计的财务报表应区别对待,对企业财务状况的分析应以经权威部门审计的财务报表为主,其他财务资料为辅

案例4-1 一个无效签字造成的损失

H公司是一家中外合资企业,2005年成立,注册资金100万美元,主要从事各类服装的加工生产,产品主要出口美国和日本。

2009年7月,某银行收到国外T银行开具的以H公司为受益人的不可撤销即期信用证,金额为15万美元。该笔信用证的贸易背景是H公司为国外客户B公司出口服装成衣,该贸易为双方首次业务往来。

H公司据此申请信用证项下打包贷款,用途为出口备货。经银行审批同意后发放信用证下打包贷款10万美元,担保措施为机器设备,抵押率为46%。H公司在信用证有效期内交单,但开证行以有不符点为由拒付。拒付理由是:信用证条款中要求出口商H公司提供的单据中,有买方B公司的商务代表"Tom"先生的签字样本;而开证行认定单据中"Tom"先生的签字与其预留签字样本不符。

经办银行多次敦促H公司与国外进口商联系付款或处置货物,但没有实际成效,最终放弃。由于抵押的是专用设备,且受海关监管,难以变现,该贷款面临较大损失。

(资料来源:节选改编自中国教育发展基金会,中国人民银行金融研究所.中国小额信贷案例选编[M].北京:中国市场出版社,2009)

3. 审查准入资格

在资料真实、完整、有效的前提下,应审查贷款是否满足相关准入规定,包括《贷款通则》《担保法》等法规,以及信贷机构自身对借款人、担保人主体资格及其他贷款准入资格的规定。

1) 准入资格的审查原则

《贷款通则》中关于借款人主体资格的规定:根据《贷款通则》第十七条关于借款人的规定,借款人应当是经工商行政管理机关(或主管机关)核准登记的企(事)业法人、其他经济组织、个体工商户或具有中华人民共和国国籍的具有完全民事行为能力的自然人。

借款人申请贷款,应当具备产品有市场、生产经营有效益、不挤占挪用信贷资金、恪守信用等基本条件,并且应当符合以下要求:

(1) 有按期还本付息的能力,原应付贷款利息和到期贷款已清偿;没有清偿的,已经做了贷款人认可的偿还计划。

(2) 除自然人和不需要经工商部门核准登记的事业法人外,应当经过工商部门办理年检手续。

(3) 已开立基本账户或一般存款账户。

(4) 除国务院规定外,有限责任公司和股份有限公司对外股本权益性投资累计额未超过其净资产总额的50%。

(5) 借款人的资产负债率符合贷款人的要求。

(6) 申请中期、长期贷款的,新建项目的企业法人所有者权益与项目所需总投资的比例不低于国家规定的投资项目的资本金比例。

2) 准入资格的规定

银行对申请办理信贷业务的小企业准入资格的规定如下:

(1) 在开立的基本结算账户或一般结算户,有一定的存款或国际结算业务。

(2) 经银行行政管理部门核准登记,并办理年检手续。

(3) 有必要的组织机构、经营管理制度和财务管理制度。

(4) 信誉良好,有良好的还款意愿,具备履行合同、偿还债务的能力,无不良信用记录。

(5) 在经办行所在地有固定的经营场所,合法经营,产品有市场、有效益,收入稳定,还款资金有保障。

(6) 能遵守国家金融法规政策及银行有关规定。

(7) 能提供合法、有效、足额的担保。

(8) 企业、法人代表、股东、担保方无不良信用记录。

(9) 各行要求的其他条件。

(资料来源:节选改编自银行开展小企业贷款业务指导意见[Z].银监发〔2005〕54号)

活动拓展 4-4

请调查不同小额信贷产品的准入资格要求,填写表 4-5。思考:它们之间有何不同?为什么不同?

表 4-5 小额信贷产品准入资格调研表

小额信贷机构名称	小额信贷产品名称	准入资格要求

二、贷前尽职调查

(一)贷前调查概述

1. 贷前调查的定义

贷前调查(pre-lending investigation),也叫尽职调查(due diligence),通常由信贷业务人员及风险管理人员协同进行,采取特定的调查方法与程序,对贷款申请人的信息进行全面的收集、核实及分析,揭示和评估小额信贷业务可能存在的风险,得出详尽的调查报告。贷前调查通常在申请受理后 1~2 天内完成。

《贷款通则》①中对贷款调查有如下相关规定:贷款人受理借款人申请后,应当对借款人的信用等级以及借款的合法性、安全性、盈利性等情况进行调查,核实抵押物、质物、保证人情况,测定贷款的风险度。

贷前调查的主要对象就是贷款客户、担保人[包括保证人、抵(质)押人等]、抵(质)押物、贷款资金的用途和风险收益等。在申请与受理环节所获的信息基础之上,调查人员围绕贷款的合规性、安全性和效益性,进一步收集信息并做分析。合规性和安全性分析在本书项目三有关信贷风险评估的内容中已述及,而贷款的效益性指的是贷款的盈利情况,即贷款申请人可能为信贷机构带来的综合效益。

2. 贷前调查的意义

贷前调查是小额信贷机构业务风险控制与防范的第一步,是贷款发放前的重要关口,调查过程为贷款后续环节中的评审和决策提供有力的依据,调查的质量优劣直接关系贷款决策的正确合理与否。依据调查分析得出客观专业的判断,既可避免对不符合贷款条件的贷款申请人发放贷款,也可避免优质贷款客户不必要的流失。

---

① 资料节选改编自贷款通则. 中国人民银行令〔1996〕第 2 号.

本节以下内容仅介绍以贷款客户为对象的调查，对担保人的调查可以参考对贷款客户的调查并作相应简化。

3. 贷前调查的基本方法

贷前调查主要有以下几种方法。

1) 查阅核实客户资料

要求查阅贷款客户的证照资料、财务记录、银行流水等，用以了解并核实相关信息（对这些资料核实审查的要点可参考贷款受理审查要点内容）。

2) 实地调查

在实地调查（field investigation）中，调查人员直接到被调查人的生产生活场所进行调查。在狭义的实地调查中，被调查人只是客户；在广义的实地调查中，被调查人还包括客户周边的相关人，如亲朋、邻里、员工等。

实地调查是贷前调查最常用、最重要的一种方法，它能给予调查人员对贷款客户最直观的了解。对于以软信息分析为主的小额信贷业务来说，通过实地调查，与客户及其相关人密切接触并进行信息的收集是非常必要的。

3) 向社会收集资料

从客户以外的社会渠道获取的相关信息主要有两方面。

一方面，他处记载的客户信息及他人对客户的评价。例如当地公安、法院、工商、税务、质检、电力、社保等记载的客户信息；同业、关联企业、上下游企业、员工、周边人等对客户的评价；外部资信评估机构的报告；注册会计师的管理建议书，等等。

另一方面，社会公开信息中可能与客户有关的信息。例如政府、行业协会、同业发布的公开信息，以及报纸杂志、广播电视、互联网等媒体上公开的其他信息等。收集社会公开信息时应特别注意信息渠道的权威性、可靠性和全面性。

活动拓展 4-5

请选定一家企业，试着从尽可能多的角度查找其社会公开信息。思考：这些信息来源中，哪些信息来源更为可靠？哪些不太可靠？

4) 委托调查

在不损害借款人合法权益和风险可控的前提下，信贷机构可将贷前调查中的部分特定事项审慎委托第三方代为办理，但第三方的资质条件必须经过必要的审核。另外，不得将贷前调查的全部事项委托第三方完成。

4. 贷前调查的步骤

由于每笔贷款业务的背景各不相同，复杂程度也不同，因此每一次贷前调查采取的流程和形式都可能有或大或小的差别。一般来说，在以实地调查为核心的贷前调查中，基本的步骤包括日常信息的收集、实地调查前的准备、实地调查，以及信息的整理和分析如图4-4所示。

图 4-4　贷前调查的步骤

对小额信贷机构而言，在进行调查时，选取合适的调查地点，一方面能帮助调查人员拉近与客户的关系，另一方面能够提高调查的效率。

例如，在收集贷款申请人的公司或组织信息时，应选择公司或经营场所作为调查地点，这样做，一方面能够方便收集信贷人员所需的各种信息，例如营业资格证、税务登记证、票据、产权证、会计报表等；另一方面还能够方便信贷人员借机对其公司组织进行实地调查，核对其提供材料的准确性和真实性。

1) 日常信息的收集

日常信息的收集先于特定贷款申请而存在，它是小额信贷机构在日常工作中，收集潜在客户群体的政策、法规、行业市场、自然灾害等环境系统性风险信息以及特定潜在客户的风险信息的过程。信贷机构要充分利用自身的社会资源和地利条件，并可采用使专门的信贷业务人员负责专门行业或区域的方法，以保证信息收集的效率和效果。

通过日常信息的收集这一步骤，信贷机构可以加强对客户群体风险的认知和管理能力，并且提高特定贷款调查的效率。

2) 实地调查前的准备

要保证实地调查的质量，调查人员必须在调查前做好如下准备。

(1) 整理和熟悉业务资料。调查人员应整理和阅读贷款申请资料，初步了解客户贷款基本情况，并对相关行业信息进行了解；若发现资料缺失、内容不详等问题，应联系客户要求其补足和改善，避免在申请资料不完善的情况下开展调查工作。

(2) 做好调查计划和准备。应明确调查目标，列出调查计划(提纲)，做好调查人员的任务分工；要问清楚相关地址以及如何到达；要准备好必要的调查表、笔、相机等必需的调查工具。

(3) 通知客户及其他被调查人做好准备。和客户确定好调查的时间，快抵达目的地时，要联系好客户(突击检查时除外)；调查中需要查阅的资料，应请客户确认并准备好(抽查时除外)；对于联保贷款，一定要事先联系所有的联保小组成员，以确定调查时所有的成员都在，同时要告诉所有的组员联保贷款的联保责任。

3) 实地调查

实地调查是整个信贷流程的核心环节，也是行政成本最高的环节。小额信贷的实地调查时应当做到：

(1) 全面、细致。

(2) 条理清晰、结构化。

(3) 生意和家庭并重。

(4) 财务、非财务信息并重。

实地调查的方法与技巧将在后文中具体介绍。

4) 信息的整理和分析

调查人员需要综合所获取的信息进行整理和分析判断，最终形成调查结论和报告，为客户的信用评级、授信额度的确定，以及贷款决策提供有力的依据。

5. 贷前调查的要求与原则

1) 贷前调查组织实施的要求

贷前调查在组织实施上要符合小额信贷机构的政策和内控要求，调查责任应可清晰划分和认定,调查方式的选择也应当合理有效。在实践中,贷前调查环节通常要求实行双人调查制,并以实地调查为主,非实地调查为辅。

一方面,为保证调查的质量,信贷机构通常实行"双人调查制"。第一调查人为责任人,负主要调查责任;第二调查人为项目协办人,协助责任人工作。第一调查人收集及整理相关借款人的资料和信息,后与第二调查人共同进行贷款调查,并对贷款进行分析与信用评估,形成调查报告,第二调查人可以在第一调查人的基础上对信息进行适当修改。

另一方面,以实地调查为主,非实地调查为辅。通过实地调查收集第一手信息,并着重软信息分析,符合小额信贷的特点。贷前调查通常应执行实地调查制度,并要能与被调查人进行面谈。然而,调查人员应避免被实地考察中的假象所迷惑,可采用突击检查的方法,或对信息进行多渠道的验证等。

拓展阅读 4-2　并非总是双人调查制

出于效率、成本和种种其他考量,并非所有小额信贷机构都以双人调查制为标准。在实行单人调查制的机构中,通常只有在调查人员资历尚浅而由熟练信贷人员加以引导示范时,才进行双人调查。

2) 贷前调查的原则

为保证贷前调查的质量,调查人员还应遵循以下三个原则(见表 4-6)。

表 4-6　贷前调查的原则

客观性原则	完整性原则	重要性原则
调查人员对于贷款申请人提供的重要信息,以及自己的个人判断,都不可随意主观臆测,而必须提供相应的客观依据,并且详细记录调查的方式和过程。对于一些确实无法取得直接依据的重要信息,则需通过与贷款申请人无利害关系的第三方给予证明和确认	调查人员在调查过程中,应对信贷风险分析的各方面重要情况进行适当的关注,做到调查内容和要点完整,各项证据和辅助材料制作合格、索引完备、钩稽完整,保证风险评估的全面性	小额信贷业务的特点要求贷款快速。调查人员应该抓住重要风险点作为调查的重点,有所取舍。调查人员可以采用事先制定调查提纲的方式,根据提纲进行实地调查;对于一般性的问题可以采取个别抽查推断的方式;而对于异常及重点问题则需全面核实,取得充分的证据

此外,贷前调查的过程也是一个与客户沟通打交道的过程,不论结果如何,都应当将信息及时反馈给客户,做好解释工作,保证服务的质量和效率,遵守纪律,与客户建立良好的关系,维护信贷机构的形象,以利于日后的合作。

(二) 实地调查的方法与技巧

1. 实地调查的流程

图 4-5 所示为某小额信贷机构对小微企业实地调查的一般流程①。

表 4-7 是某小额信贷机构对企业客户实地调查的部分工作底稿。

---

① 资料来源:改编自黄武.小额贷款评估技术与风险控制[M].北京:中国金融出版社,2013.

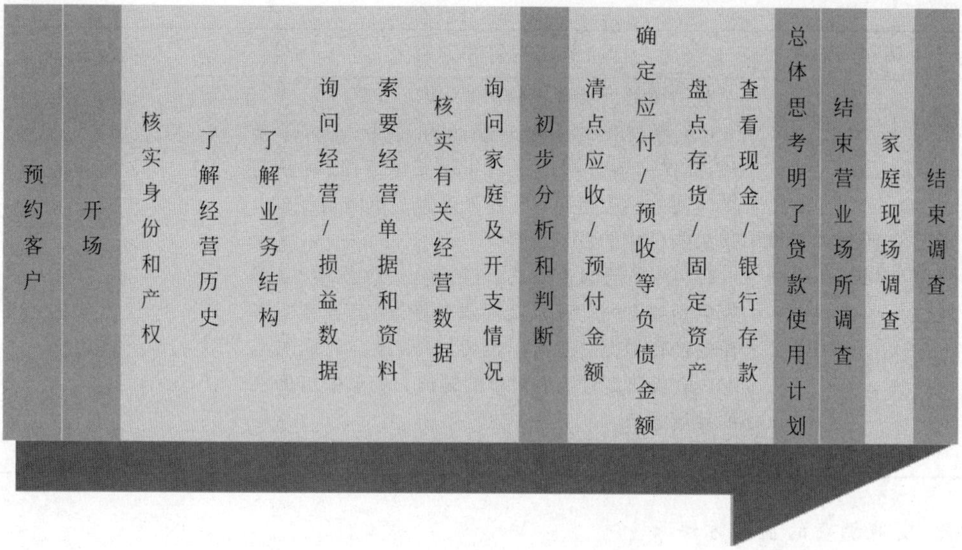

流程图（从左到右）：
预约客户 → 开场 → 核实身份和产权 → 了解经营历史 → 了解业务结构 → 询问经营/损益数据 → 索要经营单据和资料 → 核实有关经营数据 → 询问家庭及开支情况 → 初步分析和判断 → 清点应收/预付金额 → 确定应付/预收等负债金额 → 盘点存货/固定资产 → 查看现金/银行存款 → 总体思考表明了贷款使用计划 → 结束营业场所调查 → 家庭现场调查 → 结束调查

图 4-5　某小额信贷机构对小微企业实地调查的一般流程

表 4-7　某小额信贷机构对企业客户实地调查的工作底稿（部分）

序号	调查项目	调查内容和方法	调查结果
1	企业法律主体资格的调查	查看公司营业执照、公司章程、工商查询单、验资报告、税务登记证、法人代码证、贷款卡等证件的原件，考察： （1）原件是否与提供的复印件相符。 （2）相关权限是否已过期。 （3）相关证件是否经过年检。 （4）证件之间的相关内容是否一致	
		若需特殊资质证书的，还需查看该证书原件： （1）该证书是否已过期。 （2）是否经过年检	
		若股权出现过变更，应查阅公司设立及历次股权变动时的批准文件、验资报告，核对公司股东名册、工商变更登记，对公司历次股权变动的合法、合规性作出判断，核查公司股本总额和股东结构是否发生变动	
2	企业整体经营管理状况调查之一	访谈实际控制人，注意观察其谈吐和表现，并着重了解： （1）实际控制人的发家史和企业的发展历程。 （2）企业发展的核心竞争能力。 （3）行业的发展趋势及企业在行业中的地位。 （4）企业未来的发展目标和达成目的的途径与策略。 （5）经营团队的素质情况及对经营团队的激励约束机制。 （6）实际控制人自身家庭的资产（房子、车、借出款、股票等其他资产）、负债（银行负债、民间负债等）情况（需提供相关证件复印件）	

续表

序号	调查项目	调查内容和方法	调查结果
2	企业整体经营管理状况调查之一	对供销部门负责人的访谈,着重了解: (1)原材料的采购渠道、议价能力、支付条款(需提供采购合同印证)、实际支付情况、前五名供应商的供应情况;已签订采购订单的情况;未来采购价格的发展趋势。 (2)商品的调查渠道、议价能力、收款条款(需提供销售合同印证)、实际收款情况、前五名销售商的销售情况;近两年收到订单、履行订单的情况;最新已签订销售订单的情况;未来销售价格的发展趋势。 (3)原材料进来和商品出去的物流运输系统	

2. 实地调查的主要方法

具体来说,实地调查主要有询问、观察、检查、抽查这几种方法,如图4-6所示。

图4-6 实地调查的主要方法

1)询问(inquiry)

在实地调查中,口头询问并聆听询问对象的介绍和讲述,有助于对贷款整体情况,以及软信息进行初步了解和判断,也有助于对那些未被规范记录的财务信息进行收集和验证,使调查人员迅速建立相关感性认知。

询问的对象主要有以下几类。

(1)询问客户本人。以此掌握其基本情况、贷款用途,并通过言谈举止感知其性格、能力、态度,检查是否存在夸大或不实情况。

(2)询问客户的配偶。以此掌握其家庭经济情况、和睦与否,间接掌握客户个性和能力。

(3)询问客户相关的其他人,如亲属、朋友、邻里、社区、关联企业、员工等。以此对客户情况作侧面了解。

(4)询问企业经营管理人员。约见尽可能多的企业管理层人员,包括行政部门、财务部门、市场部门、生产部门及销售部门的主管等,以此了解企业经营发展和管理情况。

以下仅以对客户的询问为例(见表4-8)介绍询问的方式与技巧,对其他对象询问时,可以参考此内容并做必要调整。

表 4-8　如何询问客户

开　　场

（1）见到客户时,应先向客户问好,或者先寒暄几句。
（2）向客户说明来意,比如说"按照我们的制度要求,在贷款之前要对您进行调查。如果我们相互配合,不但能够证明您有实力、讲信誉,还可以使您更快地获得贷款"

与客户交流

1）交流的基本状态
（1）平静的心态下交流,把自己当作客户友好和平等的商业伙伴,而不以帮助者身份傲然凌驾其上。
（2）互动与目光的接触。
（3）掌握主动性。
（4）适当谈些客户感兴趣的话题。
（5）耐心、细致,尤其是面对年龄较大、观念保守、有沟通障碍的客户。
（6）尽可能在安静的环境下进行交流。
2）对客户不同的态度
（1）若客户主动介绍自己的基本情况,应耐心细致地聆听,并稍加引导。在这一过程中,客户经理可就其中未能听清或者感兴趣的内容展开进一步的询问和交流。
（2）若客户说个不停,偏离话题,则应加强对话题的引导,及时转移话题,而不是生硬地打断客户的讲话。
（3）若客户存在戒心,不喜欢多说,则应该鼓励客户多提供信息,告知客户这对贷款的迅速审批有帮助,并保证不向他人透露信息。
（4）若客户不配合,则应适当沟通和说服,建立信任和配合;对于一问三不知的客户,可明确告知,如果再不配合,将中止调查;如果客户仍然不配合调查,应结束调查。
3）不过分允诺
在对客户调查过程中,信贷员不能对客户许下贷款额度方面的承诺,但可以给客户什么时候能够给予答复的承诺

提高获取信息的质量

1）问好问题、问对问题
（1）认真设计问题,问题简单、具体、明确、具备探查性,体现出调查人员的文化层次及从业水平。
（2）询问时,心中要有一条清晰的主线,问题要有层次性、逻辑性、针对性,以免忘记重要的问题。
（3）对于有矛盾的回答要向客户解释。
2）针对关键或敏感信息
（1）对于涉及客户的重要财务信息和敏感信息时,应从侧面提问,只有从侧面提问无效时,才能直接询问客户,例如针对涉及个人隐私的问题,可采取旁敲侧击的方式,间接地取得所需的个人信息,或向与客户相关的他人进行询问。
（2）对于关键的问题,应向客户多询问几次,以确认客户的回答,应有一定要问出关键信息的信心和耐心。
3）观察对方的反应
沟通中要注意观察申请人的反应和神态变化,判断其是否存在刻意掩饰或隐瞒真相等情况。
4）正确处理已获信息
（1）做好面谈记录,内容可能包括文字、图片或影像等,尽量不要当场做记录,而是结束后再进行整理。
（2）将记录下的重要问题做上标记,以便日后复核。
（3）对信息做好相互验证

活动拓展 4-6

调查询问情景模拟：请以两人为一组，分别扮演调查人员和客户，调查人员应就客户的基本信息、家庭成员情况、家庭收入和财产状况等进行询问并做好记录。

2）观察（observation）

在实地调查中，调查人员对客户住所或生产经营场所进行观察，判断实际状况与描述是否相符。调查人员应边走边看边问，认真观察，注意细节，也要注意客户自身的一举一动。

对于住所，主要观察居住的周边环境、条件、财产状况、家庭成员情况等。

对于生产经营场所，主要观察设施状况、经营管理情况、财务状况、项目进展等，必要时可对经营场所主要建筑或固定资产等进行拍照。

拓展阅读 4-3 某小额信贷机构关于客户影像信息采集的要求

1. 照片拍摄

到达调查目的地后，首先对客户住所、商铺或生产经营场所远景进行拍照。照片应尽量包含主要标志、主要建筑。

对主要固定资产（含存货）较多的应从远到近拍摄，首先拍摄一张固定资产全景照片，然后拍摄每一项固定资产，单个拍摄顺序应以远景照片上固定资产的顺序为主。

对于重要固定资产可以多角度拍摄。

对客户的证件（身份证、户口簿或营业执照等）进行拍照，尽可能将所有证件拍成一张照片，照片应保证能看清证件上的内容。

2. 照片筛选

调查结束后，首先选择拍摄的照片，把非关键性照片、不清晰照片排除。

调查时每户采集照片不应少于 3 张，根据客户实际情况，可适当多采集照片，但一般不应超过 10 张。

为确保照片数量和质量，照片采集时可适当多拍摄。

3. 照片存档

对保留照片进行命名。名字格式应为：姓名—设备名字。同一类型设备较多的设备，可再设备名后注上数字加以区分。

对已命名的设备归档，与调查表、现金流量表、客户评级表放到同一个文件夹中。

将含有所有文档、图片内容的文件夹提交给信贷员存档。

（资料来源：节选改编自山东省联社枣庄办事处课题组.影像系统在农村小额信贷管理中的应用[J].中国农村金融，2011(6)：10-12）

活动拓展 4-7

请假设自己为贷款客户，对住所、生产经营场所等进行拍照取证，并对这些照片进行筛选。

3）检查（examination）

在实地调查中，调查人员对客户相关资料、记录及实际资产等进行检查核实，验证已获取信息的准确性与真实性。在检查过程中，应注重调查效率，忽略无关紧要的信息，而对与信贷风险相关的重点信息进行核实。

（1）资料和记录的核实。对需进一步核实的资料，调查人员应要求客户提供原件或原始记录。其中，重要文件类资料有：营业执照、税务登记证、房产证、土地证、租借合同、车辆发票、行驶证、与上下游企业的合同等；重要记录类资料：经营账目、财务报表、存货明细、存折、银行对账单、设备的购置发票、信息系统中的记录、收银机数据等。

(2) 实物资产的核实。这包括：房产、土地、交通运输工具及其设备、存货、现金等。

4) 抽查

抽查有利于提高调查的效率，在贷款申请人提供大量资料的情况下，抽查工作就特别重要。抽查的资料应具备重要性、代表性和针对性，而不是盲目地随机抽查。

(三) 重要信息的调查方法

1. 个人信息

个人信息包括两方面。

1) 个人住所

可通过收集水电费、电话费、物业管理费等费用单据以及房屋租赁协议等来核实客户的真实住所。在此基础上判断其住所的基本情况，包括装修档次、面积、所在区域的繁华程度等，从而初步判断客户的生活品位、以往工作的积累。此外，通过核实其真实住所，还可以顺便走访其邻居，以了解更多信息。

2) 人品和信誉

许多小额信贷客户缺乏在金融机构的交易记录，因此调查人员很难直接通过查询以往的个人信用记录来了解其还款信誉，这就需要调查人员充分利用询问、交谈以及检查相关资料来进行了解。调查人员如果仅仅依靠与客户的一两次接触来对其人品和信誉做判断，结论是很不可靠的，应当对熟悉客户过往经历的相关机构或人员进行调查。

这些外围调查对象包括客户单位的领导同事、员工、合作者、亲友、邻居、村委会、居委会、街道办等机构的相关人员；与客户有过民间借贷关系的相关人员；客户所在地的派出所或政府司法部门。通过外围调查可以落实个人家庭是否和睦、一贯表现是否良好、是否有重大的不良嗜好、是否有面积较大或金额较大的债务事项、是否长期拖欠他人借款甚至产生纠纷、个人名声是否较差等。

在进行这些调查时，应特别注意调查对象可能存在虚构或隐瞒事实的情况。特别是当客户事先打了招呼，或者承诺若取得了贷款即归还过去欠款时，容易出现调查对象替客户隐瞒不良还款信誉的情况。

活动拓展 4-8

假设自己为贷款客户，试着列出对你进行外围调查可能有的对象。

2. 企业基本情况

除了掌握企业基本证照及资料外，应在询问中了解客户为什么经营当前的生意以及未来的经营计划是什么。这些是很好的谈话切入点，通过客户对这些信息的描述可以判断客户是否是实际经营者，了解其经营历史，以及其对于当前经营业务的经验和动机。

3. 经营记录、财务信息

小额信贷(尤其是微贷)技术通常强调信息的主要来源是与客户的沟通。但如果客户有经营记录相关信息的话，也不失为一种较好的检验信息的渠道。此外，如果客户的经营记录较多，可以从侧面反映出客户对自己生意的规划性较强，也会使信贷人员的分析过程更为轻松。

对小额信贷的客户经营记录和财务信息的获取，除了要求客户直接提供，还要充分依靠与客户积极的询问交流以及仔细的观察。尤其对于缺乏经营记录的客户来说,调查人员还要根据获得的信息,为客户做出简易的财务报表。

1) 重点财务科目的核实

若企业提供了财务报表,应对重点的财务科目进行核实。不但要对照客户介绍的情况和财务报表所反映的数据,还要尽量使用原始凭证或者第三方的凭证进行核实。

(1) 核实货币资金。通过银行对账单核实企业开户情况(包括用于结算的个人账户)、存款余额、企业的现金流。

(2) 核实应收账款。通过查阅明细账,抽查原始凭证,分析应收账款账龄,估计坏账损失。

(3) 核实其他应收款。通过查阅明细账,抽查原始凭证,记录前五名客户金额及形成时间和原因,判断是否存在抽逃资金及资产虚增。

(4) 核实预付账款。通过查阅明细账,抽查原始凭证,与主要供应商进行核对,判断时间和原因,判断是否存在抽逃资金及资金挪用。

(5) 核实存货。通过明细账和仓库日记账,了解存货进出库情况,与资金进出比对。根据仓库日记账明细,现场抽查存货是否属实,对六个月以上未流转存货应估计存货损失和减值金额。

(6) 核实固定资产。通过原始发票核实真伪,大额固定资产发票应进行复印留存,对未计入企业固定资产但实际投入企业经营的固定资产予以记录和说明,分析企业的固定资产折旧计提是否足额。

(7) 核实融资信息。通过银行记录信息和访谈,了解企业和主要经营者银行借款、票据金额(敞口)到期日、担保方式和目前状态,了解对外担保情况。

(8) 核实实收资本。通过企业历次验资报告,结合资产负债核实情况分析判断是否有注册资金抽逃情况。

(9) 核实资本公积、盈余公积和未分配利润。通过查阅明细账,抽查原始凭证和依据,通过对经营者历史经营积累情况了解,对来源进行分析,结合资产核实情况,判断是否有虚增金额。

(10) 核实销售收入。银行账户(包括个人结算账户)的货款回笼情况,核实应收账款、应收票据增加金额和票据背书金额,与存货进出金额进行对比,在此基础上确认销售收入;抽查纳税发票,核实近期的销售和纳税情况。

(11) 核实成本,重点核实未摊销成本。生产企业可以通过电费发票等来核实生产成本;运输企业则可以通过油费发票等来了解;抽查货物进出单据,核实货物吞吐进出情况。

(12) 对其他财务报表科目余额占总资产10%以上的财务科目进行调查,了解科目明细构成。

此外,调查人员还应了解掌握法定代表人(实际经营者)个人及家庭资产情况,包括房产、车辆、银行储蓄存款、个人银行融资情况和其他金融资产等。

对于会计处理不规范的企业,也要尽可能对其一定期间的流水账进行检查并统计出一定期间的现金收支情况与收支规模。在对流水账进行检查时,不能停留在简单的计算程序上,而应该抽查相关的原始单据,核实收支是否真实准确。

2) 重点财务信息的询问

(1) 如何询问收入? 对于收入的询问要注意以下几点。

① 不要直接询问客户的收入,从侧面问不出来时才直接问。

② 保证不透露给第三方。
③ 应告诉客户其提供的关于收入方面的信息越多,对于其贷款获得批准就越有利。
④ 从销售量、价格、进货数量、进货频率、存货、销货单、进货单、成本等入手。
⑤ 从不同渠道获得收入收据,比如雇员。
⑥ 委婉询问客户月收入和年收入,请客户出示收据。

(2) 如何询问应收款? 服务和商贸类客户的应收款一般比较少,生产制造业的应收款会比较普遍。询问应收款时要注意以下几点。

① 一般客户在回答时都会夸大自己的应收款以显示自己的实力,但是一定要看到欠条或笔记之类的纸质证明才能计入应收款。
② 某些客户不愿意透露,调查人员可以说:"您有这么大的销售量而且现在这个行业市场都流行赊账,您应该会有一定的应收款。"还可以这样问话:"来您这儿拿货的,有多少不能当时结清?""上级要求我们必须看一下您的赊销登记本,您支持一下,给我们翻翻吧。"
③ 应收账款的登记本一般都比较破旧,且字迹较乱,比较随意地放在抽屉里;有的商户是按照业务员分别保管的。

(3) 如何询问应付款和负债? 询问应付款和负债时要注意以下几点。

① 如果向客户直接询问,客户一般会说没有或者少说他的负债数据。此时可以旁敲侧击地问,如:"您有这么大的生产规模,每月都要进很多货,这些进货的钱怎么解决?"又如:"像你们这一行,没有一点儿负债是不可能的。"而后根据判断各出一个估计数来看客户的反应。
② 要让客户明白负债是很正常的事情:"我们在做市场调查时,发现基本上每户都欠别人货款,其他人也欠他货款,咱这里情况怎么样?"

(4) 如何询问所有者权益? 与负债相比,客户更愿意透露所有者权益的信息。询问所有者权益时要注意以下几点。

① 询问本钱和持续投入等情况,如"您当初开始经营的时候投入了多少本钱"。
② 询问客户投入本钱的时候,本钱是如何筹集的。
③ 询问不同的本钱状况,主要指资金、货物和设备等。
④ 问持续投入的情况:"前几年的经营很顺利吧,每年的盈利大概是……;最近几年的盈利平均下来是……";"这些年赚的钱除了大的开销都投到生意里边了吧?"根据客户提供的这些信息估计客户的所有者权益。

4. 生产经营情况

1) 直接询问观察

(1) 对固定资产进行检查、记录并估价,具体方法如下:
① 估计员工数量。
② 观察员工的工作氛围、精神面貌是否良好。
③ 观察客户(管理人员)与雇员的互动情况及业务活动的组织方式,判断客户(管理人员)的管理才能和企业内部的关系融洽程度。
④ 估计销量,从中判断企业的市场地位和增长潜力。
⑤ 了解是否有安全隐患。

(2) 生产场所或施工工地的询问观察方法如下:
① 场地是否整洁、机器设备运转是否正常、是否布满灰尘。

② 了解生产工艺如何、开工率如何、产能利用率如何。

③ 现场查看企业的开工情况,了解实际开工人数(包括倒班)、生产线在产、原材料或产品进出库等情况的前后期变化(特别是传统节假日、长假期、淡旺季前后),分析企业生产经营是否持续稳定、正常。

④ 检查库存、评判产品质量、检查其原材料及产成品是否存在缺陷或挤压。

⑤ 了解项目的手续、进度、质量及付款等情况。

⑥ 了解是否有安全隐患。

(3) 营业场所的询问观察方法如下:

① 了解客流情况。

② 判断营业场所所处商业环境的繁华程度。

2) 其他佐证

(1) 通过查看相关订单、出货单、运费单据、销售合同等来佐证销售情况;向企业销售部门、管理人员、其主要交易对手、同行客户、行业协会了解相关信息加以验证;通过查看银行付款、收款凭证,来核实合同的真实性及执行情况。

(2) 通过一段时间内采购合同、进货单等的变化情况,佐证企业是否正常经营。

(3) 通过用水、电、气量、纳税情况表佐证企业生产情况,除了查看相关费用单据(包括银行代扣)外,必要时还可向供电、供水等部门直接查询。

(4) 通过企业提供的近期工资、福利表单及银行提供的代发工资表、公积金缴存清单,佐证企业生产经营是否稳定;查看企业工资的发放总额和发放人数,分析是否存在大幅减薪或较大规模裁员;必要时可向劳动社会保障、地税部门或企业基层职工了解企业缴交社保费用情况,了解是否有较大规模裁员或重大劳资纠纷等情况。

(5) 结合所掌握的地方媒体有关报道等佐证。

拓展阅读 4-4　重大违法事项的调查

对贷款申请人是否存在重大违法违规事项进行调查时,可以通过以下途径:

(1) 询问包括贷款申请人法律顾问在内的相关人员。

(2) 审阅贷款申请人的董事会会议记录。

(3) 检查贷款申请人营业外支出等会计科目及向政府有关主管部门查询等程序。

(4) 了解是否有以往政府有关部门对其的处罚。

(5) 了解是否有大额、异常现金收支。

(6) 了解是否有重大交易活动的购销价格严重背离了市场价格。

(7) 了解有关媒体的披露。

注意:告知担保责任:在对抵(质)押人或保证人进行调查面谈时,调查人员应告知其可能面临的担保责任以及后果。

(资料来源:节选改编自邱俊如.小额信贷实务[M].北京:中国金融出版社,2012)

5. 担保情况

联系调查第三方抵(质)押人与保证人,核实抵(质)押物的位置、面积、价值、合法性等,并参照贷款申请人调查的程序,重点核实保证人的资质、保证实力及保证意愿。

(四) 调查分析和调查报告

对于调查收集到的信息,调查人员务必要做好整理和分析,认为符合条件的贷款,则应撰写调查报告并提交给下一环节负责人。若为双人调查,则此环节也须两人配合完成。这是贷前调查的最终阶段,通常由调查人员在一天内完成。图 4-7 为调查信息的整理和分析步骤。

图 4-7 调查信息的整理和分析步骤

1. 信息整理

调查人员首先应当对调查获得的资料进行整理,主要完成以下工作:

1) 列出提纲

贷前调查收集到的信息往往凌乱而缺乏主次,调查人员应根据事先列好的提纲对调查信息进行分类填写。

2) 把握核心信息

在采集的众多信息中,一定有核心信息,对业务方向甚至决策都起着至关重要的作用,调查人员需要找到这类信息,并进行深度挖掘。

例如,对于一个出租车司机而言,其自身不能总结出经营的规律。那么怎样确定其收入与支出?对于出租车行业,很多费用如保险、油费等都有行业的规律可参考,而针对客户个人,"公里表"记载着其从买车至今总里程的信息就至关重要,这个里程数就是核心信息。

3) 查缺漏

调查人员应分析收集到的信息中是否有遗漏,对于有疑问或没有获得的关键信息可以打电话询问确认,必要时做进一步补充和外围调查。

4) 辨真伪

所有的信息都可能存在不同程度的夸大甚至扭曲,调查人员需要把客户提供的信息尽可能地做真实还原。

5) 更新信息系统

调查人员应及时将客户信息在小额信贷机构相关的信贷管理系统中更新。

2. 综合分析/评级授信

在信息整理保证信息基本真实完整的基础上,调查人员应围绕贷款的合规性、安全性和效益性进行分析。分析过程中要注意使用交叉检验方法,对于没有财务报表的客户,要利用调查收集到的信息为客户编制财务报表。

图 4-8 给出了调查分析的三大方面。

在许多小微企业和个体工商户,实际控制人与企业之间的财务并不作清晰区分,经常出现个人与公司账户资金互相流转的情况,而这些借款企业实际控制人的个人/家庭资产也是企业重要的还款来源。

图 4-8 调查分析的三大方面

例题 4-1 以下是某企业贷款客户全资股东曾先生的个人资料,请根据这些信息,为曾先生编制个人资产负债表和个人损益表。

(1) 存款 57 万元。

(2) 拥有汇丰银行股票 5 000 股,最新的价格是每股 90 元,平均每股的股息 2 元。

(3) 拥有三间房产:深圳一间,买价 100 万元,目前市价 250 万元,负债 60 万元,租出租金 5 000 元/月;广州一间,2007 年购买,买价 70 万元,最近市价 150 万元,目前欠银行 40 万元,租金 3 000 元/月;与父母同住的住房在佛山,价格 150 万元,贷款 80 万元。

(4) 买了份有价值的储蓄保险,保单为 200 万元,目前储存了 20 万元现金价值。

(5) 汽车购买的时候值 30 万元,现在卖价保守估计 18 万元。

(6) 曾先生目前在贷款企业的工作年薪 20 万元,其太太年薪 30 万元,平均家庭开销为收入的 40%。

(7) 预期税负为 10 万元。

解答:曾先生的个人资产负债表和个人损益表见表 4-9。

表 4-9　曾先生的个人资产负债表

种类	市场价(元)	抵押(否)(元)	净资产(元)
现金	570 000	否	570 000
有价证券	450 000	否	450 000
保险(现金)	200 000	否	200 000
房产 1	2 500 000	600 000	1 900 000
房产 2	1 500 000	400 000	1 100 000
房产 3	1 500 000	800 000	700 000
汽车	180 000		180 000
合计	6 900 000	1 800 000	5 100 000

曾先生的个人损益表

薪金收入(曾先生)(元)	200 000
薪金收入(太太)(元)	300 000
股票股息(元)	10 000
租金 1(元)	60 000
租金 2(元)	36 000
总收入(元)	606 000
费用(元)	242 400
税负(元)	100 000
总支出(元)	342 400
净收入(元)	263 600

有些小额信贷机构要求对客户进行评级授信,则调查人员应区分客户类型,将采集到的信息准确录入评级系统(模板),按照规定的评级流程对客户进行评级授信,获取有权审批人的审查和审批。

针对小额信贷客户的特点,分析时应做到如下几点。

(1) 既要分析实地调查获取的信息,也要分析客户提交的书面资料,侧重前者。

(2) 既要做定性分析,也要做定量分析,侧重前者。

(3) 既要分析第一还款来源,也要分析第二还款来源,侧重前者。

若调查人员通过分析认为贷款业务应否决,且经主管确认的,无须进入信贷业务的下一环节,小额信贷机构可以终止该项目。

若调查人员认为贷款业务符合条件的,应撰写并提交调查报告。

3. 调查报告的撰写

1) 调查报告的内容

调查报告的内容格式随信贷机构的不同而有所不同,通常涵盖调查过程简介、借款申请调查分析、收益分析、风险分析与防范措施、结论与建议等内容。根据信贷机构的具体规定,一定金额以下贷款的调查报告内容可能相对简化。

以个人经营性贷款为例,一份典型的调查报告格式见表4-10。

表4-10 贷前调查报告格式示例

一、调查过程简介	
调查时间	
参加人员	
采取的调查方式、调查访问的主要内容、调查访问的对象	
业务推荐部门或推荐人	

二、借款申请调查分析	
（一）借款申请人基本情况	
主体资格	借款申请人的姓名、性别、年龄、户籍证明、身份证明、所在经营实体及任职情况
婚姻状况	借款申请人属已婚、未婚、离异后未婚、丧偶后未婚中哪一种情况
家庭情况	借款申请人家庭成员的姓名、年龄、任职单位,配偶须列明户籍与身份证件
个人履历	借款申请人近三年的工作履历,分时间段列明工作单位及岗位与从业经验
常住地址	借款申请人家庭详细住址,并说明现住房系租赁、自购、自建、借用中哪种情况
信用状况	经借款申请人授权,列明向人行个人征信系统、信贷登记咨询系统等查询获得的借款申请人及其所经营企业的信用报告结果
（二）借款申请情况	
申请借款金额、用途、期限	
（三）经营情况	
经营实体名称、成立时间、注册资本、出资人或股东占比、经营场所、日常经营主要管理者	
主体经营产品、经营方式、经营规模、主要供货商、销售商或主要市场、销售情况及盈利水平	
（四）财务情况	
借款申请人家庭收支、资产及负债清单	
（五）担保情况	
抵押物的权属、价值认定等情况	
质押物的权属、价值认定等情况	
保证人基本情况(参照借款申请人基本情况列明)、担保能力(列明打分评级结果)	

三、收益分析、风险分析和防范措施
综合分析该笔贷款为小额信贷机构带来的预计效益
列明主要风险点和防范措施

四、结论与建议			
表明贷款意见,包括贷款金额、期限、利率、借款方式、还款方式和限制性条款			
调查人员签名	年	月	日

签名负责:

贷前调查报告是调查人员对调查所获情况和信息的完整总结，调查人员应签名，对调查报告的真实性负责。若为双人调查，调查报告必须由双人签字确认。

某银行固定资产贷款和流动资金贷款的贷前调查报告内容要求见表 4-11。

表 4-11 某银行固定资产贷款和流动资金贷款的贷前调查报告内容要求

固定资产贷款调查报告内容要求	流动资金贷款调查报告内容要求
（1）借款人资信情况	（1）借款人基本情况
（2）项目可行性研究报告批复及其主要内容	（2）借款人生产经营及经济效益情况
（3）投资估算与资金筹措安排情况	（3）借款人财务状况
（4）项目情况	（4）借款人与银行的关系
（5）目前配套条件落实情况	（5）对贷款必要性的分析
（6）还款能力	（6）对贷款可行性的分析
（7）担保情况	（7）对贷款担保的分析
（8）信贷机构从项目获得的收益预测	（8）综合性结论和建议
（9）结论性意见	

2）调查报告的写法

一份真实可信、文理清晰、逻辑性强、分析透彻、判断准确、言简意赅的贷前调查报告能使贷款审查、审批人员较迅速、全面地了解该笔贷款的情况。贷前调查报告的撰写应满足以下要求：

（1）实事求是。调查人员必须本着实事求是的态度，全面真实地反映调查情况，数据准确，不可夸大。调查报告要能反映贷款资料不能显示的情况，包括实地调查核实的时间、地点、所见所得等细节。调查人员应对调查内容的真实性负责，在报告中不用与事实不符的表述语句，更不能未经核实就原文照录借款申请书上的语句。

（2）详略得当。调查报告应抓住和突出重点，对关键问题的描述要尽可能详尽全面，而在符合基本内容框架的前提下，简化描述不重要的内容。重点写绝不代表篇幅长，更切忌大量未经筛选的复制粘贴内容。

（3）条理清晰。调查报告谋篇布局应条理清晰、符合逻辑，避免前后矛盾。各项证据和辅助材料应制作合格、列示清晰、索引完备、钩稽完整。

（4）分析透彻。调查报告应深入分析关键问题，观点鲜明，提供有力的论证，避免信息的简单罗列。分析时要能辨明信息真伪，避免使用单一的信息来源做判断；不可过于依赖第二还款来源的分析；财务分析应不仅有静态分析，而且有动态分析。应依据审慎性原则全面评估并充分揭露风险，并提供适当的防范化解措施，不可避重就轻、淡化风险、放大效益。推荐的授信方式应当设计严谨，降低主观性和随意性。

（5）略有文采。调查报告应语句通顺，没有语病，力求达到内容前后照应，结构上下连贯，但注意减少特长句型，也不可夸夸其谈。

活动拓展 4-9

请搜索查阅几份贷前调查报告，并根据以上几条报告写作要求，对比孰优孰劣。

4. 调查报告的提交

调查报告完成后,应由调查人员提交至有权审查人(通常为风险管理部门人员)与审批人进行审查、审批。调查人员还应按照小额信贷机构的规定,将调查报告内容录入信息系统,并更新其他相关信息。

知识自测 4-2

(1) 为什么需要做贷前调查?

(2) 贷前调查的基本方法有哪些?

(3) 贷前调查有哪些步骤?

(4) 实地调查有哪些主要方法?

(5) 贷前调查报告通常包含几大方面内容?

(6) 贷前调查报告有哪些写作要求?

任务三 办理小额信贷的贷中业务

• 掌握小额信贷贷中工作的规范及技巧

一、贷中审查与审批

(一) 贷中审查与审批概述

1. 贷中审查与审批业务流程

1) 贷款审批的法律要求

《贷款通则》第二十八条贷款审批要求[①],贷款人应当建立审贷分离、分级审批的贷款管理制度。审查人员应当对调查人员提供的资料进行核实、评定,复测贷款风险度,提出意见,按规定权限报批。

广义的审批可以细分为贷中审查和审批两个环节。

贷款调查完成之后,风险管理部门等的审查人员对调查人员提供的贷款资料进行核实、评定,复测贷款风险度,提出意见,提交审批的过程,为贷中审查(loan review)。对审查人员提交审批的贷款业务,有权审批人员关于是否贷款及具体的贷款方案作出决策的过程,为贷中审批(Loan Approval)。由多人决议完成的审批也称作"审议"。

贷中审查与审批过程中,可以对贷款调查(经办)人员提出质询或要求补充资料;对于没有通过的贷款项目,则退回至调查人员,并由调查人员通知客户;只有通过审查与审批的贷款项目,才能进入贷款业务的后续环节。

审查、审批是贷款决策的关键环节,旨在将贷款风险控制在小额信贷机构可接受的范围之内,避免发放不符合要求的贷款。审查和审批人员通常应遵循以下原则。

(1) 审贷分离、分级审批。

(2) 客观公正、独立审贷、依法审贷。

---

① 资料节选改编自贷款通则[Z].中国人民银行令〔1996〕第 2 号.

拓展阅读 4-5　审贷分离、分级评审制度

《贷款通则》规定：审贷分离是指贷款调查评估人员负责贷款调查评估，承担调查失误和评估失准的责任；贷款审查人员负责贷款风险的审查，承担审查失误的责任；贷款发放人员负责贷款的检查和清收，承担检查失误、清收不力的责任。

分级审批制度是指贷款人根据业务量大小、管理水平和贷款风险度确定各级分支机构的审批权限，超过审批权限的贷款，应当报上级审批。

（资料来源：节选改编自贷款通则[Z]. 中国人民银行令〔1996〕第 2 号）

2）审批流程的多样性

不同小额信贷机构的审批流程可能各不相同，同一小额信贷机构不同业务的审批流程也可能各不相同：

通常不同类型和额度的贷款，审批权限也有所不同。

根据信贷机构组织形式、贷款品种、金额大小、风险情况等的不同，审批可能是一人审批、多人审批（包括贷审会）、多级逐级审批等形式。

有的小额信贷机构在一般审查人员完成贷款审查以后，再将审查意见、《贷款调查报告》及各项资料提交给风险控制部门，风险控制部门进行复审（包括对贷款单位的再次实地考察和相关资料的复审），复审后再报有权审批人进行审批。

有的小额信贷业务实行简易程序，贷款直接由有关部门以签报的方式提交至审批人审批。

2. 贷中审查与审批的主要内容

贷中审查与审批的主要内容有以下几点：

1）信贷风险评估

针对贷款本身，贷中审查和审批要从几大方面入手评估：

（1）贷款申请人主体资格。是否合乎法规及小额信贷机构贷款对象范围。

（2）贷款资料。贷款资料是否齐全、完备并在有效期内。

（3）贷款业务的风险。贷款申请人偿债能力与偿债意愿的风险，以及贷款用途与贷款担保的风险等。

具体方法和技巧请参见本书项目三的信贷风险评估相关内容，以及项目四中业务受理审查与贷前调查内容，但相比调查人员，审查与审批人员更要能够从小额信贷机构整体利益出发，对信息进行综合把握，对各重要风险点进行复合性识别、分析与判断。

2）调查人员操作风险、道德风险评估

审查调查报告的规范性、完整性、客观真实性、结论及意见是否明确，以及其中提出的观点是否有充分的佐证材料，可对细节信息抽查检验；认为贷前调查的相关意见有重大不合理情况或对贷款申请人有重大风险怀疑时，应要求贷前调查人员补充相关资料或单独约请贷款申请人就可疑事项做进一步的沟通与交流。因为调查人员的操作也蕴含着风险，通常包括操作风险和道德风险两个方面。

（1）操作风险：即审查各经办人员在操作环节上（例如调查过程、次数、基本方法）是否为规范操作，是否超范围受理贷款业务、越权处理、逆程序，等等；了解经办人员的工作经验；检查重点项目是否有遗漏。

（2）道德风险：即通过对调查（经办）人员及相关领导与贷款申请人或其关系人的交往时间、结识过程、了解深度等信息的掌握，判断其与贷款业务是否存在利益关系，以及该利益是否与小额信贷机构的利益相冲突。

3）授信方案与综合评价

在认为贷款项目可行的前提下，要结合客户与小额信贷机构自身的情况，判断调查人员推荐的贷款方案（还有评级授信结果）是否合理可行。

评估贷款将为小额信贷机构带来的综合收益和风险，确定相应的风险防控措施，如提高贷款申请人资信状况的措施等。平衡风险和收益，确定贷款方案，包括贷款的品种、用途、金额、期限、定价、担保等。

4）评审决策人员的能力和权利

在小额信贷机构中，业务调查（经办）人员通常为基层员工，相对缺乏工作经验，工作量大，并且对于业务的开展缺乏应有的全局观。因此，评审决策人员中需要有经验更丰富的人员或中高层管理人员，具备较高的专业知识和技能。

此外，为了确保小额信贷机构人员在履行项目评审工作时具有专业性、权威性与独立性，需要给予项目评审人员以下的权利。

（1）享有对项目所有相关材料的审阅权，并有对相关材料完整性、真实性和有效性提出质疑的权利。

（2）享有对参与贷款项目调查人员与风险管理人员进行询问的权利。

（3）享有在对项目进行表决的同时，有对材料收集质量、尽职调查质量、风险初审质量进行评价和提出改进意见与建议的权利。

（4）在坚持公正、独立的原则下，有对审议的项目中涉及问题与其他评审人员交流意见的权利。

（5）贷款项目经询问交流后仍存在重大疑问的，有对项目进行实地调查与评估的权利。

（二）贷中审查工作具体要求

1. 审查人员工作内容

对调查人员提交的资料进行审查时，应完成以下工作。

（1）换位思考，以不同于调查人员的角度对现有的资料进行再次核实和认定，有时还需要根据审查情况对借款人再次进行实地考察。原则上凡是客户经理调查认定的内容，审查人员都应当重新审核。

（2）审查贷款材料是否与信贷管理系统内的相关信息一致。

（3）从风险控制出发，识别贷款申请人的重要风险点，并评价这些重要风险点是否可控，是否有相应的风险防范措施。对于贷款申请人存在重大不可控风险的，应充分披露，形成否定性审查意见。

（4）完成审查后，应在《借款审批书》上写明审查意见报批。部分信贷机构对一定金额以上的贷款审查要求出具《贷款风险审查表》或《贷款风险审查报告》。

(5) 合规性辅助审查。针对重要的合规性评估,通常还需要提交给法律事务等部门获取专项辅助审查意见。

表 4-12 是某农村合作银行贷款风险审查表。

表 4-12 某农村合作银行贷款风险审查表

贷款基本信息		
(略)		
审查内容	是否符合要求	其他说明
借款人是否具备借款主体资格	是/否	
提交资料是否齐全、内容是否一致,是否在有效期内且未发现明显伪造、变造情况		
担保人是否具备担保主体资格,抵(质)押物是否符合抵(质)押要求		
贷款具体业务品种、当事人,贷款金额、期限、利率、用途、担保方式和还款方式是否符合我行信贷制度规定		
是否存在超权限、多头、跨区域等情况		
纸质材料是否与借贷管理系统内的相关信息一致		
调查报告规范性和准确性		
审查人(签名): 年 月 日		

2. 贷中审查报告的撰写

贷中审查的主要任务是认清事实,揭示风险,对潜在风险把关守口。因此,贷中审查报告与贷前调查报告相比,篇幅应当短小,应突出审查发现的问题,以及贷款风险控制关键点和风险防范的措施。

贷中审查报告的主要内容框架有以下几点。

(1) 简要评价申请人相关情况。

(2) 主要风险点的分析和防范措施。

(3) 审查意见和建议。

贷中审查报告写作要求可参考贷前调查报告相关内容作相应调整。审查评价要客观公正;不可局限于调查报告的文字描述;要重物证、查依据、作比较,独立审查,冷静分析;要有综合分析提炼;审查意见和建议要有针对性、可操作性。

表 4-13 是某银行个人贷款审查报告的写作说明。

表 4-13 某银行个人贷款审查报告的写作说明

一、贷款申请人家庭基本情况
主要包括申请人的姓名、性别、年龄、婚姻状况、户籍、常住地、职业、健康程度、家庭人口、信誉、有无不良嗜好等情况和家庭成员的相关情况;家庭资产负债情况。
二、借款申请人目前授信、用信及本次申报贷款(授信)情况
借款申请人在他行的授信及用信情况
借款申请人在我行授信、用信及本次申请贷款(授信)情况

续表

三、审查内容
申报业务的合规性(略) 申报资料及内容的完备性 (1)审查调查报告是否对借款申请人家庭基本(经营)情况、资产负债情况、人品、职业、健康等对贷款有重要影响的要素进行准确、充分表述,有无必要的证明资料。 (2)审查调查报告是否已对借款申请人还款能力进行分析,分析是否充分,有无必要的证明材料。 (3)审查调查报告是否已对担保的有效性进行分析,分析是否充分,有无必要的证明材料。 (4)审查调查报告是否已对贷款用途、贷款金额、贷款期限的合理性进行分析,分析是否充分,有无必要的证明材料。 (5)其他必须提供的资料
四、风 险 分 析
对可能影响贷款回收的重要因素(包括但不限于行业因素、担保因素、综合还款能力等因素)进行综合分析
五、审 查 意 见
对本次申报的授信业务出具明确的意见,包括授信对象、品种、金额、期限、利率、担保方式和还款方式等。 贷款发放条件:信贷资金支付要求;贷款管理要求和其他要求。 审查人(签名):   年   月   日

(三)贷中审批工作具体要求

贷中审批包括报审资料移交、安排审批方式、汇总审批意见、反馈审批意见、通报审批意见等环节。必要情况下,可能进行复议。

图 4-9 所示为贷中审批工作程序。

图 4-9 贷中审批工作程序

1. 报审资料

审查人员报送给审批人员的资料有以下几种。

(1)《借款审批书》。

(2)完整、真实的《借款申请书》。

(3)借款人、担保人主体资料的复印件,包括营业执照、机构组织代码证、个人身份证明等。

(4)《贷前调查报告》。

(5)审批人认为需要报送的其他资料。

审批人员通过分析贷前调查报告内容,结合审查人员意见,在权限内对贷款给出审批意见。在多级审批的情况下,审批人员应按照审批权限对贷款进行逐级审批。

2. 贷中审批工作要点

(1)应先确定申请贷款额是否在审批权限之内。

(2) 判断借款人单户贷款金额是否超过所在类别规定的单户限额。

(3) 根据贷款业务预计给小额信贷机构带来的效益和风险决定是否批准。

(4) 要考察审查人是否与贷款申请人有利害关系,审查人意见是否客观公正。

(5) 审批人员和调查人员之间要有基本的信任。

(6) 保证面对面的沟通非常重要。

(7) 审批效率非常重要。

对同一笔贷款,参与决定的人不应太多。根据业务需要,可设立独立审批人、信贷业务审查审批中心,引入专家、专职审批制度,实现集中快速审批,提高审批效率。

3. 贷中审批意见反馈与通报

若审批结果为同意,则批复反馈至信贷部门,通知客户办理贷款发放,明确信贷业务种类、金额、期限、利率或费率、担保等,并将资料整理成卷,存档管理;若为复议,则按规定进行复议;若审批结果为不同意,则由信贷部门通知客户,并终止该信贷业务。

(四) 贷款审批委员会审批流程

1. 贷款审批委员会的设立

许多小额信贷机构设立贷款审批委员会(loan approval committee),或称贷审会,对贷款和风险相关的重大事宜进行集体审批与评议。贷款审批委员会一般由股东代表、公司董事长、总经理、副总经理、风险总监及外聘行业和金融高级管理人员、外聘高级技术专家等组成。

贷审会的设立要求如下:

(1) 被聘的评审委员需自愿承担贷款评审工作,并且同意承担审查、评定失误的风险。

(2) 贷审会成员须具有一定的业务、财务、金融和法律相关知识,能够独立判断和控制风险。

(3) 贷审会评审委员人数应不少于3人,且一般为奇数(根据小额信贷机构的规模,数量可能相应增减)。

(4) 贷款审查委员会下设办公室,作为贷款审查委员会的具体办事机构。

贷审会上成员之间对于贷款分析的讨论也有利于提高参与贷审会的信贷人员的业务能力,使审贷会具备了培训的附加功能。

2. 贷审会会议流程

召开贷审会,应当提前通知相关参会人员,具体包括:

(1) 贷审会全体成员。

(2) 贷款项目责任人和协办人。

(3) 评委会认为须参加的人员,如财务人员等。

会议开始前,需确认参会人数达到规定,一般要求三分之二以上的贷审会成员参加,贷审会的决议才有效。

贷审会的一般流程见表4-14。

有权审批人根据贷审会的投票结果和会议记录做出贷款的审批结果。在"一票否决制"下,若贷审会投票结果为不同意(包括不通过和复议),则有权审批人不得审批通过;若贷审会的投票结果为未表决(包括通过和复议)的事项,有权审批人可以否决。(注:列席贷审会会议的人员并无表决权,仅贷审会成员具有表决权,一人一票。这是符合"审贷分离"要求的。)表 4-15 是贷款审批委员会审议审批表的示例。

表 4-14　贷审会的一般流程

汇报调查情况	信贷业务部及风险管理部经办人员向贷审会介绍审议事项的基本情况及审查意见、建议；记录员开始做会议记录
答辩	贷审会成员发表意见，提出问题并进行讨论。信贷业务部、风险管理部经办人员有义务回答贷审会成员提出的有关问题
投票表决	贷款项目审议后，每位贷审会成员书面投票表决是否同意，不允许弃权，但可以对贷款金额、期限、利率、担保方式等提出自己的意见。贷审会实行三分之二通过制，审议结果分为同意（通过）、不同意（否决）、建议（复议）三种，并实行"一票否决制"
填制审批表	根据投票结果填制《贷款审批委员会审议审批表》，连同会议记录一并呈报有权审批人进行审批
签署审批意见	有权审批人（主任委员）在会议纪要和审批表上签署审批意见

表 4-15　贷款审批委员会审议审批表的示例

（　年　月　日）

审批日期		贷款项目（事项）类别	
经办部门		贷款申请人	
信贷经理		风险经理	
申请贷款金额		申请贷款期限	
参加会议委员			
参加会议专家			
会议记录人			
评审结论：本次审批委员会项目（事项）应到＿＿＿＿人，实到＿＿＿＿人。＿＿＿＿票同意，＿＿＿＿票不同意，＿＿＿＿票缓议。			
贷款审批委员会意见： 条件及担保措施：			
表决委员签字	同意		
	不同意		
	建议		
贷款审批委员会主任签字：			

3. 如何开好小额信贷的贷审会

（1）贷审会成员要做到两个尊重：一是尊重同事的劳动成果，问话要礼貌，提出的问题要切中要害；二是尊重自己的岗位责任，认真履行委员的职责，能够准确地判断风险。

（2）报告的经办人员要认真陈述，突出重点，把一个客户的报告时间控制在 10 分钟之内。报告经办人员的解释应围绕资料的真实和准确性展开，切忌以抵触的情绪回答问题。

（3）贷审会的委员要在开贷审会前先认真阅读贷前调查报告，对报告中有疑问的，在贷审会中应向经办人员提出。

（4）贷审会成员要根据自己的判断独立作出贷款审批决策。

（5）贷审会应在 20 分钟内对一笔贷款作出审批决策。

（6）做好贷审会记录。

经审批通过的贷款项目，在签订信贷合同并经过其他必要的程序之后，小额信贷机构才可向客户支付贷款款项。

活动拓展 4-10

请按照如下提示,试着模拟小额贷款公司贷款审批委员会的工作情况。

1) 组织机构

贷审会设主任委员 1 人,由公司董事长担任;副主任委员 2 人,由公司总经理、一名董事会成员担任;贷审会委员 3 人,由公司具有评审能力的人员组成。贷审会主任委员负责主持委员会工作。其他非贷审会成员必要时可列席会议,但不得作为委员参加投票。贷审会下设办公室,作为贷审会的具体办事机构,负责日常工作联络和会议组织等工作。

2) 职责和审议范围

贷审会的主要职责是:审议疑难贷款,包括上一笔贷款未按计划还清又申请下一笔贷款的;审议有不良记录客户的贷款等;督促、检查贷审会审议、有权审批人审批的信贷事项落实情况和贷后检查情况;分析资产风险情况,根据国家经济金融政策和公司存量业务情况,研究制定防范风险的具体措施。

贷审会议事范围:企业单笔 50 万元(不含)以上贷款;自然人单笔 10 万元(不含)以上贷款;公司融资及投资业务,相关事项通过后报董事会研究决策。

3) 权利与义务

贷审会委员在履行职责的同时,享有下列权利:向信贷管理部门或客户部门了解需经贷审会审议的客户情况及信贷管理情况;对提交贷审会审议的事项发表意见;对改进贷审会工作提出建议;对贷审会审议的事项享有表决权;对经贷审会审议、有权审批人审批的信贷事项落实情况享有质询权。

贷审会委员应履行以下义务:贷审会的会议视情况可定期召开,也可视情况组织临时会议,所有委员要按时出席贷审会会议,无特殊情况不得缺席;秉公办事,严格按照审议程序和信贷政策进行审议,并在决议上签字确认;因决策失误而造成公司信贷资产损失的,应承担相关责任;严格遵守保密制度,对贷审会审议的事项及结果不得对外泄露。

4) 贷审会审批情景模拟

请以至少 7 人为一组,其中:1 人为信贷业务部门调查人员、1 人为风险管理部门调查人员、1 人为贷审会主任、1 人为会议记录员,其余人员为贷审会的其他成员。可预先查找一份完整的贷前调查报告,并以此贷款作为审批对象模拟贷审会会议流程。可使用一些道具,包括:桌椅、电话、纸笔、贷款审批委员会审议审批表等。

请查找资料,思考:作为小额信贷机构贷审会的会议记录员,如何做好会议记录?

二、签订信贷合同

《贷款通则》第二十九条签订借款合同[①]:所有贷款应当由贷款人与借款人签订借款合同。借款合同应当约定借款种类,借款用途、金额、利率,借款期限,还款方式,借、贷双方的权利、义务,违约责任和双方认为需要约定的其他事项。

保证贷款应当由保证人与贷款人签订保证合同,或由保证人在借款合同上载明与贷

---

① 资料节选改编自贷款通则.中国人民银行令〔1996〕第 2 号。

人协商一致的保证条款,加盖保证人的法人公章,并由保证人的法定代表人或其授权代理人签署姓名。抵押贷款、质押贷款应当由抵押人、出质人与贷款人签订抵押合同、质押合同,需要办理登记的,应依法办理登记。

(一)信贷合同概述

信贷合同(finance contract)包括借款合同(loan contract)和担保合同(guarantee contract)。借款合同是主合同,担保合同是从合同。

1. 信贷合同的组成

信贷合同的组成如图 4-10 所示。

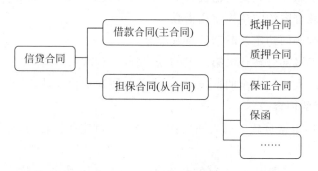

图 4-10　信贷合同的组成

2. 法律对借贷双方的权利和义务的规定

1) 贷款人的权利

《贷款通则》[①]规定,贷款人有权依贷款条件和贷款程序自主审查与决定贷款,有权拒绝任何单位和个人强令其发放贷款或者提供担保。具体包括以下权利。

(1) 要求借款人提供与借款有关的资料。

(2) 根据借款人的条件,决定贷与不贷、贷款金额、期限和利率等。

(3) 有权了解借款人的生产经营活动和财务活动。

(4) 依合同约定从借款人账户上划收贷款本金和利息。

(5) 借款人未能履行借款合同规定义务的,有权依合同约定要求借款人提前归还贷款或停止支付借款人尚未使用的贷款。

(6) 在贷款将受或已受损失时,可依据合同规定,采取使贷款免受损失的措施。

2) 贷款人的义务

(1) 应当公布所经营的贷款种类、期限和利率,并向借款人提供咨询。

(2) 应当公布贷款审查的资信内容和发放贷款的条件。

(3) 应当审议借款人的借款申请,并及时答复贷与不贷,一般要求在 7 天内予以答复。

(4) 应当对借款人的债务、财务生产、经营情况保密,但对依法查询者除外。

3) 借款人的权利

(1) 可以自主向信贷机构申请贷款并依条件取得贷款。

---

① 资料来源:节选改编自贷款通则[Z].中国人民银行令〔1996〕第 2 号.

(2)有权按合同约定提取和使用全部贷款。

(3)有权拒绝借款合同以外的附加条件。

(4)有权向贷款人的上级和银监部门反映、举报有关情况。

(5)在征得贷款人同意后,有权向第三人转让债务。

4)借款人的义务

(1)应当如实提供贷款人要求的资料(法律规定的不能提供者除外),应向贷款人如实提供所有开户行、账户及存贷余额情况,配合贷款人的调查、审查和检查。

(2)应当接受贷款人对其使用信贷资金情况和有关生产经营、财务活动的监督。

(3)应当按借款合同约定用途使用借款。

(4)应当按借款合同约定及时清偿贷款本息。

(5)将债务全部或部分转让给第三人的,应当取得贷款人的同意。

(6)有危及贷款人债权安全的情况时,应当及时通知贷款人,同时采取保全措施。

(二)信贷合同的内容

小额信贷机构应根据贷款申请人和贷款产品特点,制定相符合的合同文件。

1. 借款合同

借款合同规定了借贷双方之间的权利和义务,包括必备条款和双方约定的其他事项。

1)必备条款

(1)借款种类。如按照贷款币种可分为人民币贷款和外币贷款;按照贷款期限可分为短期贷款、中期贷款和长期贷款;按照贷款对象可分为生产企业贷款、进出口企业贷款、外商投资企业贷款;按照贷款利率可分为浮动利率贷款和固定利率贷款等。

(2)借款用途。即借款使用的范围和内容。借款人有义务按照约定的用途使用借款,不得挪用;小额信贷机构有权监督、检查借款人的借款使用情况,如发生挪用,小额信贷机构有权按照有关规定收取罚息。借款不得用于非法目的,不得违反国家限制经营、特许经营以及法律、行政法规明令禁止经营的规定等。

(3)借款金额。借款金额是贷款人向借款人提供的贷款具体数量,是计算贷款利息的主要依据。

(4)贷款利率。贷款利率应当在中国人民银行规定的法定利率基础上在中国人民银行允许的范围内确定,合同履行期间如遇国家调整法定利率或变更法定计息方法,则贷款合同项下借款利率或计息方法也作相应调整。小额信贷机构应当按照央行规定的贷款基准利率允许浮动的上下限,确定每笔贷款利率,并在贷款合同中予以载明。

(5)借款期限。

(6)还款方式。

(7)违约责任。

拓展阅读 4-6　合同中付息期限不明确的情况

《合同法》第二百零五条规定,对支付利息的期限没有约定或者约定不明确的,依照本法第六十一条的规定仍不能确定的情况下:

借款期间不满 1 年的,应当在返还借款时一并支付。

借款期间在 1 年以上的,应当在每届满 1 年时支付,剩余期间不满 1 年的,应当在返还借款时一并支付。

这实际上变成了利随本清或者按年计息的贷款,增加了利息清收的难度。

(资料来源:节选改编自中华人民共和国合同法[Z].中华人民共和国主席令〔1999〕第 15 号)

活动拓展 4-11

请查阅相关资料,思考:借款合同违约的情况通常有哪些?借款合同通常对这些情况规定哪些违约责任?

2)双方认为需要约定的其他事项

(1)担保条款:对于担保贷款,贷款合同可以设置担保条款约定担保方式等内容,也可以另行签订担保合同。

(2)借款支付条件。

(3)借款支付方式。

(4)还款计划。

(5)风险处置,制订并实施控制风险的计划,确定降低风险发生的可能性并减少其不良影响的方法。

(6)争议解决,通常有友好协商解决、仲裁机关仲裁、提请人民法院诉讼解决等方法。

(7)借款人和担保人声明。

(8)借贷双方其他承诺事项。

(9)附加特定条款:在信贷合同中事先约定某些特定条款,可以防范相关风险。

表 4-16 是某小额信贷机构小组联保借款合同模板。

表 4-16　某小额信贷机构小组联保借款合同模板

表格名称:借款合同
表格编号:
填制时间:放款周期开始时
填制人:贷款会员、信贷员、机构法人
呈递与使用人:信贷部、机构主管

会员姓名(以下简称乙方)_____会员编号_____向_____机构(以下简称甲方)申请_____贷款(贷款名称),贷款金额_____元,用于发展_____项目。

双方约定,贷款采取_____方式,甲方将在_____年_____月_____日实际交给乙方贷款金额_____元(大写:_____仟_____佰_____拾_____元_____角_____分)。该贷款将于_____年_____月_____日到期,为期_____个月。

乙方同意支付给甲方_____%贷款利息,共_____元作为贷款利息。乙方同意如下利息与贷款偿还具体方式:

还款次数	还款日期	本金	利息
1			
2			
⋮			

续表

双方保证遵守以下条款：

（1）甲方保证按上述日期和实际金额将贷款以_____方式交给乙方。

（2）甲方保证：乙方在规定的期限内还清贷款本金和利息后，如乙方需要，继续为乙方提供贷款，用于其经营发展。

（3）乙方保证：将贷款用于贷款申请书提出的生产经营项目，不得随意改变贷款性质和用途（如果改变借款用途，应与小组成员协商，并告知信贷员）；在规定的贷款到期日之前将贷款还清。

（4）乙方用甲方借款所购买的项目物资，在乙方未还清贷款及利息前属甲方所有，乙方不得向任何单位和个人变卖、抵押。

（5）本合同自双方签订之日起生效，至乙方还清贷款和利息后自行废止。

（6）双方如有任何纠纷，应先友好协商，如协商仍无法达成一致，则由司法机关依法裁决。

（7）本协议一式两份，由甲方、乙方各执一份。

（8）……

小组联保责任：

本小组的成员除了有偿还各自贷款的责任之外，还对本组其他成员的贷款有连带偿还责任。本组的成员如果出现暂时的还款困难，其他成员有义务督促、帮助他还款，直到最终替他还款。

对拖欠的处罚：

作为一个严肃认真的小额信贷机构，甲方将对乙方的拖欠行为采取以下处罚措施：

（1）拖欠期间，除负担正常利息外，贷款人还要按拖欠的本息，负担每天_____的罚息，直到还清为止。

（2）如果拖欠期超过_____（时间），拖欠人所在小组的所有成员将在_____（时间）内失去贷款资格，而且_____（时间）后再贷款时，视同初次贷款户对待，不能享受老客户的优惠待遇。

（3）如果拖欠超过_____（时间），本组其他成员未履行联保义务者，协会将保留对本小组诉诸法律的权利。

小组成员保证：

我们明确知道小组联保的含义并愿意承担对本组其他成员贷款的联保义务。如果本组的成员出现暂时的还款困难，我们愿意督促和帮助他；如果由于各种原因不能还款，我们将对他的贷款负有连带偿还责任，并最终替他还清贷款。如果不能履行联保义务，我们愿意接受甲方的上述处罚措施，并对由此造成的后果负法律责任。

小组成员（签名）：

小组会员姓名	会员编号	会员签字/签章

甲方：
签字或印章： 日期：
公章：
乙方：
签字或印章： 日期：

活动拓展 4-12

请查阅学习不同信贷机构、不同类型贷款的借款合同条款内容。

2．担保合同

担保合同可以采取以下形式。

（1）小额信贷机构与抵押人、质押人、保证人单独订立书面担保合同，即抵押合同、质押合同、保证合同。

（2）保证人向小额信贷机构出具承担连带责任的保函①。

（3）《担保法》规定的其他形式。

1）抵押合同条款

（1）抵押贷款的种类和数额。在抵押设立原因中应载明被担保主债权的种类、数额，表明主债权产生的原因（如借款、租赁、买卖等）。

（2）借款人履行债务的期限。抵押权人对抵押物行使权利的条件是主债务履行期限届满、抵押权人的债权未受清偿，如果债务履行期尚未届满，抵押权人不能对抵押物行使权利，否则就属侵权，因此，债务履行期对抵押合同来说有非常重要的意义。一般来说，小额信贷机构为确保担保权利在债务人违约后能够得到正常行使，都要求担保期限比借款期限延长两年。

（3）抵押物的名称、数量、质量、状况、所在地、所有权属或使用权权属。抵押合同除对抵押物特定化外，还应当表明抵押物的所有权或使用权权属。

（4）抵押担保的范围。除主债权以外，抵押担保的债权范围一般还包括利息、违约金、损害赔偿金和实现抵押权的费用。

（5）当事人认为需要约定的其他事项。

拓展阅读 4-7　抵押物占管期间的责任说明

1）抵押物占管期间的责任

抵押物占管期间根据合同约定，当事人要承担一定责任，一般是根据抵押物的类别不同由抵押权人或抵押人占管，并负有保证资产完整的责任。在占管期间的责任如下所示。

（1）抵押物被出卖、赠予之前应取得抵押权人的书面同意，并对贷款本息偿还责任加以明确。

（2）抵押人出租、迁移其占管的抵押物时，应取得抵押权人的书面同意。

（3）占管期间抵押人擅自出卖抵押物或以其他方式处置的行为无效，而且抵押权人此时可提前收回贷款，并要求借款人支付违约金。

（4）占管期间抵押物被依法查封或没收的，应由承担占管一方提供相应价值的抵押物。

（5）抵押人占管的抵押物受损，保险公司又不赔偿的，或赔偿金低于贷款本息的，抵押人应该替换抵押物或追加；抵押权人占管的抵押物受损，抵押权人应该赔偿抵押人遭受的实际损失。

2）不得随意再融资承诺函

除设置担保以外，小额信贷机构还可要求贷款申请人出具《不得随意再融资承诺函》，承诺在小额贷款期限内，未经信贷机构书面同意不得对外再融资，否则构成违约。

不得随意再融资承诺也可直接在借款合同中以特别条款的形式出现，并约定相应的违约责任。

（资料来源：节选改编自贷款通则[Z].中国人民银行令〔1996〕第 2 号）

---

① 保函(letter of guarantee, L/G)又称保证书，是指银行、保险公司、担保公司或个人应申请人的请求，向第三方开立的一种书面信用担保凭证，保证在申请人未能按双方协议履行其责任或义务时，由担保人代其履行一定金额、一定期限范围内的某种支付责任或经济赔偿责任。

2) 质押合同条款

(1) 质押贷款的种类和数额。

(2) 借款人履行债务的期限。

(3) 质物的名称、数量、质量、状况。

(4) 质押担保的范围。

(5) 质物移交的时间,根据《物权法》,质权自出质人交付质押财产时设立。

(6) 当事人认为需要约定的其他事项。

为了增强担保安全性,小额信贷机构还常在抵(质)押合同中增加财产保险的特别条款,由抵(质)押人就抵(质)押物办理财产保险,因抵押物、质押物灭失或毁损所得的保险金,应当优先偿付贷款本息。保险期限也要长于借款期限。

拓展阅读 4-8 双保险不保险

有时抵押和保证同时存在的双保险并不一定保险。按照《物权法》规定,同一债权既有人的保证又有物的担保的,保证人在物的担保范围以外承担民事责任,如果抵押物难以实现而保证人实力特别强,还不如没有抵押只要保证。合同另有约定的,按照约定执行。

(资料来源:节选改编自中华人民共和国物权法[Z].主席令〔2007〕第 10 届第 62 号)

3) 保证合同条款

保证合同明确了保证人与债权人相互的权利和义务。保证合同主要条款有以下几条。

(1) 被保证(主债权)的贷款种类和数额。

(2) 借款人履行债务的期限。

(3) 保证的方式:保证方式分为一般保证和连带责任保证。

(4) 保证担保的范围。

(5) 双方认为需要约定的其他事项。

此外,小额信贷机构为了确保担保债权的主张,可以在合同中做出的约定有:保证人承担连带保证责任。借款合同履行期间,保证人应按小额信贷机构的要求提供有关其经营管理和财务状况的资料;根据贷款项目的风险含量,约定担保合同独立于借款合同,保证人不因借款合同的变更或无效而单方面免除保证责任;若保证人的经营机制或组织结构发生变化,如承包、租赁、股份制改造、联营、合并(兼并)、合资(合作)、分立等,保证人应当提前通知小额信贷机构并协调确认担保债权,另行提供担保或履行合同约定的其他保全措施,以保证担保债权不受损害;当借款人不履行合同时,保证人应在收到小额信贷机构出具的要求履行担保责任的书面通知后,按通知的清偿金额、日期、地点和其他要求主动履行担保责任。否则,小额信贷机构有权从保证人账户内划收其应付款项,保证人对此放弃抗辩权;保证人承担保证责任的期间为借款合同履行期届满贷款本息未受清偿之时起两年;因借款人违约,小额信贷机构依据借款合同决定提前清收贷款本息,应视同保证责任期间开始。

保证合同中通常应当约定保证责任期间,双方没有约定的,从借款人借款的期限届满之日起 6 个月内,信贷机构应当要求保证人履行债务,否则保证人可以拒绝承担保证责任。

活动拓展 4-13

请查阅学习抵押合同、质押合同和保证合同的条款内容。

（三）信贷合同审查

信贷合同应经过合同审查人员严格的审查，审查通过后，才能办理签订合同相关手续。

1. 合同审查工作流程

合同审查工作流程见表 4-17。

表 4-17　合同审查工作流程

步骤 1	提交审查空白合同	贷款业务经办人将准备好的空白合同文本，包括借款合同、担保合同，及其他须准备的资料提交给信贷业务部门、风险管理部门（法律事务部门）进行审查
步骤 2	审查修改空白合同	审查人员审查上述合同文本，对需要调整和修改的合同条款及时与有关当事人协商、谈判，将修改意见报有权审批人审定
步骤 3	登记并填写合同	贷款业务经办人对审定后的合同做登记，确定本信贷机构出具合同的编号，填写合同内容并在经办人处签字
步骤 4	审查修改合同文本	对填写完内容的合同文本再进行一次审查，方法与步骤 2 相同

拓展阅读 4-9　合同的编号

信贷机构要对借款合同进行统一编号，按照合同编号的顺序依次登记在《借款合同登记簿》，并将统一编制的借款合同号填入借款合同和担保合同，主从合同的编号必须相互衔接。

（资料来源：节选改编自中华人民共和国合同法［Z］. 中华人民共和国主席令〔1999〕第 9 届第 15 号）

2. 合同审查要点

审查合同时，应确定合同真实完整、合法有效，且表达清晰准确。信贷合同审查应着重于合同核心部分即合同必备条款的审查。

1）合同真实完整

（1）合同中应有的条款都要具备。

（2）合同填写要真实、严密。

（3）必要的附加条件要具备，如担保合同期限覆盖借款合同期限的条款。

2）合法有效

（1）合同条款（例如贷款利率）、格式、语言都应符合法律规定。

（2）抵（质）押物应合法有效。

（3）借款合同和担保合同作为主从合同，应相互衔接一致，包括当事人名称、借款金额、保证金额、有效日期等。

3）表达清晰准确

合同应简单易懂、表达准确具体。

活动拓展 4-14

请以两人为一组，每人准备一份有问题的信贷合同（可根据完整合同进行改编），提交给对方审查；审查人员则要尽可能指出合同中的问题。

（四）签订信贷合同

贷款经审批通过后，信贷业务部门应安排专人（通常为贷款业务经办人）办理签约手续。信贷合同签订要严格履行面签程序，即借款人、担保人等要当着小额信贷机构人员的面签署合同，防范签订操作问题引发的合同风险。合同一经签定生效后，法律关系即告确立，签约各方均应依据合同约定享有权利和承担义务。

1. 签订合同前的准备

签订合同前,需要做如下准备工作。

(1) 事先通知客户在什么时间和地点签订信贷合同。

(2) 要求客户带好必要的证件、身份证、营业执照等。

(3) 要求所有的借款人、担保人都必须到签约现场。

(4) 要询问客户是否在信贷机构办理了结算账户,若没有办理,应要求客户在签借款合同前办理好结算账户,作为放款账户。

委托他人签字的,必须向小额信贷机构提供委托书原件。提供非公证委托书的,委托书必须由委托人在信贷机构双人在场的情况下签订。调查人员、审查人员要对委托书的委托事项、权限范围、有效期等进行认真审查,确保受托人签字有效。

2. 合同填制要求

合同的填制,需要注意以下几点。

(1) 信贷合同应打印,使用黑色签字笔或碳素墨水的钢笔书写。

(2) 内容填制必须规范、完整,对确无内容可填的空白格用斜线划掉。

(3) 合同应根据实际情况填写。

(4) 借款合同的借款种类、金额、期限、利率、还款方式和担保合同应与贷款审批的内容一致。

(5) 如属文本式合同,其正副文本的内容必须一致。

(6) 不得涂改,有改动的部分必须有相关各方当事人签章。

(7) 合同落款处必须有签订合同各方签章,必须与其他材料一致。

3. 签订合同

1) 知晓权利义务

借款人经确认后,贷款经办人员应提请借款人与担保人对合同条款的含义、信贷机构对信贷资金的监督管理权利及借款人、担保人的义务全部通晓并充分理解。

2) 合同签章

(1) 小额信贷机构应与借款人签订书面《借款合同》(小组联保贷款应附联保协议书原件)、与担保人及财产共有人签订书面《担保合同》并与各相关人签订各类补充协议。合同各方必须签章齐全,防止合同效力纠纷。

(2) 企事业单位签章,应为法定代表人、负责人或委托代理人签字加单位公章和法定代表人印章,要避免出现类似有公章而无法定代表人签章的情况。

(3) 自然人应为其本人或委托代理人签字加按指模;自然人抵(质)押应要求其财产共有人在抵(质)押物清单上签字(有特殊规定的除外);自然人为保证人时,应鼓励夫妻双方共同担保签字。

(4) 小额信贷机构相关负责人签章,加盖小额信贷机构公章。

3) 确保签章真实有效

小额信贷机构可在信贷管理系统中采取指纹识别、身份证识别、密码等措施,对借款人及其他签章人的身份进行识别确认,判断借款人指定账户的真实性,防范冒名贷款的发生。

小额信贷机构人员(通常应至少两人)当场监督签章人在合同上签字、盖章或按指模,核对预留印鉴,确保签章的真实有效。

委托他人签字的,必须向小额信贷机构提供委托书原件。提供非公证委托书的,委托书必须由委托人在信贷机构双人在场的情况下签订。调查人员、审查人员要对委托书的委托事项、权限范围、有效期等进行认真审查,确保受托人签字有效。

4. 签订借款借据

签订书面合同后,借款人应在小额信贷机构人员的监督下填写并签署借款借据(Receipt for a Loan,IOU),它是表明债权债务关系的书面凭证,表明债务人已经欠下债权人借据上注明金额的债务。

根据借款合同约定的用款计划,借款人需要一次或分次填制一式三联的借款借据。信贷机构人员应注意审查借款人是否填写正确,主要审查以下几个方面。

(1) 填制的借款人名称、借款金额、还款日期、借款利率等内容要与信贷合同的内容一致。
(2) 借款日期要在信贷业务合同生效日期之后。
(3) 大、小写金额必须一致。
(4) 分笔发放的,借据的合计金额不得超过相应借款合同的金额。
(5) 借据的签章应与借款合同的签章一致。

图 4-11 所示为某小额贷款公司借款借据。

图 4-11 ××小额贷款公司借款借据

(五) 落实抵(质)押贷款条件

在信贷合同签订之后,小额信贷机构必须在保证贷中审批批复的贷款条件得以落实之后,才能发放贷款。落实贷款条件,如担保的落实和限制性条款的落实等,主要由信贷业务部门负责,办理各类批准、登记、交付及其他法定手续。本节主要从抵(质)押落实角度来介绍贷款条件的落实。

1. 抵(质)押的生效

1)《担保法》中关于抵押生效的规定[1]

第四十一条 当事人以本法第四十二条规定的财产抵押的,应当办理抵押物登记,抵押

---

[1] 资料来源:节选改编自中华人民共和国担保法[Z].中华人民共和国主席令〔1995〕第 8 届第 50 号。

合同自登记之日起生效。

第四十二条　办理抵押物登记的部门如下：

（1）以无地上定着物的土地使用权抵押的，为核发土地使用权证书的土地管理部门。

（2）以城市房地产或者乡（镇）、村企业的厂房等建筑物抵押的，为县级以上地方人民政府规定的部门。

（3）以林木抵押的，为县级以上林木主管部门。

（4）以航空器、船舶、车辆抵押的，为运输工具的登记部门。

（5）以企业的设备和其他动产抵押的，为财产所在地的工商行政管理部门。

第四十三条　当事人以其他财产抵押的，可以自愿办理抵押物登记，抵押合同自签订之日起生效。

当事人未办理抵押物登记的，不得对抗第三人。当事人办理抵押物登记的，登记部门为抵押人所在地的公证部门。

第四十四条　办理抵押物登记，应当向登记部门提供下列文件或者其复印件：

（1）主合同和抵押合同。

（2）抵押物的所有权或者使用权证书。

2）《担保法》中关于质押生效的规定[①]

第七十六条　以汇票、支票、本票、债券、存款单、仓单、提单出质的，应当在合同约定的期限内将权利凭证交付质权人。质押合同自权利凭证交付之日起生效。

第七十七条　以载明兑现或者提货日期的汇票、支票、本票、债券、存款单、仓单、提单出质的，汇票、支票、本票、债券、存款单、仓单、提单兑现或者提货日期先于债务履行期的，质权人可以在债务履行期届满前兑现或者提货，并与出质人协议将兑现的价款或者提取的货物用于提前清偿所担保的债权或者向与出质人约定的第三人提存。

第七十八条　以依法可以转让的股票出质的，出质人与质权人应当订立书面合同，并向证券登记机构办理出质登记。质押合同自登记之日起生效。

股票出质后，不得转让，但经出质人与质权人协商同意的可以转让。出质人转让股票所得的价款应当向质权人提前清偿所担保的债权或者向与质权人约定的第三人提存。

以有限责任公司的股份出质的，适用公司法股份转让的有关规定。质押合同自股份出质记载于股东名册之日起生效。

第七十九条　以依法可以转让的商标专用权、专利权、著作权中的财产权出质的，出质人与质权人应当订立书面合同，并向其管理部门办理出质登记。质押合同自登记之日起生效。

抵（质）押合同签订后，贷款经办人员（客户经理）应当按照信贷机构的规定，与抵（质）押人在借款合同履行之前依法向有关登记机关办理抵押物、质物或质押权利登记、止付手续，取得有效登记证明。具体来说：

（1）以相关财产抵押担保的应到相关的房地产、土地、林业、交通工具、工商行政等有权登记的职能部门办理抵押登记手续，取得有效登记证明。

（2）以存单（折）、凭证式国债质押的权利凭证应办理止付手续；以基金份额、证券登记

[①] 资料来源：节选改编自中华人民共和国担保法[Z].中华人民共和国主席令〔1995〕第8届第50号。

结算机构登记的股权出质的,应到证券登记结算机构办理出质登记;以其他股权出质的,应到工商行政管理部门办理出质登记。

(3) 以动产质押担保的,应对质押物进行评估、鉴定、保险等,并取得有关书面证明。

2. 抵(质)押登记和管理规范

(1) 贷款经办人员(通常为双人)应亲自参与抵(质)押登记手续,不可将各项资料委托客户办理。

(2) 在办理抵(质)押登记时,应做好抵(质)押物的价值评估,应核对品种、质量、数量等,并获取评估公司出具的相关评估报告。

(3) 各类登记、止付必须确保真实有效,取得全部相关权利与证明凭证原件,并对其内容进行认真核对,确保与合同一致,并妥善保管。

(4) 抵质押品原件应通过信贷机构内部传递,办理记账和入库保管手续。严禁交由客户单独办理入库保管手续。

活动拓展 4-15

请查阅资料,了解办理抵(质)押登记手续的相关规定,以下仅以林权抵押和股票质押登记为例。

林权抵押、股票质押登记的相关规定

1) 林权抵押——果园、树林

登记部门:县级以上林业局

法律依据:《担保法》第四十二条

办理流程:

(1) 抵押事项的申请与受理。

(2) 抵押物的审核、权属认定。

(3) 抵押物价值评估及评估项目的核准、备案。

(4) 签订抵押合同。

(5) 申请抵押登记。

(6) 办理抵押登记手续。

(7) 核发抵押登记证明书。

所需材料包括:《林权证》《林权抵押贷款协议书》《林权抵押合同》《借款合同》《森林资产价值评估报告》;需提供的其他资料。

不可作为抵押物的森林资源资产有:对已划为生态公益林的,包括国防林、名胜古迹、革命纪念地、自然保护区和特种用途林中的母树林、实验林、环境保护林、风景林等、林木和林地使用权;权属不清或存在争议的森林、林木和林地使用权;未经依法办理林权登记而取得林权证的森林、林木和林地使用权(农村居民在其宅基地、自留山种植的林木除外);以家庭承包形式取得的集体林地使用权;国家规定不得抵押的其他森林、林木和林地使用权。

2) 股票质押

登记部门:中国证券登记结算有限责任公司深圳分公司、上海分公司。

法律依据:《证券公司股票质押贷款管理办法》第二条、《中国证券登记结算有限责任公司深圳分公司证券公司股票质押登记业务运作指引》。

办理流程：办理股票质押登记业务，应遵循下列程序：

（1）证券公司办理股票质押业务，需提前凭中国证券监督管理委员会批准其为综合类券商的批文，一次性向本公司书面提交证券账户代码、券商席位代码及银行特别席位代码。

（2）证券公司与商业银行签订《股票质押贷款合同》后，在同一交易日分别在各自席位通过交易席位报盘。报盘内容包括：证券代码、股东代码、质押股数、券商席位代码、银行特别席位代码、质押委托业务类别等。

（3）报盘当日交易结束后，本公司将确认结果传给证券公司和商业银行。

（4）本公司将确认质押的股票从证券公司的托管席位转至银行的特别席位。

所需材料：借款人申请质押贷款时，必须向贷款人提供的材料有：企业法人营业执照、法人代码证、法定代表人证明文件；中国人民银行颁发的贷款卡（证）；上月的资产负债表、损益表和净资本计算表及经会计（审计）师事务所审计的上一年度的财务报表（含附注）；由证券登记结算机构出具的质物的权利证明文件；用作质物的股票上市公司的基本情况；贷款人要求的其他材料。

贷款人在发放股票质押贷款前，应在证券交易所开设股票质押贷款业务特别席位，专门保管和处分作为质物的股票。贷款人应在贷款发放后，将股票质押贷款的有关信息及时录入信贷登记咨询系统。

最长不能超过一年。

资料来源：

（1）中华人民共和国担保法[Z].中华人民共和国主席令〔1995〕第8届第50号.

（2）证券公司股票质押贷款管理办法[Z].银发〔2004〕256号.

（3）中国证券登记结算有限责任公司深圳分公司证券公司股票质押登记业务运作指引[Z].深圳综〔2001〕10号.

3．抵（质）押物的公证和保险

根据《担保法》，如抵（质）押物无明确的登记部门，小额信贷机构可要求将抵（质）押合同在当地公证部门公证。

为了防范抵（质）押物遭受损失，小额信贷机构还可以要求抵（质）押人到保险公司对抵（质）押物购买财产保险，将小额信贷机构设为第一受益人，并由小额信贷机构保管保险单。原则上，保险金额应不低于借款本金，保险期限应不短于借款期限，借款未清偿之前不得中断或撤销保险。

拓展阅读 4-10　实贷实付原则

实贷实付是指信贷机构根据贷款项目进度和有效贷款需求，在借款人需要对外支付贷款资金时，根据借款人的提款申请以及支付委托，将贷款资金通过贷款人受托支付等方式，支付给符合合同约定的借款人交易对象的过程。

其关键是让借款人按照贷款合同的约定用途使用贷款，降低贷款挪用的风险。

（资料来源：节选改编自黄武.小额贷款评估技术与风险控制[M].北京：中国金融出版社，2013.）

三、贷款发放

《贷款通则》[①]第三十条贷款发放：贷款人要按借款合同规定按期发放贷款。贷款人不

---

① 节选改编自贷款通则[Z].中国人民银行令〔1996〕第2号.

按合同约定按期发放贷款的,应偿付违约金。借款人不按合同约定用款的,应偿付违约金。

合同签订并落实贷款条件之后,即进入贷款发放(loan disbursement)流程。贷款的经办人员应将信贷合同、借款借据,连同有权审批人的批复送交财务部门进行审查、款项的发放,并做账务处理。

(一) 放款审查

1. 放款审查的内容

贷款发放前,放款人员要对以下方面进行严格审查:

(1) 放款资料是否齐全。包括信贷业务合同、借款凭证、有权审批人的批复(贷款须经审批通过)、放款通知单等小额信贷机构要求的放款资料。

(2) 合同是否合规有效。要素是否齐全、填制是否符合要求。

(3) 借款借据是否合规有效。要素是否齐全、填制是否符合要求。

(4) 所有签章的真实有效性。客户的收款账户与还款账户是否已开立,账户性质是否明确。

(5) 放款资料是否相互一致。借款借据的借款人名称、借款金额、利率、期限、用途、借款合同编号等内容是否与借款合同一致;审查放款资料相关条款与贷款业务审批的内容是否一致等;审查贷款转入的结算账户信息与借款人信息一致。

(6) 贷款条件(包括担保条件等)以及审批意见中的限制性条款等是否已落实。

(7) 借款用途、提款计划、提款进度是否符合借贷双方约定。审查提款申请是否与借款合同约定的贷款用途一致;审查提款金额是否与项目进度相匹配;分笔发放的,借款借据的合计金额不得超过借款合同总金额。

2. 停止放款的情况

在贷款发放阶段,信贷机构务必密切关注借款人的资金使用方向,若出现如下严重风险情况,应及时采取措施防范风险,甚至停止放款。

(1) 借款人信用状况严重下滑。

(2) 抵(质)押品价值或保证人的保证能力严重下滑。

(3) 借款人指定的收款账户被有权机关冻结或止付。

(4) 借款人转借或挪用贷款资金。

(5) 借款人将贷款资金用于非法活动。

(6) 用款项目进度远远落后于资金使用进度。

(7) 贷款为分笔发放的,借款人在前期未按合同约定清偿贷款本息。

拓展阅读 4-11　严禁贴水贷款

预先在本金中扣除借款利息而发放的贷款,习惯上称为贴水贷款。

例如:一笔贷款 100 万元,约定年利率 5%。在发放贷款时,贷款人就预先扣除利息 5 万元,只将 95 万元支付给借款人。实际上借款人只是贷了 95 万元的本金,却是按照 100 万元的本金来收取利息。

《合同法》规定,利息预先在本金中扣除的,应当按照实际借款数额返还借款并计算利息。

(二) 办理放款手续

对经审查符合支付条件的贷款,财务人员应根据借款合同约定办理放款手续,并做相应账务记录。

目前,商业银行、农村信用社等银行金融机构的发放贷款工作在本行(社)内即可完成。而其他信贷机构,如小额贷款公司,则由于其资金账户在商业银行,在放款时应将放贷通知书,以及贷款合同、借据等移交给相关合作的银行,由银行审核后再办理账务手续。贷款利息的收取、贷款的收回也由合作的银行代为办理。

做好放款工作要注意以下三点。

(1) 要有合适的内控。严格履行审批意见和借款合同要求放款;拨付工作应由独立的后台人员完成;要采用转账的方式放款;转账办妥后,提醒客户收妥印、章、证;印花税和利息不要在放款时从贷款中扣收。

(2) 贷款用途的控制。在必要且可行的情况下,要采用委托支付的方式,以降低贷款挪用的风险;付款到非借款主体账户,需要取得委托付款意见书。

(3) 效率非常重要。发放贷款后及时通知借款人确认,也可及时纠正操作失误。

知识自测 4-3

(1) 贷中审查、审批人员应遵循哪些原则?

(2) 贷审会主要由哪些人组成?请描述贷审会的会议流程。

(3) 信贷合同包括哪些合同?它们的主要条款分别有哪些?

任务四 办理小额信贷的贷后业务

- 掌握小额信贷贷后工作的规范及技巧

一、认知贷后管理

贷后管理(post-lending management)也叫授后管理,贷后管理包括贷后风险预警、贷款回收、不良贷款管理等。贷后的日常管理由信贷业务部负责,风险控制部进行定期或不定期抽查,财务部门则在中间进行配合。有效的贷后管理能防范金融风险,保证贷款资产的安全。因此,对每个借款人制订符合其特点的贷后管理方案,并要求制订的贷后管理方案得到良好的执行,是落实贷后管理工作的关键。

1) 贷后管理的原则

贷后管理岗与贷款调查、审查等工作岗位要实现分离,个人消费信贷调查岗应安排在网点,贷后管理人员不能兼任贷款调查、审查、贷款审批工作。

贷后管理需要坚持职责明确、检查到位、及时预警、快速处理的原则。贷后管理需要业务部门、财务部门、风险部门及其他相关贷后管理责任人,按照各自不同的分工和岗位职责,各司其职,相互合作,但不能越权操作,注意风险管控。

贷后管理还需坚持服务与监督有机结合的原则。贷后管理的服务与监督是相互结合的,要在向客户提供优质服务,提高客户贡献度、忠诚度的同时,通过对客户的监督管理,把握客户走势,捕捉风险信号,在保障贷款资产安全性的前提下实现效益最大化。

2) 贷后管理的重要性

贷后管理是控制风险、防止不良贷款发生的重要一环。及时发现问题才能提前采取应对措施,防患于未然,减少损失甚至避免损失。不及时发现问题,或者发现了问题不及时采取有效的应对措施等问题,全部暴露或其他银行采取了措施,再跟进采取措施,就会处于被动,可能产生较大的损失。

贷后管理也是贷款风险化解的最后环节和途径。尽管在贷前和贷中的管理上,已对信贷资产的风险防范采取了必要措施,但由于在借款合同的执行过程中,还有许多不可预测的因素和难以预料的事件,会使信贷资产形成新的风险,因此,贷后管理愈加显出它的重要性和必要性。

3)错误的贷后管理观念

重放轻收、重放轻管——"重贷款发放,轻贷款回收","重贷款市场拓展,轻贷款客户维护监管"。

4)创新性贷后管理技术

近些年来,商业银行小额信贷业务的发展,也给传统的贷后管理理念和技术带来了挑战。小额信贷的客户经理管户数量多,很多都远远超过传统公司客户经理的管户数量,如果完全按照公司信贷业务贷后管理的理念、模式、技术显然是不适应小额信贷业务发展的。因此,理念创新、技术创新、机制创新将是小额信贷业务贷后管理的必然趋势。

二、实施贷后检查

贷款发放后,贷款人应当对借款人执行借款合同情况及借款人的经营情况进行跟踪调查和检查。

贷后管理中,小额信贷机构最基础性的工作就是贷后检查(post-lending inspection),以此及时发现贷后风险预警信号,采取必要的应对措施,防范或化解信贷风险。因此,贷后风险预警主要关注的风险即是贷后检查的重点。

除此之外,贷后检查还有利于小额信贷机构及时发现自身在信贷业务操作及管理中存在的问题和薄弱环节,促进其提高经营管理水平。

小额信贷机构通常根据贷款的种类规定不同的贷后检查方法和程序。

(一)贷后检查的方法

回顾贷前调查的方法,主要有查阅核实客户资料、实地调查、向社会收集资料、委托调查。贷后检查所使用的方法是类似的,通常分为非现场检查和现场检查两大类。

表 4-18 是贷后检查的主要内容。

表 4-18 贷后检查的主要内容

非现场检查	现场检查(询问、观察、检查、抽查)
财务报表、银行流水	经营情况
还款记录	财务情况
征信信息	贷款用途
经营上下游信息	借款人异动
宏观环境信息	借款人家庭有无重大变化
行业信息	保证人及抵(质)押物情况
担保人情况……	查明贷款信息变动的深层原因……
对比贷前贷后信息的变化,识别风险预警信号	

1. 非现场检查

由于贷后管理的周期通常为贷款的整个期限,长于小额信贷贷前调查的时间(通常在一周内),而现场检查对于小额信贷机构来说行政成本较高,对客户正常生活和经营也会造成一定的干扰,因此,非现场的跟踪检查较之贷前调查就更重要,也减轻了信贷人员的管理负担。

贷后检查可以更多地采用电话访谈等远程沟通方法,对贷款相关情况进行跟踪验证。一般来说,贷后检查人员不应直接对客户说"我们是来检查的",而应对客户说"我们是来进行售后服务的,看您对我们的贷款有什么意见和建议"。随后再转入正题,询问客户如何使用贷款、生意如何等。

2. 现场检查

为保证贷后检查的质量,小额信贷机构一般实行双人检查制,并要求进行现场检查。但现场检查人员也不宜太多,以1~2人为宜。

同贷前实地调查一样,现场检查需要注意提前约定好时间、地点,尽量选择客户方便、无其他访客的时间,准时到达,并运用好询问和观察等的技巧。此外,贷后检查人员还应注意以下几点:

(1) 事先充分掌握客户的资料,以及借款金额、利率、期限、贷款用途等借款信息。
(2) 低调进行贷后检查,不宜穿制服。
(3) 语气自然,轻松进入主题。
(4) 一次现场检查没有确认的关键问题,通过再次拜访或暗地观察等方式来确认。

案例4-2　非现场与现场检查相结合

Z银行预警岗位人员在对某纺织公司的非现场贷后管理中发现,公司报表显示销售收入与上年度基本持平,但应付账款余额不断减少,存货余额波动较大;银行融资大幅增长,且近期更换了授信银行;该公司在Z银行的结算量明显下降,账户经常出现大额资金非正常划转。

上述情况已触发Z银行多项预警信号,预警岗位人员初步判定为严重预警,向经办行发出预警提示。经前台销售端人员现场核查,2008年金融危机爆发后,该公司主要下游客户需求大幅度下降,公司经营模式逐步调整为以加工为主;通过多渠道走访,发现由于经营者决策失误,盲目囤积原料,因原材料跌价造成大额亏损,公司资金周转紧张,银行融资规模不断扩大,并涉及民间高息借款。

根据预警信号核实情况,经办行及时采取了有效的风险化解措施。

(资料来源:节选改编自中国教育发展基金会,中国人民银行金融研究所.中国小额信贷案例选编[M].北京:中国市场出版社,2009.)

(二) 贷后检查的时间

不同小额信贷机构对贷后检查时间的规定各不相同。

非现场检查,如征信记录、财务信息、税费缴纳记录等资料的收集、更新和核查,以及还款情况的跟踪确认,通常作为贷后风险预警的日常工作周期性地进行。

而现场检查,按照时间来分,通常有首次检查、定期(间隔期)检查和不定期(特殊事项)检查(见图4-12)。

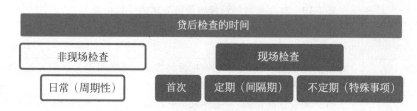

图 4-12　贷后检查的时间

（1）首次检查。根据贷款对象和期限的不同，小额信贷机构对首次现场检查的时间通常要求在放款后一周内、一月内，或半年内不等。

（2）定期检查。根据贷款对象和期限的不同，小额信贷机构对定期现场检查通常要求每月一次、每季一次、每半年一次，或每一年一次不等。对于大额、潜在风险较大或已违约（欠息、逾期等）的贷款，应适当提高定期现场检查的频率。

（3）不定期检查。不定期现场检查主要是针对非现场检查中已发现的预警信号，或特定事件，如因媒体报道或举报而得知的风险情况，进行重点检查。

（三）贷后特殊事项检查

在与贷前调查相似的检查事项外，贷后检查人员还应做好资金用途、抵（质）押物等的跟踪检查，并在贷款回收之前做好必要的预控检查。

1. 借款人资金用途的跟踪检查

贷后检查人员应在贷款发放后一定时间内，重点跟踪贷款资金的流向和流量，判断其是否真实，是否符合借款合同的规定，用于质押的银行承兑汇票、信用证是否有真实的贸易背景，以及借款人资金回笼的情况和还款情况，判断借款人的偿债能力和意愿是否发生了变化。

资金跟踪检查主要从借款人的以下资料入手。

（1）贷款支付凭证。

（2）账户资金划付记录。

（3）有关合同及附件。

（4）相关交易单证。

（5）用款计划。

经查资金流向与贷款申请不一致时，应要求客户补充与贷款流向一致的相关证明文本。对企业同户名划转应密切关注，了解划转后真实资金流向。

2. 抵（质）押物的跟踪检查

贷后检查人员应定期或不定期跟踪抵（质）押物的情况，包括：

（1）市场价值变化。

（2）仓储管理的完善程度。

（3）是否变质、接近或已过保质期。

（4）仓储物与实际质押物内容和数量是否相符。

（5）占有、使用、转让、出租及其他处置行为，是否未经许可被变卖。

（6）中途经借贷双方协商变换抵（质）押物后，价值、质量是否降低。

表 4-19 是对几类抵（质）押物价值变化的贷后检查。

表 4-19 对几类抵(质)押物价值变化的贷后检查

房产类	每次实地检查时,应仔细察看抵押物状态;物业用于出租的,应了解其租金变化情况
土地类	每次实地检查时,应仔细察看抵押物状态;土地用于开发的,应了解工程进展;土地用于储备的,应了解周边市政建设情况
股权类	上市公司股权质押的,应定期从证券市场了解股票市场价格变化;非上市公司股权质押的,应定期了解股权所属公司经营情况、净资产变化情况、股权稀释情况,并与贷款发放时进行对比
机器设备类	每次实地检查时,应仔细察看抵押物状态,了解其净值变化情况;有条件的,还应了解其市值情况
仓单质押、动产质押类	根据专业价格信息网站、区域公开市场、厂家报价等渠道获取价格信息资料

拓展阅读 4-12 贷后跟踪的注意事项

1) 整改情况的后续跟踪

当小额信贷机构在贷后检查中,针对客户的某些风险,要求客户采取防范和处理风险的相关整改措施的,贷后检查人员还应后续对措施的落实情况进行跟踪检查。

2) 分次发放贷款的流向跟踪

若为分次发放贷款的,应在每次贷款发放之后的一定时间内,都对资金的流向做好跟踪。

3) 对汽车合格证质押贷款的检查

汽车经销商常使用汽车合格证获取质押贷款。在这种情况下,贷后检查人员要经常检查汽车合格证与实物汽车,以及车架号码、发动机号码等是否匹配。

3. 贷款到期前回收预控检查

在贷款到期前的一定时间内,应对其进行检查,确认借款人的还款意愿及还款资金的落实情况,对其能否按期足额还款作出预计,以便信贷机构对可能无法足额及时回收的贷款采取必要的应对措施。

在贷款即将到期时,应检查借款人的账户有无足够的还款资金,对无足够资金的应要求借款人落实还款资金来源。

(四)撰写贷后检查报告

贷款检查完毕后,贷后检查人员都应根据检查内容做好登记记录。贷后检查报告要真实可用,对贷款情况进行分析并提出意见,并报送有关管理人员提供决策参考。

表 4-20 是某小额信贷机构贷后检查表。

表 4-20 某小额信贷机构贷后检查表

检查日期:				金额单位:万元
客户名称				
贷款金额		贷款发放日		贷款到期日
贷款用途				担保方式
实际贷款用途(贷款资金出账方式、用途、去向)				

续表

限制性条款落实情况

担保落实情况

有无其他风险因素

风险综合评价、主要问题及处理建议

客户经理签字：

业务部门负责人意见

业务部门负责人签字：

拓展阅读4-13　某农村信用合作联社的贷后检查报告

关于对×××贷款贷后检查情况的报告

××农村信用合作联社：

　　现根据《中华人民共和国担保法》《××省农村信用社贷款业务操作规程(试行)的通知》《××县农村信用社贷款管理操作规程》等有关规定，对借款人使用贷款的用途，抵押物及担保人情况，贷款本金及利息按时偿还情况，借款人经营及管理情况，信贷档案资料的真实性、完整性和贷款风险状况进行分析，为了确保信用社资金正确使用，防止出现违规行为，××县农村信用合作联社信贷管理人员于××××年××月××日对×××申请××××贷款资金运作情况开展了一次贷后检查。现将检查结果报告如下：

1) 基本情况

　　莫某某，男，已婚，现年56岁，从事个体经营养殖业，身份证号为45×××××××××××××××8，是广西桂平市××镇××路1号人，家庭人口5人，其中劳动力4人。

　　为增加收入，借款申请人莫某某投资经营生猪养殖场，于2008年7月21日经营桂平市××镇××养殖场并办理了个体工商户营业执照。注册号：4×××××××8，经营场所位于××镇××村，占地30多亩，现有猪舍5 000多平方米，现存母猪100多头，中猪1 500头，小猪500多头，经营范围是肉猪养殖、销售。现因扩大经营在原有养殖场旁接手承包原经营养殖场主覃某某的桂平市××镇××养殖场，生产经营规模需增加投入210万元，莫某某自筹资金65万元，尚欠承包猪场、购买猪苗费用145万元资金缺口，故向我社申请抵押贷款145万元。

2) 借款人经营情况

　　借款申请人莫某某从事个体经营，经营项目涉及多个方面，家庭收入较为可观：儿子、儿媳在南宁市××区××大道经营汽车配件，年纯收入超过25万元，目前借款人投资扩大生猪养殖场，预测年纯收入可达30万元，第一还款来源充分。

3) 抵押担保情况

莫某某申请该笔贷款提供的抵押物为莫某某夫妻权属所有的房屋一栋和莫某某本人自有权属的商品房一套、车库一个。房屋属住宅天地楼,坐落于桂平市××镇××村1,3大队,房屋占地面积为59.52平方米,国有土地使用权证号:浔国用(××××)字第××××号,房屋占地面积为358.36平方米,房屋产权证号:浔房权证字第××××号。经广西旗开房地产评估有限公司和我社信贷人员评估,价值分别为44.19万元和119.07万元。作为莫某某向我社申请145万元贷款的抵押物,抵押率49.77%,没有超出上级要求比例上限。抵押物合法、有效、足值,变现能力强。第二还款来源有保障。

4) 信贷调查情况

该笔贷款的贷前调查、审查、审批、发放均严格按照贷款程序办理。经检查目前未发现有挤占、挪用情况发生。贷款资金到位后,借款人生产规模明显扩大。抵押物足值、合法有效。借款人第二还款来源有保障。因此信贷部门要加强对其经营、财务情况及时了解、掌握,确保贷款安全。

(资料来源:节选改编自黄兰.贷后检查情况报告写作一例[J].文摘版:经济管理,2015(10):230-230.)

三、识别贷后风险预警信号

(一) 贷后风险预警的法律法规

《商业银行授信工作尽职指引》[①]中关于贷后风险预警的规定如下:

第四十一条 商业银行授信实施后,应对所有可能影响还款的因素进行持续监测,并形成书面监测报告。重点监测以下内容:

(1) 客户是否按约定用途使用授信,是否诚实地全面履行合同。
(2) 授信项目是否正常进行。
(3) 客户的法律地位是否发生变化。
(4) 客户的财务状况是否发生变化。
(5) 授信的偿还情况。
(6) 抵押品可获得情况和质量、价值等情况。

第四十二条 商业银行应严格按照风险管理的原则,对已实施授信进行准确分类,并建立客户情况变化报告制度。

第四十三条 商业银行应通过非现场和现场检查,及时发现授信主体的潜在风险并发出预警风险提示。风险提示参见《附录》中的"预警信号风险提示",授信工作人员应及时对授信情况进行分析,发现客户违约时应及时制止并采取补救措施。

(二) 贷后风险预警系统

一笔贷款在出现损失之前,往往会提前发出一些预警信号。有效监测和分析这些早期预警信号,有助于小额信贷机构及时发现、预防和控制风险,降低贷款损失。

小额信贷机构可以通过一套动态化、系统化的机制实现贷后风险的预警,即贷后风险预警系统(post-lending risk early warning system):信贷人员定期或不定期地对风险信息

---

① 资料来源:节选改编自商业银行授信工作尽职指引[Z].银监发[2004]51号。

进行收集，运用定量和定性的方法对其进行分析，在贷款发生损失之前识别和重估风险，并采取必要措施进行处理。

贷后风险预警要求持续监测借款人的重要风险点，并对可能严重影响贷款安全的重要风险点及时提出风险防范与控制的措施。这些重要风险点包括在贷前调查阶段与贷中审查阶段已经识别出来的，也包括在这两个阶段没有识别出来而在贷后管理中识别出来的，还包括贷款使用过程中因借款人生产经营环境等因素的变化而产生的新的重要风险点。

贷后风险预警一般可分为收集风险信息、分析风险、处置风险、贷后评价四个步骤（见图4-13）：

图4-13　贷后风险预警的步骤

1. 收集风险信息

贷后管理人员从信贷机构内外部收集与一笔贷款信用风险相关的信息，将其记录下来或录入相关的风险预警分析系统中。贷后检查是收集贷后风险信息最主要的手段。

1）收集风险信息的渠道

信贷风险相关的信息可通过多元的渠道进行收集，小额信贷机构可以与工商、税务、产权登记、法院等部门进行日常信息互通，从自动化信息中获取；还可以建立机构内部的信息共享机制，使信贷业务和风险管理部门能随时通过财务部门跟踪借款人的还款情况、现金流等信息。

2）贷后主要关注的风险

贷后管理要关注企业法人结构、企业经营状况、抵押质押物及外部市场等几个方面的风险，具体如下：

（1）借款人或担保人的经营环境、经营状况或财务状况发生恶化或显著变化；若为小组联保贷款，成员是否发生重大变动。

（2）授信（工程）项目未能正常进行。

（3）借款人未按约定用途使用贷款，未能诚实地全面履行合同。

（4）还款资金来源与借款目的不同，与借款人主营业务无关。

（5）借款人未按期还款或无法偿还其他外债。

（6）借款人还款意愿降低，与信贷机构的合作态度发生转变。

（7）担保人担保意愿发生变化，与借款人之间的关系发生变化，试图撤销或更改担保。

（8）抵（质）押物价值贬损，未受到妥善保管，被擅自变卖或处置，相关保险或凭证到期。

（9）新法律、法规实施使借款合同及相关合同存在法律方面的缺陷和问题。

（10）贷款手续及信贷档案不齐全，重要文件或凭证遗失，对债权实现产生实质影响。

（11）对无财务报表的小额信贷借款人，如个体工商户等，贷后风险预警的关键指标是客户的现金流（银行流水等）。

3）风险案例

案例4-3　企业厂房长期空置形成不良贷款

西安浦发银行某支行于2005年2月，以某有限公司信誉为依据，向某企业发放一笔信用贷款,期限2年,到期日为2007年2月,根据银行调查,该企业贷款所建设的厂房原拟引进某集团入驻,房租是企业的主要还款来源。但实际上这一集团由于各种原因未能入驻,使该企业兴建的厂房长期空置,而企业本身基本上又未开展其他经营活动。目前,企业的办公场所对外租赁,常驻人员只有2名会计,除此之外,企业基本无其他经营活动。资金被该企业挪作他用,贷款到期无力偿还从而形成不良贷款。

(资料来源:节选改编自阎敏.银行信贷风险管理案例分析[M].北京:清华大学出版社,2015.)

案例4-4 法人结构缺陷引发的贷后风险

A公司是2005年4月成立的民营企业,主营果蔬、肉类加工、存储、销售。A公司2008年被昌吉回族自治州支行评为A级信用企业。2008年5月A公司与该支行建立信贷关系,该支行对其发放小企业农业短期贷款150万元,期限10个月,于2013年3月到期,采用保证担保借款方式,由B公司提供保证担保。至2012年11月末企业资产1 914万元,负债720万元,其中短期贷款690万元,资产负债37.62%,2012年1—11月累计销售收入1 238万元,净利润123万元。

2012年12月10日,A公司法人代表葛某4人参与一起殴打致人死亡案件,被公安机关羁押进行调查取证。受此事影响,公司处于停产状态,销售贷款不能及时回笼,改行贷款150万元面临风险。

(资料来源:节选改编自阎敏.银行信贷风险管理案例分析[M].北京:清华大学出版社,2015.)

2. 分析风险

小额信贷机构根据过往经验及相关规定,事先设定好一套风险预测系统或预警指标体系,贷后管理人员能够据此对收集到的风险信息进行分析,判断风险的严重程度,并对贷款做风险分类,发出警报。

针对信贷风险的预警信号,贷后管理人员要及时分析风险形成的原因,提出风险解决方案,或对原有风险化解方案的效果进行分析,提出新的方案建议等。

1) 贷后风险预警指标体系

贷后风险预警建立在信贷风险评估的原理和框架的基础之上,尤其要关注一笔贷款风险信息在贷后发生的变化。风险预警可使用的工具和机制多种多样,既有定性分析也有定量分析,既有单变量分析也有多变量分析,既有主观分析也有统计分析。随着信息技术的发展,贷后风险预警呈现动态化和量化的趋势。

合理选择预警指标是建立科学预警体系的关键。好的风险预警指标体系能够充分反映贷款的风险,并能随外部环境、借款人以及小额信贷机构自身的变化做相应调整,也要能兼顾效率,抓住重点,不一味求多。

表4-21是常见的小额信贷机构的贷后风险预警指标体系。

表4-21 小额信贷机构的贷后风险预警指标体系

序号	指标名称	预警区域
	定量指标	
1	主营业务收入利润率	
2	营业利润比重	
3	主营业务收入增长率与应收账款增长率比较分析	

续表

序号	指标名称	预警区域
4	应收账款周转率	
5	净资产收益率	
6	现金流量结构分析	
7	资产负债率	
8	流动比率	
9	速动比率	
10	存货周转次数	
11	盈利现金比率	
12	强制性现金支付比率	
13	资产关联方占有率	
14	关联业务收入(成本)比率	
15	投入产出比率	
16	项目投资进度完成率	
17	长期股权投资比率	
18	投资收益率	
定性指标		
19	重大承诺事项	存在未履行承诺事项的情况
20	股权变动	大股东、控股股东发生变化
21	管理层变动	涉嫌贪污、诈骗、走私等经济犯罪行为,变动频繁
22	变更会计师事务所	变更原因披露不详细
23	抵押担保事项	为股东担保、无反担保等防范措施

小额信贷机构还可根据贷款风险的大小和危害程度,设定不同级别的预警(见表4-22),并采取与之相匹配的处置方式。

表4-22 分级预警示例

预警信号	待定预警	严重预警
贷款逾期	逾期>15天	逾期>30天
抵押品损毁或灭失		价值减少>30%
产品合格率	<85%	<60%
到期还款困难	—	申请延期或不能还款
拖欠员工工资	拖欠>30天	拖欠>60天
遭遇灾难	60天内恢复	60天内不能恢复

(资料来源:节选改编自黄武.小额贷款评估技术与风险控制[M].北京:中国金融出版社,2013.)

2) 风险预警报告

贷后管理人员在贷后检查和风险分析过程中,若发现可疑及重大风险预警信号,应在贷后检查报告以外,专门针对风险事项撰写"风险预警报告",及时向管理层或贷后管理部门等反映,制定风险化解措施。

以下为中国农业发展银行商业性贷款风险预警工作指引(节选)。

第十五条　发现警示性风险信号要适时报告。报告路径分横向和纵向两种。

(1) 横向报告主要是指客户经理在贷后管理和监测贷款风险中,发现有危及银行贷款安全的警示性信号时,要立即向本行信贷管理部门、风险管理部门和行领导报告。

(2) 纵向报告主要是指各行客户部门要根据贷款风险预警信号的风险程度酌情向上级客户部门报告,风险管理部门要根据设置的风险控制指标变化情况,分析预报贷款风险发生和变化的可能性,撰写信贷风险监测预警报告,向上级行风险管理部门报告。

第十六条　信贷风险预警报告内容包括风险预警具体内容及出现风险信号的原因,以及采取的措施等。

第十七条　报告的形式分为一般性报告和专题报告。

(1) 对贷款安全影响比较小的轻度警示性信号实行一般性报告,可实行月报方式报告,或在每月贷款质量分析报告中专题分析。

(2) 客户经理或风险管理部门在贷款风险监测预警中,发现对贷款安全影响比较大的严重警示性信号后,要专题撰写贷款风险预警书面材料予以报告。

第十八条　对重大事项或重大紧急风险信号要随时报告,应在第一时间报告本行领导和上级行,正式书面专题材料要在次日报告。

第十九条　客户经理将风险信号向本行客户部门、风险管理部门和行领导报告后,发现本行采取处置措施不力的,要立即向上级行客户部门和风险管理部门直接报告。风险管理部门将风险信号向本行领导和上级行风险管理部门报告后,发现采取处置措施不力的,可直接向上级行领导汇报或直接向总行风险管理部报告。

3. 处置风险

根据风险警报报告,贷后管理人员对贷款采取必要的应对措施,尽可能降低风险可能造成的损失。同时,要关注风险的变化,要能及时调整借款人的信用等级、关注程度和策略计划等。

贷后风险预警的处置措施有以下几点。

1) 加强与借款人之间的沟通

例如,贷款发放后,贷后管理人员可及时与借款人电话联系,向其介绍贷款的有关情况,包括贷款发放日期、贷款划入的账户、首次还款日等;通知其在约定的还款日将贷款本息足额存入指定扣款账户,并核对其联系地址、电话等。

2) 加强抵(质)押物的管理

(1) 抵(质)押物价值管理。若发现抵(质)押物价值非正常减少,应及时查明原因,采取有效措施;若发现抵押人的行为将造成抵押物价值的减少,应要求抵押人立即停止其行为。

(2) 抵押物转让受偿。根据抵押合同的相关条款,确保抵押人只在小额信贷机构允许的情况下对抵押物进行转让和处置,并以所获价款优先偿还欠小额信贷机构的债务。

(3) 抵(质)押物保险受偿。根据抵(质)押合同的相关条款,确保在抵(质)押物出险时所得赔偿金(包括保险金和损害赔偿金)优先偿还欠小额信贷机构的债务;对于抵(质)押物出险后所得赔偿数额不足清偿的部分,要求借款人提供新的担保。

(4) 质押物保管。质押物通常由小额信贷机构或第三方管理机构进行管理,要防范质物管理不当,如质物没有登记、交换、保管手续等而造成的丢失或其他损失。质押证件要作为重要有价单证归类保管,一般不应出借。如要出借,必须严格审查出质人借出是否合理,有无欺诈嫌疑;借出的质物,能背书的要注明"此权利凭证(财产)已质押在×小额信贷机构,×年×月×日前不得撤销此质押",或者以书面形式通知登记部门或托管方"×质押凭证已从×小额信贷机构借出,仅作×用途使用,不得撤销原质权",并取得其书面收据以作证明。

3) 对风险贷款加强观察和管理

对于已触发风险预警的贷款,要将其列入重点观察名单,调整借款人信用等级和贷款的风险分类,加强对借款人和担保人的观察与管理,具体要做好以下几点。

(1) 及时联系借款人和担保人,了解客户,掌握贷款的实际情况。

(2) 对某些有较大潜在或现实风险的贷款,应由小额信贷机构的领导层参与贷后检查。

(3) 对借款人结算账户和保证金账户进行监控(如借款人收入进入账户的比例、账户内资金平均存量等),必要时申请冻结借款人的结算账户。

(4) 对偿债能力和意愿较弱的借款人,可利用小额信贷机构的资源提供一定的协助或施压,但切忌空洞的许诺和无谓的威胁。

4) 对风险贷款变更贷款方案/授信条件

对于风险贷款,可根据风险的程度不同与借款人协调改变贷款方案,变更授信条件,例如:

(1) 调整授信额度。

(2) 要求追加担保物或保证人。

(3) 要求担保人提前履行担保责任。

(4) 根据合同停止贷款资金的发放和支付。

(5) 与客户协商提前收回已发放贷款;协商不成,收集提前收回贷款的合同证据,使相关贷后管理人员能依法提前收回贷款。

(6) 解除借款合同。

拓展阅读 4-14 《商业银行授信工作尽职指引》(节选)

第四十四条 商业银行应根据客户偿还能力和现金流量,对客户授信进行调整,包括展期,增加或缩减授信,要求借款人提前还款,并决定是否将该笔授信列入观察名单或划入问题授信。

(资料来源:节选改编自商业银行授信工作尽职指引[Z].银监发〔2004〕51号.)

5) 针对借款人用款不当等违约行为

借款人违约使用贷款或有其他违约情况时,根据情节轻重,小额信贷机构可以做如下处理。

(1) 若贷款用途变更为生产经营或消费等合理用途,且风险不高,可以仅对借款人提出警告,向借款人声明再犯的后果。

(2) 要求借款人限期纠正违约行为。

(3) 暂停借款人用款。

(4) 根据合同约定提前终止合同,收回贷款。

(5) 必要时追究违约责任。

6) 针对一时无法化解的风险

对于贷后管理人员一时无法化解和处置的风险,应及时报告小额信贷机构的管理层或上级机关,介入风险的认定和处置,并调整贷款风险分类,真实反映贷款的质量,将符合不良贷款条件的贷款纳入不良贷款管理。

拓展阅读 4-15 贷后的其他监控与监控

1) 对于涉外贷款的监控和管理

对于法人代表持有外国护照或拥有外国永久居住权的,其拥有的企业、公司在国外有分支机构的,其家庭主要成员在国外定居或者在国外开办公司的民营或外商合资、独资企业贷款,要特别关注法人代表出国及企业的资金往来情况,防止将资金转移到国外或资金用途不明的转账行为,防止借款人携款潜逃。一旦出现这些迹象,要及时制止。

2) 信贷合同不利条款的补救

在贷后检查中若发现信贷主合同或担保合同的条款不利于保护小额信贷机构权益或者存在漏洞的,要采取必要的补救措施,或者与当事人协商变更合同条款或重签合同。

4. 贷后评价

通过一轮风险的预警和处置,对风险预警系统自身的有效性进行检验和反馈,从而使预警系统得到修正和改良。

四、划分贷款质量

(一) 贷款质量

贷款质量(loan quality)是信贷机构贷款资产的优劣程度,其最核心的评判依据就是贷款被及时、足额偿还的可能性。根据央行发布的《贷款风险分类指导原则》(2001),按照风险程度可将贷款划分为不同档次,分别为正常、关注、次级、可疑、损失五类;后三类合称为不良贷款(non-performing loans)。

做好贷款的风险分类,有利于信贷机构对不同贷款采取有针对性的管理方式和风险应对措施。图 4-14 所示为贷款的五级分类图。

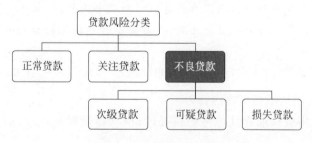

图 4-14 贷款的五级分类

信贷机构应按照规定的标准和程序对贷款资产进行分类。贷款风险分类一般先进行定量分类,即先根据借款人连续违约次(期)数进行分类,再进行定性分类,即根据借款人违约性质和贷款风险程度对定量分类结果进行必要的修正与调整。一笔贷款只能属于一种贷款类别。表 4-23 列举了五类贷款的主要特征。

表 4-23 五类贷款的主要特征

正常贷款	借款人能够履行合同,没有足够理由怀疑贷款本息不能按时足额偿还
关注贷款	尽管借款人目前有能力偿还贷款本息,但存在一些可能对偿还贷款本息产生不利影响的因素
次级贷款	借款人的还款能力出现明显问题,依靠其正常收入已无法保证足额偿还贷款本息,需要通过出售、变卖资产,对外借款,保证人、保险人履行保证、保险责任或处理抵(质)押物才能归还全部贷款本息
可疑贷款	借款人无法足额偿还贷款本息,信贷机构已经要求借款人及有关责任人履行保证、保险责任,处置抵(质)押物,预计贷款可能发生一定损失,但损失金额尚不能确定
损失贷款	借款人无力偿还贷款,在采取所有可能的措施或一切必要的法律程序之后,本息仍然无法收回,或只能收回极少部分

(二)贷款分类的判定

(1)正常贷款:在所有贷款分类中,被判定为正常贷款的,所需判断的因素最多,过程最长。因为,只有对影响贷款偿还的各种因素进行分析之后,才能确定某贷款确实没有问题,确实能够偿还,而且没有任何潜在的影响因素,确实为正常类贷款。

(2)关注贷款:如果一笔贷款仅仅是贷款信息或信贷档案存在缺陷,且这种缺陷对于还款不构成实质性影响,则不应被归为关注类。任何贷款都有风险,只有当贷款的风险增大到一定程度,产生了潜在缺陷,才能归为关注类贷款。

(3)次级贷款:贷款已有明显缺陷,正常经营收入不足以偿还贷款,需要诉诸担保等补偿措施,只要缺陷不弥补,信贷机构便有损失的可能。

(4)可疑贷款:贷款肯定要发生一定的损失,但由于存在借款人重组、兼并、合并等待定因素,损失金额尚不能确定。贷款分类时,要注意可疑贷款的以下两个特点:一是可疑贷款具有次级贷款的全部缺陷,且贷款的完全清偿是非常值得怀疑或是不可能的,即使执行担保等补偿措施,贷款本息仍然无法足额偿还;二是虽然损失的可能性极大,但因为存在一些可能有利或不利于贷款归还的待定因素,要等到情况更确定时才能把贷款归为次级类或损失类贷款。

(5)损失贷款:确定借款人在执行担保等补偿措施之后仍无法清偿贷款,或者借款人死亡、宣告失踪或死亡,而以其财产或遗产偿债仍无法还清的贷款。损失类贷款并不意味着毫无回收价值。

活动拓展 4-16

请查阅并熟悉中国人民银行颁发的《贷款风险分类指导原则》(2001)中的相关规定。

五、回收贷款

(一)贷款回收的法律法规

《贷款通则》第三十二条贷款归还规定如下:

借款人应当按照借款合同规定按时足额归还贷款本息;

贷款人在短期贷款到期三个星期之前、中长期贷款到期 1 个月之前,应当向借款人发送还本付息通知单;借款人应当及时筹备资金,按期还本付息。

贷款人对逾期的贷款要及时发出催收通知单,做好逾期贷款本息的催收工作。

贷款人对不能按借款合同约定期限归还的贷款,应当按规定加罚利息;对不能归还或者不能落实还本付息事宜的,应当督促归还或者依法起诉。

借款人提前归还贷款,应当与贷款人协商。

从小额信贷机构的角度,贷款回收(loan collection)便是其按照借款合同收回贷款本息的过程。正常情况下,小额信贷机构收回贷款并取得相应的利息收入,为发放新的贷款提供了资金来源,从而形成信贷经营的良性循环。

(二)贷款回收的步骤

贷款回收要经过以下步骤:

1. 还款提示

为了确保贷款的归还,小额信贷机构的业务人员或贷款管理责任人员应在贷款到期前的一定时间,向借款人发送"还款通知/贷款到期通知"(根据不同信贷机构规定,通过书面、电话或短信等发送),提示借款人安排好资金,按期还本付息,并取得借款人的回执确认。

还款通知单应包括的内容有:

(1)贷款项目名称或其他标志。
(2)还本付息的日期(信贷机构执行扣款的日期)。
(3)当前贷款余额。
(4)本次还本金额和付息金额。
(5)利率。
(6)计息天数。
(7)计息基础。

……

此外,借款人还本付息应避免业务人员直接收取现金,特殊情况应征得小额信贷机构上级的同意。

2. 正常回收

正常回收是指借款人根据合同约定的还款时间按期偿还贷款本息。

图 4-15 是收回贷款时的工作内容:

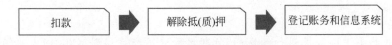

图 4-15　收回贷款时的工作内容

1)扣款

贷款还款日(包括分期贷款每期还款日及贷款到期日),借款人提前将资金存入还款账户(或开具还款支票),并填制还款凭证。信贷业务人员应协助借款人办理相关手续,查验客户债务是否结清,将还款凭证递交财务部门,财务部门根据合同约定,办理从指定的还款账户扣收贷款本金和利息的手续。

表 4-24 是某小额贷款公司的贷款还款凭证。

表 4-24　某小额贷款公司的贷款还款凭证

币别：			年　月　日				流水号：						
贷款账号					借款人								
付款账号					开户银行								
金额(大写)				百	十	万	千	百	十	元	角	分	
还款明细				本期止欠款明细									
偿还手续费				应收手续费				单位签章					
偿还违约金				应收违约金									
偿还利息				应收利息									
偿还本金				应收本金									
会计主管：		授权：		复核：			录入：						

第一联：借款人还款回单

使用说明：1. 一式三联：第一联：借款人还款回单
　　　　　　　　　　第二联：贷方凭证
　　　　　　　　　　第三联：业务部门留存
　　　　　2. 用于借款人归还贷款

活动拓展 4-17

同借款借据(凭证)一样，贷款还款凭证的填写也要遵循一定的规范，请参考借据填写规范及其他相关资料，总结还款凭证的填写要求。

2) 解除抵(质)押

对于已清偿的贷款，信贷业务人员要协助客户解除抵(质)押，包括退还质押物、退还抵(质)押物权利凭证，以及在有关部门办理抵(质)押登记注销手续。

3) 登记账务和信息系统

借款人每次还款后，应在相关业务信息系统、征信系统、贷款台账，以及会计账务上做好记录。

（三）借款合同履行期限的变更

借款合同的变更(contract modification)是在借款合同有效成立后，尚未履行或尚未完全履行以前，当事人就合同的内容达成修改或补充的协议。借款合同的变更主要涉及借款种类、借款用途、数额、利率、期限、还款方式等方面。借款合同当事人对变更内容协商达成一致时，就可以变更借款合同。

以下介绍借款合同履行期限变更的两种方式：一是提前还款；二是贷款展期。

1. 提前还款

根据是否是借款人自愿，提前还款分为两种，处理程序也各有差别。

1) 小额信贷机构要求借款人提前还款

因为客户风险原因触发了信贷合同约定的贷款提前到期事项，小额信贷机构有权要求客户按照信贷合约的条款提前还款。在此情况下，信贷业务人员应提报小额信贷机构的相关管理人员审批同意，向借款人和担保人发出"贷款提前到期通知"，限期提前还款。

2) 借款人主动提前还款

借款人希望改变贷款协议规定的还款计划，提前偿还全部或部分贷款时，要经过以下流程。

（1）借款人提交申请。由于提前还款会打乱小额信贷机构原有的工作和资金安排，借款人应在还款日前一定天数（具体天数依照信贷机构的规定）向小额信贷机构提出提前还款申请，申请中要列明提前还款的本金金额。

（2）信贷业务人员审查。信贷业务人员应审查借款人是否具备提前还款的条件，如借款人是否已经还清提前还款日之前所有的到期贷款本息，是否同意向小额信贷机构支付损失赔偿金，提前归还部分贷款的还款金额是否符合最低额度要求等，并提出是否同意提前还款的审查意见。

（3）有权审批人员审批。有权审批人员对提前还款申请提出审批意见。

（4）决策的告知。经审批同意提前还款的，信贷业务人员应通知借款人办理提前还款手续，已批准的提前还款申请应是不可撤销的，借款人有义务据此提前还款；不同意提前还款的，信贷业务人员要对借款人做好解释工作。

拓展阅读 4-16　提前还款的注意事项

1）提前还款的利息计算

《合同法》规定：借款人提前偿还借款的，除当事人另有约定的以外，应当按照实际借款的期间计算利息。

2）提前还款程序的提前告知

在发放贷款时，便要告知客户如果提前还款的话，应提早告知小额信贷机构。

3）提前还款时对抵（质）押的解除

对于全额提前还款的，其还款手续的处理按正常还款手续办理。

对于提前归还部分贷款的，若不涉及解除部分抵（质）押权的，可按正常还款手续办理。若涉及解除部分抵（质）押权的，在客户按提前还款手续归还部分本金后，还应办理部分解除抵（质）押权手续。

（资料来源：节选改编自贷款通则[Z].中国人民银行令〔1996〕第 2 号.）

2. 贷款展期

贷款展期（loan extension）是指借款人在向贷款人申请获得批准的情况下，延期偿还贷款的行为。

《贷款通则》第十二条贷款展期规定，不能按期归还贷款的，借款人应当在贷款到期日之前，向贷款人申请贷款展期。是否展期由贷款人决定。申请保证贷款、抵押贷款、质押贷款展期的，还应当由保证人、抵押人、出质人出具同意的书面证明。已有约定的，按照约定执行。

短期贷款展期期限累计不得超过原贷款期限；中期贷款展期期限累计不得超过原贷款期限的一半；长期贷款展期期限累计不得超过 3 年。国家另有规定者除外。借款人未申请展期或申请展期未得到批准的，其贷款从到期日次日起，转入逾期贷款账户。

贷款展期的办理流程如下所示。

1）借款人提交申请

同提前还款一样，贷款展期也打乱了小额信贷机构原有的工作和资金安排，因此，借款人应提前一定天数（具体天数依照信贷机构的规定）提出申请。并提供有权决议机关的相关决议文件或其他有效的授权文件。

贷款展期申请书应包括的内容有：展期理由；展期期限；展期后的还本付息以及付费计划；拟采取的补救措施……

若为担保贷款，展期申请还需获得相关保证人和抵（质）押人同意，出具相关书面证明或直接在展期申请书上签署"同意展期"的意见并签字。由于贷款延期导致原担保事项发生变更的，还应办理必要的担保变更和抵（质）押变更登记手续。若未做以上处理，则可能导致贷款担保在展期期间失效。

2）贷款展期调查、审查、审批

同贷前程序类似，小额信贷业务人员应对借款人的展期原因、展期贷款条件（金额、期限等），以及借款人的偿债能力和偿债意愿进行调查评估，并经审查和审批的流程。

要注意的是，由于贷款展期本身就说明借款人还款可能出现问题，所以贷款的风险已然加大了。

对于担保贷款，信贷机构应重新确认担保资格和担保能力等，担保金额为借款人在整个贷款期内应偿还的本息和费用之和，包括因贷款展期而增加的利息费用。保证合同的期限因借款人还款期限的延长而延长至全部贷款本息、费用还清为止。

3）签订贷款展期协议

在办理展期时应由小额信贷机构和借款人重新确定有关贷款条件，贷款展期不得低于原贷款条件。经信贷机构审批同意展期后，信贷机构、借款人、担保人应在原贷款到期前，签订《贷款展期协议书》，不得直接改动原借款合同和借据。

根据《贷款通则》，贷款的展期期限加上原期限达到新的利率期限档次时，从展期之日起，贷款利息按新的期限档次利率计收。

4）展期后贷款的风险管理

因为展期贷款所体现出的还款问题，展期贷款通常应列入关注类贷款进行管理。小额信贷机构应按照展期后的还款计划，向借款人发送还本付息通知单，督促借款人按时还本付息。

5）借新还旧

借新还旧是信贷机构在一笔贷款到期（含展期后到期）后不能按时收回，又重新发放贷款用于归还部分或全部原贷款的行为。

同贷款展期一样，借新还旧也反映借款人出现了还款困难而使贷款处于风险状态，信贷机构对借新还旧也要给予额外关注。

一般来说，小额信贷机构不应允许借新还旧重新设置贷款，因为它掩盖了小额信贷的真实风险。但是，在遇到特殊情况时又不得不使用这种形式。例如，在遇到不可抗拒的自然灾害时，为了使借款人恢复生产，最终能还款，有时就需要再贷一笔新贷款支持他或允许他暂缓还款。这些措施实质上也是为了保护贷款的安全性。

活动拓展 4-18

请搜索查阅《提前还款申请书》《贷款展期申请书》的模板或示例。

六、管理不良贷款

（一）认知不良贷款管理

回顾贷款的五级分类，不良贷款是次级贷款、可疑贷款和损失贷款的合称。不良贷款也叫作非正常贷款或有问题贷款，是指借款人未能按原定的贷款协议按时偿还贷款本息，或者已有迹象表明借款人不可能按原定的贷款协议按时偿还贷款本息的贷款。

小额信贷机构应做好不良贷款管理，使不良贷款损失最小化。不良贷款管理工作通常由风险管理部门主导负责，包括四个主要方面。

（1）做好债权维护，为不良贷款清收措施的执行提供基础保障。贷后管理人员主要应从以下方面认真维护债权。

① 妥善保管好能够证明主债权与担保债权客观存在的档案资料，例如借款合同、借据、担保合同、抵（质）押登记证明等。

② 确保相关的权利处于有效期间，如债权不超过诉讼时效、保证责任期间，不超过生效判决的申请执行期限。

③ 清查借款人的偿债资产，防止借款人隐匿或转移资产，或以其他方式逃废债务。

（2）认定和登记不良贷款，做好不良贷款的检查、分类、监测和分析。

（3）对已归入不良贷款的加强监控预警和清收力度，对已发风险采取化解措施。

（4）识别、分析和追究不良贷款产生，以及造成损失的原因，并对信贷操作和管理做相应改善。

一笔贷款的逾期，从借款人角度分析是偿债能力和偿债意愿的问题；从信贷机构的角度分析则是操作和管理上的问题，在必要时应加以改善。

拓展阅读 4-17　如何清查企业资产

通过企业借款人工商登记、纳税记录、广告宣传，以及产品销售信息、应收账款信息、资产处置信息等经济往来信息，可以发现借款人的财产线索。

小额信贷机构应密切关注这些信息，一旦发现企业进账款项或其他有利因素，就能够及时展开不良贷款清收工作。

贷款逾期后，信贷机构不仅要对贷款的本金计收利息，而且对应收未收的利息也要计收复利。

活动拓展 4-19

请搜集资料，描述我国不同地区信贷机构不良贷款的情况。

（二）不良贷款清收

不良贷款清收（recovering non-performing loans）是指不良贷款本息以货币资金形式（现金、银行存款）收回。

清收不良贷款的方式多种多样，小额信贷机构应当根据借款人是否有偿债能力及意愿而灵活运用清收方法，多措并举，勇于创新，根据每笔贷款的具体情况，制订并执行相应的清收方案。

活动拓展 4-20

对于不良贷款，小额信贷机构有时需要寻求不良资产管理公司的协助。请搜集资料，列举几家不良资产管理公司，以及它们的服务对象、内容和方式。

以下介绍主要的不良贷款清收方法：

1. 贷款催收

催收主要是通过说服和施加主观压力的方式促使借款人或担保人偿还债务。对到期尚未归还的本、息,小额信贷机构应做到以下几点。

(1) 发送"逾期贷款催收通知书",分别送达借款人和担保人,通告小额信贷机构可能采取的逾期制裁措施,并取得回执。

(2) 约见客户,督促其落实可行的还款计划。

(3) 必要时,应通知律师向客户发出律师催收函。

活动拓展 4-21

请搜索查阅"逾期贷款催收通知书""担保人履约通知书"的示例,描述其主要内容。

2. 帮助借款人提高偿债能力

对于出现暂时性困难但有良好偿债意愿的借款人,小额信贷机构可以依靠手头资源,助其渡过难关,盘活债权①,来增加贷款偿还的机会。具体可参照如下的方法。

(1) 针对借款人的危机与其进行磋商,查找问题点,合理要求其改变经营规模或经营方向,弥补管理中的不足。

(2) 对于原材料供应或产品销售出现困难的借款人,合理利用小额信贷机构自身的客户资源,对借款人的主要上下游关联企业施加影响,缓解借款人资金运转的困难。

(3) 若借款人自身存在应收账款难以收回的问题,可以帮助其清收应收账款。

(4) 对于资本金不足或筹资成本过高的借款人,可协助其寻找新的低成本融资渠道或增加资本性负债,如协助其争取发行企业债券,或协助其争取与其他客户以合资、合伙经营或联营等形式吸收外部资金还贷。

(5) 若借款人遭受客观不可抗力因素导致暂时性严重损失,但具备偿债能力及意愿,可以为其提供一定数额的新的贷款支持,使其精神得到鼓舞,恢复常规营运,待时机成熟,再逐步收回不良贷款。

3. 债务重组

贷款重组(loan restructuring)是当借款人无力还款但有良好的偿债意愿时,信贷机构与借款人及担保人进行协商,通过对贷款条件做出调整,来维护债权和减少损失。贷款重组是贷款的"软回收",可以协商变更借款人、担保人、借款品种、担保方式、贷款金额、利率、还款期限、还款条件等。

如若借款人不满足以上两点的话,则对贷款进行"硬回收",即资产保全,将贷款及时冻结,避免损失扩大。

对于"软回收"的借款人,需要密切进行关注,等借款人的运作良好,信用恢复正常后,再转为正常贷款;若情况持续恶化,则进行"硬回收"。

对于催收无效的贷款,必要时采取依法诉讼、以物抵债等方式解决不良贷款。

拓展阅读 4-18　宜信的风险缓释策略

宜信高级副总裁朱宇峰在 2014 中国互联网金融创新与发展论坛上说:"针对贷后有一个策略,叫作风险缓释策略。我们相信在未来竞争越来越激烈的情况下,这会是我们业务发展的一根支柱。也就是说有些客户,他还不起钱了,我知道有些小贷公司的一些做法是拼命

---

① 不良贷款盘活是指通过注入资金、债务重组等方式,增强借款人归还贷款本息的可能性,使不良贷款转为正常贷款。

地催,这种做法不能说完全错,但是可以用科学的方法试一试。可以与客户协商,原来贷一万元 12 个月,一个月要还 1 200 元,我们看到他还不起,他有还款意愿的时候怎么做?把期限拉成 36 个月,每个月还 800 元,也许这样的情况下,客户就可以按时还款了。很多情况下我们也需要人性化地对待某些事情,就比如在之前四川、贵州等地发生了地震或者是洪灾,公司采取的策略是主动延续借款,看他是否因为受灾影响到还款能力,我们会为他做延期和展期。"

(资料来源:节选改编自朱宇峰.我们的目标客户集中在长尾[EB/OL]. 和讯网. http://iof.hexun.com/2014-09-27/168915859.html.)

4. 依法追索保证人的连带责任或要求保险人履行保险责任

有关诉讼时效问题,我国《民法通则》第一百三十五条明确规定:向人民法院请求保护民事权利的诉讼时效期间为二年,法律另有规定的除外。第一百三十七条规定:诉讼时效期间从知道或者应当知道权利被侵害时起计算。因此,就一笔保证贷款而言,如果逾期时间超过两年,两年期间借款人未曾归还贷款本息,而贷款银行又未采取其他措施使诉讼时效中断,那么该笔贷款诉讼时效期间已超过,将丧失胜诉权。同样,就保证责任而言,如果保证合同对保证期间有约定,应依约定;如果保证合同未约定或约定不明,则保证责任自主债务履行期届满之日起 6 个月,在上述规定的时间内债权人未要求保证人承担保证责任,保证人免除保证责任。

为借款人提供担保,其本质意义在于借款人不能按规定期限归还贷款时,担保人履行归还贷款本息的义务,以保证借款合同的全面履行和信贷资金的安全性。然而在现实工作中,重视借款人而轻视担保人的现象较为严重,这是一个误区。贷款一旦形成不良,就一定要对借款人与担保人一并追究。当借款人不足以归还贷款时,不能忽略对担保人担保责任的追究,直至贷款本息全部还清。

5. 以资抵贷

以资抵贷是指因债务人(包括借款人和保证人)不能以货币资产足额偿付贷款本息时,银行根据有关法律、法规或与债务人签订以资抵债协议,取得债务人各种有效资产的处置权,以抵偿贷款本息的方式。它是依法保全银行信贷资产的一种特殊形式。

当借款人的经营状况(财务状况)已走下坡,无力以货币资金归还贷款,经深入调查确认后,要果断地采取措施,不可拖延时间,一旦拖延就可能错过有效时机。应立即协商以借款人物品抵顶贷款本息问题。根据是否诉诸法律,向法院提起诉讼,可以将清收划分为常规清收和依法收贷两种。

以资抵贷首先应考虑价值大的物品,如土地使用权、房屋、设备的所有权、出租权或使用权,大宗的产品、商品、材料的所有权或处置权,办公设备、汽车等的所有权和处置权,协商评估作价或由中介机构评估作价后抵顶贷款本息。

1) 以资抵贷的方式

以资抵贷的方式包括以下几种。

(1) 票据兑付或贴现后、有价证券变现后收回不良贷款本息。

(2) 抵贷资产以租赁、拍卖、变卖等方式获取货币收入,冲减不良贷款本息。

(3) 确需自用的抵贷资产,按小额贷款机构购建固定资产管理有关规定办理审批手续后,经折价入账冲减不良贷款本息。

2）抵贷资产的种类

抵贷资产应当是债务人所有或债务人依法享有处分权，并且具有较强变现能力的财产，主要包括以下几类。

（1）动产：包括机器设备、交通运输工具、借款人的原材料、产成品、半成品等。

（2）不动产：包括土地使用权、建筑物及其他附着物等。

（3）无形资产：包括专利权、著作权、期权等。

（4）有价证券：包括股票和债券等。

（5）其他有效资产。

拓展阅读 4-19　诉讼时效

向人民法院申请保护债权的诉讼时效期间通常为两年。诉讼时效一旦届满，人民法院不会强制债务人履行债务，但债务人自愿履行债务的，不受诉讼时效的限制。诉讼时效从债务人应当还款之日起算，但在二年期间届满之前，债权银行提起诉讼、向债务人提出清偿要求或者债务人同意履行债务的，诉讼时效中断；从中断时起，重新计算诉讼时效期间（仍然为二年）。

（资料来源：节选改编自中华人民共和国合同法［Z］. 中华人民共和国主席令〔1999〕第9届第15号.）

6. 依法收贷

广义的依法收贷指银行按规定或约定，通过催收、扣收、处理变卖抵押物，提前收回违约使用的贷款，加罚利息等措施，以及通过仲裁、诉讼等途径依法收贷。

狭义的依法收贷指按照法律、法规的规定，采用仲裁、诉讼等手段清理收回贷款的活动。

能够在依法起诉前，使问题得到解决是最好的选择，既能节省时间，又能节约开支，还不伤害感情。对不能归还或不能落实还本付息事宜的，应督促归还或依法起诉。但在以下情况下，应重点考虑依法收贷的方法。

（1）依法保护债权的时间即将超过诉讼时效期。

（2）以土地使用权、房屋、机器设备所有权进行抵押并登记的贷款逾期时间较长。

（3）借款人死亡或失踪。

（4）反复协商达不成一致。

（5）需冻结、查封、扣押债务人资产及相关物品时。

（6）恶意逃废债务。

依法收贷相对于其他方法而言，应当是最后的方法，选择此方法要权衡利弊，把握时机，务求诉必胜、胜必有结果。

拓展阅读 4-20　法律规定

根据《中华人民共和国民事诉讼法》的相关规定，"对公证机关依法赋予强制执行效力的债权文书，一方当事人不履行的，对方当事人可以向有管辖权的人民法院申请执行，受申请的人民法院应当执行"。这就减少了一些环节和费用，因此，工作实践中一些单位采取了办理公证以取得具有强制执行效力的债权文书的方法。凡经办理公证的贷款出现不良，经信贷员或公证员催收无效后，可以直接转入执行程序，申请法院执行庭依法强行收回贷款。

（资料来源：节选改编自中华人民共和国民事诉讼法［Z］. 中华人民共和国主席令〔2012〕第11届第59号.）

1) 依法收贷的步骤

采取常规清收的手段无效以后,要采取依法收贷的措施。依法收贷的步骤如下:

(1) 提起诉讼。首先向人民法院提起诉讼(或者向仲裁机关申请仲裁),人民法院审理案件,一般应在立案之日起6个月内作出判决。银行如果不服地方人民法院第一审判决的,有权在判决书送达之日起15日内向上一级人民法院提起上诉。

(2) 财产保全①。在起诉前或者起诉后,为了防止债务人转移、隐匿财产,债权银行可以向人民法院申请财产保全。财产保全有两方面作用:一是防止债务人的财产被隐匿、转移或者毁损灭失,保障日后执行顺利进行;二是对债务人财产采取保全措施,影响债务人的生产和经营活动,迫使债务人主动履行义务。但是,申请财产保全也应谨慎,因为一旦申请错误,银行就要赔偿被申请人因有财产保全所遭受的损失。

(3) 申请支付令。对于借贷关系清楚的案件,债权银行也可以不经起诉而直接向人民法院申请支付令。根据我国《民事诉讼法》的规定,债权人请求债务人给付金钱和有价证券,如果债权人和债务人没有其他债务纠纷的,可以向有管辖权的人民法院申请支付令。债务人应当自收到支付令之日起15日内向债权人清偿债务,或者向人民法院提出书面异议。债务人在收到支付令之日起15日内既不提出异议又不履行支付令的,债权人可以向人民法院申请执行。如果借款企业对于债务本身并无争议,而仅仅由于支付能力不足而未能及时归还,申请支付令可达到与起诉同样的效果,但申请支付令所需费用和时间远比起诉少。

(4) 申请强制执行②。对于下列法律文书,债务人必须履行,债务人拒绝履行的,银行可以向人民法院申请执行:①人民法院发生法律效力的判决、裁定和调解书;②依法设立的仲裁机构的裁决;③公证机关依法赋予强制执行效力的债权文书。此外,债务人接到支付令后既不履行债务又不提出异议的,银行也可以向人民法院申请执行。胜诉后债务人自动履行的,则无须申请强制执行。

(5) 申请债务人破产。当债务人不能偿还到期债务而且经营亏损的趋势无法逆转时,应当果断申请对债务人实施破产③。尤其对于有多个债权人的企业,如果其他债权人已经抢先采取了法律行动,例如强制执行债务人的财产,或者债务人开始采取不正当的手段转移财产,此时债权银行应当考虑申请债务人破产,从而达到终止其他强制执行程序、避免债务人非法转移资产的目的。

2) 依法收贷应注意的问题

依法收贷是保证信贷资金安全的有力措施,依法收贷必须与依法放贷及依法管贷结合

---

① 财产保全分为两种:诉前财产保全和诉中财产保全。诉前财产保全是指债权银行因情况紧急,不立即申请财产保全将会使其合法权益受到难以弥补的损失,因而在起诉前向人民法院申请采取财产保全措施;诉中财产保全是指可能因债务人一方的行为或者其他原因,使判决不能执行或者难以执行的案件,人民法院根据债权银行的申请裁定或者在必要时不经申请,自行裁定采取财产保全措施。

② 申请强制执行应当及时进行。2008年4月1日起施行的修正后的《民事诉讼法规定》申请执行的法定期限修订为两年。申请执行期限,从法律文书规定履行期间的最后一日起计算;法律文书规定分期履行的,从规定的每次履行期内的最后一日起计算。

③ 申请企业破产的条件,有关法律规定并不相同。《企业破产法》第二条规定:"企业法人不能清偿到期债务,并且资产不足以清偿全部债务或者明显缺乏清偿能力的,依照本法规定清理债务。"《公司法》第一百八十二条规定:"公司经营管理发生严重困难,继续存续会使股东利益受到重大损失,通过其他途径不能解决的,持有公司全部股东表决权百分之十以上的股东,可以请求人民法院解散公司。"

起来,将信贷工作的全过程纳入依法管理的轨道,使信贷工作置于法律的约束和保护之下。依法收贷中应注意以下几个问题。

(1) 信贷人员应认真学习和掌握法律知识。银行工作人员特别是银行信贷人员应树立法制观念、效益观念、自我保护观念和依法管理贷款的观念。建立和健全各种信贷规章制度,为依法收贷打好坚实的基础。

(2) 要综合运用诉讼手段和非诉讼手段依法收贷。对借款人违约使用的贷款,应主要通过非诉讼手段,以催收等方式督促企业主动归还贷款。只有当非诉讼手段清收无效时,才采用诉讼手段。采用诉讼手段依法收贷,应抓住重点,掌握好诉讼时机,及时起诉,追回贷款。

(3) 既要重视诉讼,更要重视执行。对诉讼的案件,既要认真做好诉讼前和诉讼期的各项工作,以确保胜诉,更要注意执行。诉讼的目的是收回贷款,执行才能使贷款得以收回。因此,对已发生法律效力的司法文书,借款人仍拒不执行的,要及时向人民法院申请强制执行,以确保贷款的收回。

(4) 在依法收贷工作中要区别对待。对那些承认债务,确实由于客观原因,一时没有偿还能力的企业,银行一般不必采取诉讼方式,但应注意催收,避免超出诉讼时效。

拓展阅读 4-21　不良贷款保全

不良贷款保全是指在债权或第二还款来源已部分或全部丧失的情况下,重新落实债权或第二还款来源。保全的标准为:

(1) 原悬空或有法律纠纷的贷款重新落实了合格的承贷主体。

(2) 原担保手续不符合法律法规的贷款或原不符合条件的信用贷款重新办理了合法有效的担保手续。

(3) 已失去诉讼时效的贷款重新恢复了诉讼时效。

(资料来源:节选改编自贷款通则[Z].中国人民银行令〔1996〕第 2 号.)

7. 不良贷款催收技巧

不良贷款催收有以下几个技巧。

1) 主动出击法

主动出击法是指责任信贷员主动深入到借款人经营场所了解情况、催收贷款的方法。信贷员应经常深入到自己管辖的客户中研究实际问题。将客户群体分类排队,在"好、中、差"的类别中突出重点开展工作,本着先易后难、先好后差、先小额后大额、先近程后远程、先重点后一般的工作思路,寻找切入点。坚定信心,反复多次地开展工作,并在所到之处一定要签发催收通知书和办理相关合法手续,以达到管理贷款、提高质量、收回不良贷款的目的。

2) 感情投入法

对于出现不良贷款的客户,不要一概责备或训斥,不要使用强硬语言激化矛盾,以"依法起诉"相威胁。而首先应以一份同情心,倾听对方诉说苦衷与艰辛,困难与挫折。站在借款方的立场,换位思考,分析问题,查找根源,寻找出路,使自己的观点与客户相融合,以获得其同情,被对方所接受,在工作交往中融入感情,建立友谊。在此基础上,引导对方适应自己的工作观点,即清收不良贷款的观点,入情入理地细说不良贷款给对方带来的不利影响,这些影响会使诚信遭到破坏,形象受到损坏,朋友之路越走越窄,经营困难越来越多。如能及时归还贷款,既能表现实力,又能申请再借;既是遵守合同,又是信守承诺,使信用度得到提高。信用度的提高,就是自己的无形资产。通过有利因素和不利因素的分析使之产生同情与理解,以达到自己工作之目的。

3) 参与核算法

贷款管理人员与客户的工作关系,应当是合作的、友好的、知心的。应当经常深入到客户中去,掌握客户的经营状况,帮助客户客观分析经营中出现的问题,找出问题的主要原因,使客户能欣然接受,进而参与到经营核算中去。通过真实的会计账目做出进一步研究,提出增收节支的具体措施,提高客户盈利水平,降低客户的经营成本,并关心客户的措施落实情况,力争取得成效,促进不良贷款的收回。

4) 借助关系法

对借款人的配偶、儿女、亲属、朋友要进行详细的调查了解,选择有重要影响力的人物,与其进行接触、交谈、交往,达到融合程度,适时谈其用意,使之理解进而愿意帮助,由有影响力的人单独与借款人谈还款问题和利弊分析,劝其归还贷款,也可以共同与借款人讨论贷款问题,找出还款的最佳途径。

5) 调解法

在拒绝归还贷款和即将依法起诉的矛盾相持中,不要急于采取依法起诉方法,而应当拓展新的思路,寻找新的方法。村干部、乡镇政府干部、政法民政干部及公安干警等都是应考虑到的因素。利用这些因素充当第三者,以中间立场出现,帮助分析利弊,拉近双方距离,化解矛盾,进行有效调解,使借款人在依法诉讼前归还贷款。

6) 多方参与法

相对于借款人的客观实际,要深入研究他的薄弱环节。如借款人很好脸面,千方百计掩饰自己,生怕自己欠款的事外露,影响形象。在多次工作无效的情况下,应考虑动员亲朋好友、同学、同事、乡村干部、上级领导多人一同参与其工作,你一言我一语,发起攻势,促使其归还贷款。

7) 群体进攻法

信贷员一个人的能力和智慧是有限的,但应尽职尽责。面对难点,应当考虑让多名信贷员共同参与工作,深入研究认真分析,寻找突破口,选择最佳时机,发起群体进攻,一气呵成,不可间断,直至取得成果。

8) 人员交换法

总是一副面孔,一个套路,工作难免略显一般。相互了解,彼此适应甚至存在其他问题,致使个别借款人不按期归还贷款本息。这样会影响贷款质量,使不良贷款增多,如果如此应考虑人员交换或针对某一问题,选择得力人员专题加以解决或提供帮助,降低不良贷款占用,提高贷款质量。

9) 领导出面法

具体工作都由领导去做,那是不可能的,也不正确,工作各有分工,职责也不一样。但在现实工作中,确有很多工作出现困难,不好推进,领导一出面就真的解决了。这就不能不提醒做领导的要力所能及地深入实际,深入基层,解决实际问题。从实践中研究出新的工作方法来,再指导于实践。清收不良贷款也是如此。

10) 组织干预法

有些借款人不仅是党员干部,还有很多头衔,政协委员、人大代表、农民企业家,这个典型、那个模范的很多。无论借款人有多少个头衔,不管怎么得来的,只要形成不良贷款,就理应受到追究。对借款人的上级组织,为其命名的各类上级部门均应发出信函,告知不良贷款事由和归还贷款要求,请求组织干预,必要时应派人员前往商谈,以求问题的解决。

11) 刚柔相济法

面对不同脾气秉性的借款人,应当采取各自不同的方法。有吃软不吃硬的,有吃硬不吃软的,这就需要在实践中体会摸索。避其强,攻其弱,采用刚柔相济法,或先柔后刚或先刚后柔。论情、论理、论法层层深入,使借款人先从观念上转变,愿意归还贷款。然后再进一步开展工作。

12) 黑白脸法

黑白脸是甲、乙信贷员各自扮演不同角色开展清收不良贷款配合工作的表现形式。黑脸以强硬姿态出现,清查账目、盘点资产,当着借款人公开阐明观点,拟将主要资产设备采取拆卸、封存、扣押、拍卖、冻结等手段进行处置。而白脸则应在黑脸与借款人之间巧妙周旋,时而以温和姿态劝说借款人归还贷款,避免事态恶化,时而与黑脸协商给借款人宽限几天时间。最后与借款人商定出还款时间和还款金额,继而进一步配合清收。

13) 分解法

借款人早年借款,后因体弱多病,劳动能力降低,无力归还贷款,或借款人因意外伤害致残致使贷款形成不良,而且贷款额均不是很大,在这种背景下,应细心研究其儿女亲属分担贷款问题。首先调查其家庭经济状况,看亲属都从事什么工作,收入多少,品德如何,详细分析后择优开展工作。工作要有耐心,要从父母培养儿女的艰辛、对伤残亲属的同情心、儿女要有爱心、亲属要有善心这几方面为切入点,融入感情反复与之交谈,谈到对方动情、动心,经多次努力,或平均分担或不平均分担,达到意见一致,愿意分担贷款并代为归还贷款。

14) 黑名单公示法

人是有尊严的,单位是有形象的,借款方也是如此,我们应尊重他们的尊严与形象。同时也必须强调尊严与形象必须建立在诚信的基础上,失去诚信必然失去尊严与形象。借款方不能按期还本付息,且在多种努力无果的前提下,应当采取黑名单公示法。可在报刊、广播电台、电视台等多方位周期性公示,施加社会影响,促其归还贷款。贷款本息还清时撤销公示。

七、管理小额信贷业务档案

(一)档案管理概述

贷款档案是指信贷机构在办理贷款业务过程中形成的、记录和反映贷款业务的重要文件与凭证,主要由相关契约及凭据、借款人的基本资料、借款人的信贷业务资料、银行综合管理资料等组成。

贷款档案可以分为5个大类:权证类、要件类、管理类、保全类、综合类。

(1) 权证类:抵、质押权证、存单等。

(2) 要件类:要件类档案是指办理信贷业务过程中产生的能够证明信贷业务的合法

性、合规性的基本要件。

(3) 管理类：客户基本资料。

(4) 保全类：保全类档案是指信贷资产风险管理、处置等相关资料。

(5) 综合类：综合类档案是指本行内部管理资料。

贷款档案管理是指贷款发放后有关贷款资料的收集整理、归档登记、保存、借(查)阅管理、移交及管理、退回和销毁的全过程。它是根据《档案法》及有关制度的规定和要求，对贷款档案进行规范的管理，以保证贷款档案的安全、完整与有效利用。

有关贷款文件的完整和准确是管理的基础，贷款申请、审贷会决议、支持性文档和还款计划等相关文档的不完整、不准确都可能成为问题贷款的根源。

(二) 档案管理方法

1. 管理贷款文件

贷款文件又称信贷文件，是指正在执行中的、尚未结清信贷(贷款)的文件材料。按其重要程度及涵盖内容不同划分为两级，即一级文件(押品)和二级文件。

1) 管理一级文件(押品)

保管——一级文件是信贷的重要物权凭证，在存放保管时视同现金管理，可将其放置在金库或保险箱中保管，并指定两人分别管理钥匙和密码，双人入、出库，形成存取制约机制。

交接——一级文件由业务经办部门接收后，填制押品契证资料收据一式三联，押品保管员、借款企业、业务经办人员三方各存一联。押品以客户为单位保管，并由押品保管员填写押品登记卡。

借阅——一级文件存档后，原则上不允许借阅。如出现下列特殊情况，确需借阅一级档案的，必须提交申请书，经相关负责人签批同意后，方可办理借阅手续。

结清、退还——借款企业、业务经办人员和押品保管员三方共同办理押品的退换手续。由业务经办人员会同借款企业向押品保管员校验信贷结清通知书和押品契证资料收据并当场清验押品后，借贷双方在押品契证资料收据上签字，押品保管员在押品登记卡上注销。

2) 管理二级文件

保管——二级文件应按规定整理成卷，交信贷档案员管理。

交接——业务经办人员应在单笔信贷(贷款)合同签订后将前期文件整理入卷，形成信贷文件卷，经信贷档案员逐一核实后，移交管理。

借阅——二级文件内保存的法律文件、资料，除审计、稽核部门确需查阅或进行法律诉讼的情况下，不办理借阅手续，如借阅已归档的二级文件时，须经有关负责人签批同意后，填写借阅申请表，方可办理借阅手续。

2. 管理贷款档案

贷款档案是指已结清贷款的文件材料，经过整理立卷形成的档案。

(1) 贷款档案员要在贷款结清(核销)后，完成该笔贷款文件的立卷工作，形成贷款档案。

(2) 永久、20 年期贷款档案应由贷款档案员填写贷款档案移交清单后，向本行档案部门移交归档。

(3) 有义务经办部门需将本部已结清的、属超权限上报审批的贷款档案案卷目录一份报送上级行风险管理部门备查。

3. 管理贷款台账

贷款台账是小额信贷机构贷款经办人对贷款资金进出的汇总记录,它既可以机构为单位,也可以客户为单位。贷款台账作为小额信贷机构贷款余额质量的原始依据,可以为信贷人员和会计人员提供以下信息。

(1)回收的本金和利息是否正确。

(2)是否有拖欠和应收未收的情况。

(3)收款、交款是否及时等。

贷款台账应定期与会计人员对账,做到账账相符,若有不一致之处,应及时查明原因,妥善处理。近年来,管理信息系统已在信贷机构中获得广泛运用,因而现实中,贷款记录汇总通常已实现自动化,并可与会计记录达成同步,但这并不影响贷款台账功能的发挥。

不同信贷机构的贷款台账格式各不相同,以下仅以某小额贷款公司的贷款台账为例,表4-25是某小额贷款公司贷款台账汇总,表4-26是台账分户。

表 4-25　某小额贷款公司贷款台账(汇总)

日期	客户名称	贷款种类	金额	贷款日期 年/月/日	贷款期限	贷款利率	到期日期 年/月/日	客户信息(略)	还款记录	经办人

表 4-26　某小额贷款公司贷款台账(分户)

客户信息(略)			
贷款金额		贷款期限		贷款利率	
贷款合同号		借据号		发放时间	
记录还本付息			
日期	还本	付息	贷款余额	利息余额

4. 管理客户档案

业务经办部门应按客户分别建立客户档案卷,移交贷款档案员集中保管。

1)保管

业务经办部门应设置专门的档案柜(与贷款文件、档案分开存放)集中存放档案。

2)客户档案

(1)借款企业及担保企业的"三证"(营业执照、法人代码本、税务登记证)复印件。

(2)借款企业及担保企业的信用评级资料。

(3)借款企业及担保企业的开户情况。

(4)借款企业及担保企业的验资报告。

（5）借款企业及担保企业近三年的主要财务报表，包括资产负债表、损益表、现金流量表等，上市公司、"三资"企业需提供经审计的年报。

（6）企业法人、财务负责人的身份证或护照复印件。

（7）反映该企业经营、资信（若是"三资"企业，还应提交企业批准证书、公司章程等）及历次贷款情况的其他材料。

项目四　重点知识回顾

学习目标1：认知小额信贷的基础业务流程，体会业务流程的多层次性

一笔完整的小额信贷业务，从与客户接洽其贷款需求，到将贷款发放给客户，最后到贷款收回，终止信贷关系，要经历贷前、贷中、贷后三大阶段。贷前阶段包括申请与受理、贷前调查环节；贷中阶段包括贷中审查、贷中审批、签订合同、贷款发放环节；贷后阶段包括贷后风险预警、贷款回收、不良管理等内容。

信贷工厂意指信贷机构在进行中小企业授信业务管理时，摆脱传统小额信贷业务中一人包干的责任落实理念，采取专业化分工、流水线作业、标准化管理——对信贷业务流程中各环节中的岗位职责和要求进行标准化，并分解到多人中去，共同完成，仿佛工厂中的"流水线"。信贷工厂既提高了业务操作的专业化和精细化程度，也减少了不必要的流程和部门协调，提升了工作效率，有利于扩大信贷机构的业务规模，并以规模效应降低授信业务的成本。

学习目标2：掌握小额信贷贷前工作的规范及技巧

小额信贷申请与受理环节主要由信贷业务部门办理，一般在1~2天内完成。信贷业务人员根据初步了解到的客户及其贷款需求，帮助客户进行贷款产品的匹配，并要求条件适合的客户提交相关申请资料并对其进行初步审查，对符合条件的贷款申请进行受理，作为贷款进入后续环节的前提。

贷前调查，也叫尽职调查，通常由信贷业务人员及风险管理人员协同进行，采取特定的调查方法与程序，对贷款申请人的信息进行全面的收集、核实及分析，揭示和评估小额信贷业务可能存在的风险，得出详尽的调查报告。贷前调查通常在申请受理后1~2天内完成。一般来说，在以实地调查为核心的贷前调查中，基本的步骤包括日常信息的收集、实地调查前的准备、实地调查，以及信息的整理和分析。

学习目标3：掌握小额信贷贷中工作的规范及技巧

贷款调查完成之后，风险管理部门等的审查人员对调查人员提供的贷款资料进行核实、评定，复测贷款风险度，提出意见，提交审批的过程，为贷中审查。对审查人员提交审批的贷款业务，有权审批人员关于是否贷款及具体的贷款方案做出决策的过程，为贷中审批。审查和审批人员通常应遵循审贷分离、分级审批、客观公正、独立审贷、依法审贷的原则。

信贷合同包括借款合同和担保合同。借款合同的必备条款有借款种类、借款用途、借款金额、贷款利率、借款期限、还款方式、违约责任。

合同签订并落实贷款条件之后，即进入贷款发放流程：贷款的经办人员应将信贷合同、借款借据，连同有权审批人的批复送交相关合作的银行进行审查、款项的发放，并做账务处理。

学习目标 4：掌握小额信贷贷后工作的规范及技巧

贷后管理(post-lending management)也叫授后管理，贷后管理包括贷后风险预警、贷款回收、不良贷款管理等。贷后管理需要坚持职责明确、检查到位、及时预警、快速处理的原则，还需坚持服务与监督有机结合的原则。

贷款质量(loan quality)是信贷机构贷款资产的优劣程度，其最核心的评判依据就是贷款被及时、足额偿还的可能性。根据央行发布的《贷款风险分类指导原则》(2001)，按照风险程度可将贷款划分为不同档次，分别为正常、关注、次级、可疑、损失五类；后三类合称为不良贷款(non-performing loans)。

小额信贷机构可以通过一套动态化、系统化的机制实现贷后风险的预警，即贷后风险预警系统(post-lending risk early warning system)：信贷人员定期或不定期地对风险信息进行收集，运用定量和定性的方法对其进行分析，在贷款发生损失之前识别和重估风险，并采取必要措施进行处理。贷后风险预警一般可分为收集风险信息、分析风险、处置风险、贷后评价四个步骤。

小额信贷机构应做好不良贷款管理，最小化不良贷款损失。不良贷款管理工作通常由风险管理部门主导负责，包括四个主要方面：一是做好债权维护，为不良贷款清收措施的执行提供基础保障；二是认定和登记不良贷款，做好不良贷款的检查、分类、监测和分析；三是对已归入不良贷款的加强监控预警和清收力度，对已发风险采取化解措施；四是识别、分析和追究不良贷款产生，以及造成损失的原因，并对信贷操作和管理做相应改善。

PART 3

第三篇

小额信贷提高篇

项目五

评估小额信贷业务风险

PROJECT 5

- 了解小额信用风险评估的基本维度、特点与基本方法
- 掌握基于客户信息的全面风险评估技术
- 掌握基于贷款用途和贷款担保的风险评估技术
- 掌握客户征信报告的查询和分析方法
- 掌握基于财务信息评估企业信用风险的分析方法
- 认识交叉检验的作用并掌握交叉检验的方法
- 了解征信的作用与使用,掌握信用评级的方法

学习情景介绍

随着办理业务日渐增多,小邓有时会碰到选择难题。最近有两位面馆老板同时向小邓提出贷款申请,这两位面馆老板的基本情况见表5-1,那么从贷款风险角度考虑,小邓应该优先选择对哪位发放贷款呢?

表5-1 客户基本情况介绍

客户35岁	客户33岁
经营一家小面馆	经营一家小面馆
客户25岁起经营这个面馆,至今10年	客户25岁下岗后从事过很多工作,半年前开始经营这个面馆,至今6个月
客户半年前买了住房,自有25万元,贷款5万元,中国人民银行系统资信良好	客户半年前买了住房,共30万元,完全自有,中国人民银行征信系统没有记录
客户妻子整天在面馆,负责采购和收银,孩子上初一,成绩好	客户妻子在家做饭,孩子上初一
客户申请贷款5万元盘下旁边的商铺,在以面为主食的基础上,卖自产的饺子、大饼并装修面馆	客户申请贷款5万元盘下旁边的商铺,在以面为主食的基础上,卖自产的饺子、大饼并装修面馆
客户提供保证人信息如下:客户舅舅,老工人,43岁,工龄20年,已婚,孩子上大学,自有住房	客户提供保证人信息如下:客户朋友,22岁,当地主要工厂工人,工龄1年,未婚,住父母处

课前思考

（1）你知道怎样评估一笔贷款业务的风险吗？
（2）你会从哪些方面收集信息，来了解一位客户或一笔贷款业务的风险呢？
（3）如果你担心客户信息的可靠性，又要如何甄别呢？

任务一　小额信用风险评估概述

- 了解小额信用风险评估的基本维度、特点与基本方法

一、信用风险评估的基本维度

一笔贷款的安全性（loan safety）是债务人能够履行合同义务、贷款能被按时足额收回的可能性。维持债权的健康并有效回收发放的款项及利息，是信贷机构得以可持续性发展的真正保障，要求信贷机构对信用风险进行评估，避免错误地选择不良客户作为贷款对象。因此，信用风险评估是贷款评估与决策工作的核心。

一笔贷款的风险评估即是基于这笔贷款的条件对信贷客户信用进行评价，它不仅要求对客户自身的偿债能力与偿债意愿作出分析，还要求贷款条件在合理合规的基础上，与客户的能力和意愿相匹配，如图 5-1 所示。

图 5-1　信用风险评估的基本维度

借款人的偿债能力是其履约的客观条件，最终由其财务状况决定；借款人的偿债意愿则是其履约的主观条件，一般通过与其信誉相关的信息来判断。偿债意愿的分析是十分重要的，缺乏偿债意愿会导致借款人即便有能力偿还贷款，也可能"有钱不还"；如果借款人看重自己的信誉，具备非常强烈的偿债意愿，那么即使到期用于还款的现金流出现短缺，借款人也会积极寻求其他现金来源归还已到期的小额贷款本息（见图 5-2）。

图 5-2　偿债能力和偿债意愿的区别

因而，在风险评估工作中，信贷人员应在判断客户是否具备良好的信用及还款意愿的基础上，评估客户（及其家庭成员）经济收入是否稳定和充足，是否具备良好的还款来源，包括第一还款来源和第二还款来源。

拓展阅读 5-1　小额信贷机构的不良客户

小额信贷机构的不良客户主要是指那些在贷款市场中根本不具备到期还款能力或本身还款信誉存在不良的客户（主要指那些用尽第一还款来源与第二还款来源后，仍无法偿还或不愿偿还贷款本息的客户）。小额信贷机构如果选择对错误的贷款对象发放贷款，不但会增加自身的债权管理成本，还有可能因贷款客户不愿履约或不能履约而使其遭受贷款本息的

损失。因此,只要小额信贷机构对某一个根本不具备还款能力与良好还款信誉的贷款申请人发放小额贷款,那么无论后续的贷后管理工作做得多好,都无法有效控制因错误的放贷行为而引发的风险。

二、小额信用风险评估的特点

传统信贷业务主要依靠资产保证和财务报表分析,但小额信贷客户往往缺乏传统信贷可接受的资产保证,也缺乏财务信息或财务信息未被规范记录。很显然,若仅遵照传统信贷技术进行风险评估,很难适应小额信贷的需要。概括而言,小额信贷的风险评估具有以下几个特点。

(1) 以客户个人品质与现金流分析为核心。小额信用风险评估应重点把握客户的第一还款来源,以分析个人品质和现金流为核心。

一方面,注重客户个人品质的分析。相比传统信贷对偿债能力的注重,小额信贷首要考虑的因素则是客户的"品性",是客户的偿债意愿。

另一方面,注重客户现金流的分析。相对于传统信贷客户,小额信贷客户的经济规模较小,其财务相对简单,信贷人员应着重分析贷款到期前客户的预期现金流情况,必要时应为客户编制简易的财务报表进行分析。此外,针对小额信贷客户经济活动与家庭息息相关的特点,尤其对于个体工商户和农户等,在信用风险评估时,要将客户整个家庭作为一个"经济单位"来确定其现金流。

(2) 更多依赖软信息的分析与关系型借贷技术。在缺乏传统信贷决策所依据的客户信息时,小额信贷人员需要更多依赖软信息的分析和关系型借贷技术来了解客户,解决信息不对称的问题,作出合理的贷款决策。

软信息(soft information)是只可意会的一类信息,无法标准化或以书面形式准确传递和归纳,是非正式的、模糊的、推断的、知觉的,例如社会信誉和形象、人格品质、企业客户的满意度、供应商关系及客户对贷款用途的解释等。而硬信息(hard information)有较为标准化的格式和内容,通常可以书面形式在客户和信贷机构之间准确传递,是可以言传、易于量化和检验的信息,例如财务报表、信用评级、担保信息、经营预算等,如图5-3所示。

鉴于软信息难以量化和准确传递的特点,分析软信息要求小额信贷机构更多依靠信贷业务人员的主观判断,需要授予其足够的贷款决策权力,避免传统信贷中过多层级的审批。

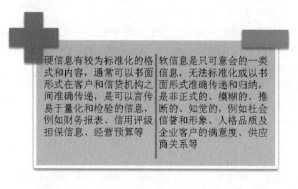

图 5-3 硬信息与软信息的区别

小额信贷业务的性质和对软信息的需求,使信贷机构需要更多使用关系型信贷(relational lending)技术,基于与客户群体或客户所在的行业和社区的长期接触,从多种渠道获取其相关信息以支持信贷决策、管理和风险控制。信贷机构与客户之间长期稳定的关系,以及深度的直接接触都能使关系型借贷达到更好的效果。这里列举两种比较典型的关系型借贷技术应用方式。

(1)"熟人经济"方式。一些小额信贷机构以亲戚、朋友、合作伙伴关系所形成的"熟人圈"作为客户对象,并据此进行授信决策,采用信用方式或熟人保证担保的方式发放贷款,有效地解决了信息不对称和道德风险问题,并可以实现贷款业务的低成本、高效率和灵活性。

(2)"供应链"融资方式。有的小额信贷机构以当地某个产业群体内供应链上的小企业或经营者作为目标客户,有的以股东自身主营业务"经营链条"的上、下游企业为主要贷款对象。在供应链模式下,小额信贷机构也可以较低成本解决信息不对称问题,有效地控制信用风险。

软信息分析的非标准化和关系型借贷技术的运用都抬高了信贷业务的成本,但若信贷机构在平日里做好对特定客户群体、特定社区、特定行业的了解,培养出熟练专业的信贷人员,就能更好地处理具有共性的信贷业务,使每一笔信贷业务成本大大降低。

三、信用要素分析法

在信贷业务实践中,通常需要运用一套分析体系来对客户及其贷款进行评估,使用最广泛的是信用要素分析法,如 6C、5P、5W、4F 等(见表 5-2)。它们将主要的评估标准——包括定性的和定量的、财务的与非财务的——提炼成关键的若干方面,便于信贷分析人员记忆和应用。小额信贷机构要根据其业务与传统信贷业务的差异对这些方法做相应调整,并针对具体业务及客户特点,选择适合的分析体系。

表 5-2 信用要素分析法一览

6C	借款人品德(character)、能力(capacity)、资本(capital)、担保(collateral)、环境(condition)、持续性(continuity)
5P	个人因素(personal factor)、资金用途因素(purpose Factor)、还款财源因素(payment factor)、债权保障因素(protection factor)、企业前景因素(perspective factor)
5W	借款人(who)、借款用途(why)、还款期限(when)、担保物(what)、如何还款(how)
4F	组织要素(organization factor)、经济要素(economic factor)、财务要素(financial factor)、管理要素(management factor)
CAMPARI	品德,即偿债记录(character)、借款人偿债能力(ability)、企业从借款投资中获得的利润(margin)、借款的目的(purpose)、借款金额(amount)、偿还方式(repayment)、贷款抵押(insurance)
LAPP	流动因素(liquidity)、活动性(activity)、盈利性(profitability)、潜力(potentialities)
CAMEL	资本充足率(capital adequacy)、资产质量(asset quality)、管理水平(management)、收益状况(earnings)、流动性(liquidity)

信用 6C 分析法是传统的信用风险度量方法,是指由有关专家根据借款人的品德(character)、能力(capacity)、资本(capital)、担保(collateral)、经营环境(condition)和事业的连续性(continuity)六个因素评定其信用程度的方法。对信用 6C 分析法的解释见表 5-3 所示。

表 5-3　信用 6C 分析法详解表

品德(character)	每一笔信贷交易,都隐含了客户对信贷机构的付款承诺,如果客户没有还款的诚意,则贷款违约的风险就大大增加了。因此,品德被认为是评估信用最重要的因素。客户的品质可从通过查阅客户过往的信用记录进行评估
能力(capacity)	包括客户的经营能力、管理能力和偿债能力。能力越强,贷款违约风险越小
资本(capital)	客户的财务实力和财务状况,表明客户可能偿还债务的背景。资本越雄厚,贷款违约风险越小
担保(collateral)	客户在借款时作抵质押的资产或信用担保。这对于不知底细或信用状况有争议的客户尤其重要。一旦收不到这些客户的款项,债权方就可以通过处理担保品获得补偿
环境(condition)	客户运营的内部和外部环境,客户运营受环境影响越大,环境越不稳定,贷款违约风险就越大
持续性(continuity)	指客户持续经营的可能性,这需要从客户内部的财务状况、产品更新换代,以及科学技术发展情况等综合评价。客户持续经营的可能性越大,贷款违约的风险越小

信用 5P 分析法是一种适用于企业信用分析的方法,对它的解释见表 5-4 所示。

表 5-4　信用 5P 分析法详解表

个人因素 (personal factor)	主要分析:①企业经营者品德,是否诚实守信,有无丧失信用事迹。②还款意愿是否可信。③借款人的资格必须是依法登记、持有营业执照的企事业法人,产品有市场,经营有效益,在银行开立基本账户,并具有可供抵押的资产或能提供担保人。④还款能力,具体包括企业经营者的专业技能、领导才能及经营管理能力
资金用途因素 (purpose factor)	资金用途通常包括生产经营、还债交税和替代股权三个方面。如果用于生产经营,要分析是流动资金贷款还是项目贷款,对那些受到国家产业政策支持、效益好的支柱产业要给予支持;对新产品、新技术的研制开发,要分析项目在经济和技术上的可行性,确保贷款能够收回;如果用于还债交税,则要严格审查,是否符合规定。如果用于替代股权或弥补亏损,则更应慎重
还款财源因素 (payment factor)	企业还款主要有两个来源:一是现金流量;二是资产变现。现金流量方面要分析企业经营活动现金的流入、流出和净流量,现金净流量同流动负债的比率以及企业在投资、融资方面现金的流入流出情况;资产变现方面要分析流动比率、速动比率,以及应收账款与存货的周转情况
债权保障因素 (protection factor)	包括内部保障和外部保障两个方面。内部保障方面要分析企业的财务结构是否稳健和盈利水平是否正常;外部保障方面要分析担保人的财务实力及信用状况
企业前景因素 (perspective factor)	主要分析借款企业的发展前景,包括产业政策、竞争能力、产品寿命周期、新产品开发情况等;同时,还要分析企业有无财务风险,是否有可能导致财务状况恶化的因素

活动拓展 5-1

请查找在 6C 和 5P 以外的其他信用要素分析法的相关资料,并填写表 5-5。

思考:这些信用要素分析法各适合哪些小额信贷客户群体,这些分析法中的哪些内容可能并不适合对小额信贷的分析? 说明你的理由。

表 5-5　信用要素分析法

编　号	名　称	内 容 简 介
1		
……		

四、把握重要风险点

在信用风险评估中,有大量信息可供信贷人员选择,小额信贷业务的快捷高效性,要求信贷人员在信用风险评估过程中不应面面俱到、事无巨细,而应分析信贷机构可承受的风险,抓住重要风险点采取相应对策;而对任何重要风险点的忽略,又都可能严重危害到贷款的回收,这便使有效判断风险点的重要性成为信贷人员一项必要的技能。

判断一个风险点对于贷款的评审和决策是否具有重要性,主要的依据是该风险点对客户偿债能力和偿债意愿是否有重大影响。一般来说,重要风险点有两种情况,一是涉及的金额较大;二是性质较为恶劣。

(1) 风险点涉及的金额较大。例如:在客户财务状况中,若存在较大金额的坏账、隐形债务、销售、利润或成本被少计等,应当引起信贷人员的重视,以免客户在这些大额数据上弄虚作假。

(2) 风险点的性质较恶劣。例如:客户的银行查询结果显示有不良信息,这就应当使信贷人员对客户的信誉引起警示,以防客户在贷款发放后失信,拒绝按时偿还贷款。

显然,风险点的重要性是度的判断,且对不同的贷款业务来说,金额大小与性质是否恶劣的标准也不同。例如,在财务信息分析中,对于来自不同行业的客户,最能反映其到期还款能力的财务科目不同,财务分析的重点也就不同。

因此,小额信贷从业人员应不断提升自己的洞察力和判断力,积累业务经验和行业经验;小额信贷机构也应在业务处理之上积累不同类型客户的重要风险点信息,善加提炼和总结。

知识自测 5-1

(1) 信用风险评估的基本维度是什么?
(2) 与传统信贷相比,小额信用风险评估有哪些特点?
(3) 请描述 6C 与 5P 信用要素分析法。

任务二　基于客户信息评估信用风险

- 掌握基于客户信息的全面风险评估技术

信用风险评估中,分析人员首先需要根据搜集到的客户资料评价其偿债能力和偿债意愿,若贷款有担保人,包括保证人及抵(质)押人,那么还要对担保人的信用风险进行评估,其方法与对客户的信用风险评估类似。

以信用要素分析法为基础,针对个人与企业的不同属性,本书为读者提供了一套较为全面的信用风险评估体系,其框架如图 5-4 所示。

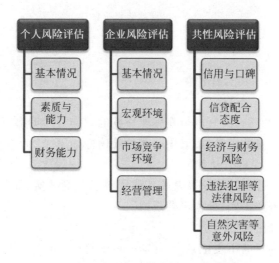

图 5-4　基于客户信息的风险评估体系

一、评估个人/企业共性信用风险

在对客户进行信用风险分析时,不论是个人还是企业,都应考察的因素主要有以下几方面。

(一)信用与口碑

1. 履约情况

1) 过往信贷履约记录

通过客户的银行信用记录,及其在小额信贷机构或其他信贷关系中的履约情况,可以最直接地对客户的还款信誉有所把握。若发现客户有以下情况,应当引起信贷人员的关注。

(1) 还款记录不正常或信用卡严重透支无法偿还。

(2) 拖欠还款而产生了相应的纠纷或被起诉。

(3) 未按规定用途使用贷款。

(4) 不断申请延期支付、申请减免贷款本息、申请实施新的授信、不断透支。

(5) 被银行或其他金融机构列为信用不良客户。

2) 其他履约记录

客户在日常生活和生产经营中的其他履约支付情况也有助于信贷人员对其信誉的判断,若出现以下情形也需特别关注。

(1) 经常签发空头支票。

(2) 拖欠供货商的货款。

(3) 拖欠员工的工资。

(4) 拖欠水费、电费、税费等费用。

(5) 其他协议中的未履约情况。

2. 口碑声誉

客户的诚信品质往往体现在周围人的评价中,相较于信贷机构,他们可能更了解客户的既往,并能使信贷人员从不同角度对客户有更全面完整的了解。这些评价通常来自以下几个方面。

(1) 社区、邻里、朋友。

(2) 公众舆论和媒体。

(3) 其同业、客户、上下游合作伙伴。

3. 贷款欺诈行为

已发生的欺诈行为和正在发生的旨在骗取贷款的欺诈行为等都应引起信贷人员的高度警惕,它们反映出贷款本身的危险性,其中一些危险信号如下:

(1) 无法证明财务记录的合法性。

(2) 申请贷款时,采用虚假财务报表或其他资料或隐瞒事实,如伪造、涂改各种批准文件或相关业务凭证,或资产不实、夸大经营规模。

(3) 有骗取银行贷款的记录。

要注意的是,发现客户的不良记录后,并非一棒子打死,而是要对其原因进行分析。

若是客户恶意造成的,如挤占挪用贷款,且发生在近期,则客户信用不良,通常应拒绝为其提供贷款。

若客户并非恶意,而是信用观念淡薄,并未意识到信用记录的重要性,则需加以沟通和教育,使其接受正确的观念,再依情况进行信贷决策。

若客户为善意,只是特殊原因造成不良,则要分析客户自身缺乏偿债能力还是外部原因。若为客户自身财务原因或经营不善等,则需特别关注;而若为外部原因,例如国家政策调整等,则应考虑风险因素是否已排除。

(二) **信贷配合态度**

在信贷业务中,如遇客户的以下情形,则说明其对小额信贷机构缺乏合作诚意。

(1) 沟通合作过程中表述不清、不够诚实。

(2) 态度冷淡。

(3) 约见困难或事先约定的会谈时间被无故推迟。

(4) 无法联系、失踪,或联系上谎称在外地出差,故意躲避信贷人员(若客户持有外国护照、拥有外国永久居住权或在国外开设分支机构,也要特别关注此项风险)。

(5) 经常变换手机号码。

(6) 不愿意提供信贷业务所需的相关资料,如定期报表、银行流水、所得税税单等,或不愿意提供报表数据的细节信息。

(三) **经济与财务风险**

通常,出现以下情形时,要对客户的财务风险格外关注。

1. 经济环境

(1) 宏观经济[①]环境恶化。

(2) 信用环境恶化。

(3) 处在区域经济发达程度较低的地区。

---

① 宏观经济指标主要包括以下几个方面:GDP增长、失业率、通货膨胀、社会购买力、货币供应量、利率、税收、政府财政支出、汇率、贸易平衡、外汇来源。

2. 负债情况

(1) 多种还款来源不能落实,现金流不足以偿债。
(2) 杠杆[①]率过高,资不抵债,授信需求增长异常。
(3) 短期债务超常增加。
(4) 因多渠道融资而导致过度负债。
(5) 从事非法民间融资活动或借取高利贷。
(6) 对外提供担保。
(7) 经常用短期债务支付长期债务或不断借新还旧。
(8) 缺乏财务计划,总是突然提出借款需求。
(9) 对客户债务的评估是信用风险评估的重点也是难点,为了获得贷款,客户常常对此有所隐瞒。信贷人员要充分利用多种信息来源,尽量如实还原客户的负债情况。

3. 与其他金融机构的往来情况

(1) 在多家银行开户且开户数明显超出正常需要。
(2) 被其他机构拒绝授信或提高贷款的利率。
(3) 以非正式途径或不合理的条件从其他金融机构取得融资。
(4) 改变主要授信信贷机构或离开合作多年的银行/信贷机构。

(四) 违法犯罪等法律风险

有违法犯罪行为事实或嫌疑的客户一方面可能在人格品质和信用上有污点;另一方面可能因遭受法律惩治而直接损害其偿债能力,部分风险信号如下:

(1) 有违法犯罪记录,如洗钱、偷税漏税等。
(2) 有赌博、涉毒、嫖娼等违反社会公德的行为。
(3) 违反环保法规。
(4) 违反市场竞争、知识产权等法规。
(5) 违规经营或产品、服务的质量不达标,损害消费者利益。
(6) 存在纠纷或不利诉讼。
(7) 被政府有关部门责令停产、停业,吊销许可证或执照,强制解散清算。
(8) 自然人客户、企业实际控制人或其关键管理人员被判刑和处罚。

对于有犯罪记录的客户,要重点了解其犯罪的类型(如是刑事犯罪还是经济犯罪)和严重程度,该记录对客户家庭和生意是否还有某种影响,可以通过观察,试探性地询问了解客户目前对其犯罪行为的认识,要综合考虑客户犯罪时的年龄、犯罪时间距离现在的长短,努力为能够改过自新的客户提供发展事业的机会。

(五) 自然灾害等意外风险

天灾和意外事故难以避免,也可能突然给客户的人身和财产安全造成致命打击。信贷人员一方面应特别关注已发生的意外对客户造成的损失,以及可能性较大的一些意外预期带来的损失;另一方面则应关注客户是否采取了相应的保险或保障措施管理这些风险。

---

① 负债对企业而言是杠杆,企业可以较少的自有资本投资放大盈利,但同时也可能放大亏损。

二、评估个人信用风险

个人素质品质及家庭经济风险的评估既用于对个人的信用风险评估,也用于对企业中的股东、实际控制人、高层管理层人员的信用风险评估。尤其对于规模较小的企业来说,企业中主要个人的风险在企业的信用风险中占据举足轻重的地位。

评估个人信用风险,主要从以下几个方面考察。

(一) 基本情况

1. 住址及居住情况

信贷人员需要了解客户的籍贯、户口所在地、家庭住址、其他居所等信息,并对其居住环境有所了解。

1) 客户是否为本地人、居所是否稳定

通常,客户若为本地人或在本地长期居住①的外地人,则还款意愿要好一些。若客户为非本地常住人口,在本地无固定居所,且流动性很大,则贷款风险较大,客户可能在贷款后离开当地,造成贷款回收的困难。

当然,居所不稳定的外地人若有在本地居所稳定的担保人,或有在本地稳定的经营项目,则其风险相对较小。

2) 住所的情况

住所的情况包括装修档次、面积、所在区域的繁华程度、四邻和社区环境等,可用以判断客户的生活品位及以往工作的积累。若客户居住在民风淳朴、追求信誉的地区,其信用一般较好;若其住所环境较差或与其提供的其他信息不相匹配时,应引起信贷人员的注意。

2. 婚姻状况

客户的婚姻状况,包括已婚、未婚、离异等状态。结合年龄考虑客户的婚姻状况,婚姻状况是显示客户成熟度、信誉度和责任感的重要指标。

一个人在建立家庭、养育子女之后,其心智更为成熟,其社会责任感也能牢固建立起来。通常已婚客户出于对家庭的责任感、家庭声誉及对子女的影响,会更为用心地经营自己的事业,主动还款的意愿也更为强烈一些。对于已婚的客户,通过观察其对家人的态度可以看出其是否具有较强的责任感。

对于未婚或离异客户,更要深入了解其未婚或离异的原因、生活和经济是否独立等方面,一般对未婚或离异客户的贷款要慎重。对于有离婚史的客户要尽量了解离婚的原因,尤其是有两次以上离婚史的客户,要特别留意客户目前家庭的稳定性。

3. 家庭成员情况及家人关系

信贷人员应了解客户家庭的组成及其家人之间的关系。家庭不仅对个人造成影响,对于小额信贷的主要企业客户如个体工商户和私营企业来说,家庭的稳定性对其经营往往有重大影响,而若家庭成员共同创业,则还可能造成与企业相关的产权纠纷。同时,如果在夫妻之间关系不好时贷款,一旦双方离异,很多时候双方都会极力逃避债务,对贷款的回收造成很大麻烦。此外,客户对家人的态度也反映了其责任感。

---

① 长期居住的判定:在实际工作中,信贷人员通常根据客户是否在当地有住房、经营场所,其他家庭成员是否也在当地、子女是否在当地上学或就业以及借款人生产和经营的主要场所是否在当地,来判断外地人是否属于"长期居住"。

客户家庭关系不良的具体表现如下:
(1) 对家庭成员又打又骂,不尊重,有家庭纠纷。
(2) 与父母、大部分的兄弟姐妹及亲戚等关系恶劣。
(3) 收入不用于家里/配偶的开支。
(4) 家庭成员精神面貌差,没有幸福感。

对于婚姻、家庭不稳定的借款人一定要弄清其中的原因,如果是借款人的问题,最好不给予贷款;如不是借款人的问题,也要考虑在有担保的情况下才予贷款。

4. 年龄

通常情况下,客户的年龄与其社会经验、工作经验成正比,其经验会对其经营能力产生帮助(尤其对一些复杂程度较高的行业);客户的年龄与其精力、健康程度成反比,这些会直接影响到年龄较大客户的还款能力和还款意愿。超过一定年龄的客户若有经营活动,通常都是由其子女代为打理。

5. 健康状况

客户或其家人的不良健康状况,尤其重大疾病,一方面损害其身心;另一方面可能造成财务上的支出而影响其偿债能力,且对于从事体力劳动的客户还造成收入获取上的困难。若客户年龄大且身体状况差,则增加了其死亡的风险。故而,客户有重大疾病时,通常不予贷款。

案例 5-1 企业主的健康风险案例

某建筑企业成立于 1998 年,注册资本 1 500 万元,其中,柳某出资占比 60%,方某(柳某配偶)出资占比 20%,柳某某(柳某独生女)出资占比 20%,实际控制人为柳某。柳某与配偶方某年龄均已超过 60 岁,且柳某身体不太好,其女柳某某在国外工作未参与企业经营,且明确表态不会接班。该企业主营市政公用工程施工与养护、土石方工程建设,以及房屋租赁,以沥青路面施工为主。企业名下有一块厂房土地,占地面积 20 亩,建筑面积 2 万平方米,均已出租给其他企业使用。由于企业自身资质较低,基本以挂靠大企业施工为主。近年来工程承接呈逐年下降趋势,2010 年实现销售收入约 5 800 万元,2011 年实现销售收入约 5 300 万元。从整体情况来看,企业已呈现衰退期企业特征。

企业整体资产实力尚可,其名下厂房土地价值约 3 500 万元,目前抵押在某国有银行贷款 2 000 万元,贷款资金主要用于企业日常经营周转。2012 年年初,企业承接到一个总额为 4 000 万元的工程合同,需垫付较大额度的工程款,因此该企业向某股份制银行申请一年期流动资金贷款 1 000 万元,以企业名下办公用房作为抵押并追加柳某夫妇连带责任保证,银行审核后同意发放该笔贷款,但要求柳某投保人身意外险 500 万元,受益人为该银行。

贷款发放 7 个月后,柳某生病去世,其承接的工程尚未完工,且因无人主持大局导致工程最终出现延误,工程款无法按期回收并需承担一定的违约金。因前期该银行要求借款人投保人身意外险,银行取回了 500 万元的保险赔偿,借款企业另外凑钱归还了剩余的 500 万元,最终该笔贷款顺利回收,通过对借款企业法人代表健康状况的提前掌握,以及该企业处于衰退期企业的整体判断,银行事先设置了风险缓释手段,确保了贷款安全。

(资料来源:节选改编自周勤.商业银行小微金融业务创新及风险控制的建议[D].浙江大学硕士学位论文,2013:38-43.)

（二）素质与能力

对借款人的素质能力的评估，主要考察以下几个方面。

1. 教育背景

受过良好教育的客户，具有系统的专业素养，收入一般也较高。而若作为管理者，其领导与管理能力、综合素质等也更高，其社会关系更广泛，这些均使其企业更具竞争力，从而更具还款能力。

另外，教育水平的高低虽然与个人的信誉度不严格成正比，但一个人的受教育水平与他的信誉有较强的相关性。客户的受教育水平高，对自己的社会定位也会较高，更为重视自己的信誉，也会理解在整个社会征信体制中个人信誉的重要性，因此偿债意愿会高一些。

值得注意的是，相比一般贷款，小额贷款的客户受教育水平偏低，许多客户对于自己的贷款信誉不太在意，这需要信贷人员加强对客户诚信意识的培养。

2. 品格性情

对于信贷人员来说，客户性格的好与不好需要经过一段时间的接触来知晓，需要依赖对客户精神风貌、待人接物的主观判断，有时仅凭直觉。通常情况下，若客户性格开朗、善于沟通、心态平稳、做事周密，其个人或企业的偿债能力和偿债意愿都会较好。但若客户脾气暴躁、态度傲慢，或不诚实守信、好吹嘘欺诈，则要格外留意贷款的风险。

3. 是否有不良嗜好

客户的不良嗜好是其品性缺陷的反映，而客户在不良嗜好上的消费，也可能损害其身心，影响其个人或企业的偿债能力。不良嗜好包括好赌、涉毒、涉黄、酗酒、出入高消费场所等。通常信贷机构仅对无不良嗜好的客户发放贷款。

案例 5-2 谨防赌徒

A 是当地知名中小企业，发展良好。一家银行在为 A 发放贷款后，企业主未将信贷资金投入生产，而是跑到澳门豪赌一番，输光贷款之后，企业走入破产程序，使贷款收回遥遥无期。主办客户经理只能每天往返于企业与银行，盼望能要回来点儿利息。他不但要承担行内的行政处罚，还要背着不良贷款的名声。

（资料来源：节选改编自周勤.商业银行小微金融业务创新及风险控制的建议[D].浙江大学硕士学位论文，2013：32-33.）

4. 工作管理经验能力和动机

信贷人员应通过对客户履历经验的了解，掌握其工作或企业管理能力，并通过与客户的沟通接触，了解其事业动机与态度。

1）履历经验

客户的社会经验和从业经验越丰富，其能力和可靠性通常越好；其经验与其所从事业务的相关性越大，对现在的助益通常也就越大。与客户履历经验有关的风险信号有如下几点。

(1) 行业经验不足或从业时间短。

(2) 有破产或其他失败的管理经历。

(3) 频繁更换所从事的行业，且成功率很低。

案例 5-3　缺乏行业经验的风险

　　一家餐饮企业的老板看中了一家科技公司研发的产品,于是就出资收购了这家科技公司。但其本人从来没有科技研发的经历,也没有科技企业的管理经验,科技公司研发产品的专利权也属于公司聘请的一个科研人员。餐饮公司老板以科技公司名义向商业银行提出贷款申请,遭到了拒绝。商业银行否决的理由中有一条就是经营者没有科技行业的从业经历和背景,公司经营和管理存在着很大的不稳定性。

　　(资料来源:节选改编自周勤.商业银行小微金融业务创新及风险控制的建议[D].浙江大学硕士学位论文,2013:32-33.)

　　2) 能力与优势

　　在工作或企业管理中,客户的能力与优势决定其是否能胜任,是否事半功倍。这些能力包括以下几点。

　　(1) 职业技能和谋生能力。
　　(2) 解决问题的能力。
　　(3) 战略谋划能力。
　　(4) 营销能力。
　　(5) 团队组织管理能力。
　　(6) 文化塑造与感召力。
　　(7) 财务管理与资金营运能力。
　　(8) 行业风险控制能力。

　　若客户能力较弱,或缺乏其职责所要求的能力,则应引起信贷人员的注意。

　　3) 事业动机与态度

　　客户对其事业的动机和态度决定了其工作中的投入程度,也影响其决策风格。有稳健型的客户,也有冒进型的客户;有锐意进取、具备创新精神的客户,也有墨守成规、患得患失的客户;有团结协作的客户,也有独立单干的客户。

　　5. 社会关系、地位

　　若客户在当地有较高的名望、具备较高的行业地位和社会地位、社会资源较丰富、社交广泛,其偿债能力和偿债意愿通常较好。若企业实际控制人或核心管理人员具备特殊的个人或家庭背景,则还要分析其对企业经营产生的正面或负面影响。

活动拓展 5-2

　　假设你自己或一个你熟悉的人为个人贷款客户,请根据个人/企业共性风险评估及个人风险评估小节所提供的分析体系,对该客户作出风险评价。

　　请根据所学,对以下案例中的客户作出评价。

　　客户张某,41岁,已婚,高中学历。夫妻二人目前拥有住房一套(使用面积60平方米),夫妻二人无不良嗜好。

　　自2004年至今,张某一直在某商场从事服装经营,夫妻二人共同经营该项目。

　　他们的女儿就读于某中学初中三年级。

　　张某无其他金融机构和民间借款,此次申请贷款20万元,期限一年。目前张某经营的服装生意年销售额在200万元左右,拥有3种独家销售权品牌商品。

(三) 财务情况

客户自身及家庭的财务情况直接反映其现金流和偿债能力。客户的净资产规模越大，或其资产的保值增值能力越强，或其收支相抵所得的结余越多，则其财务风险越小。如图5-5所示为一般的家庭财务收支。

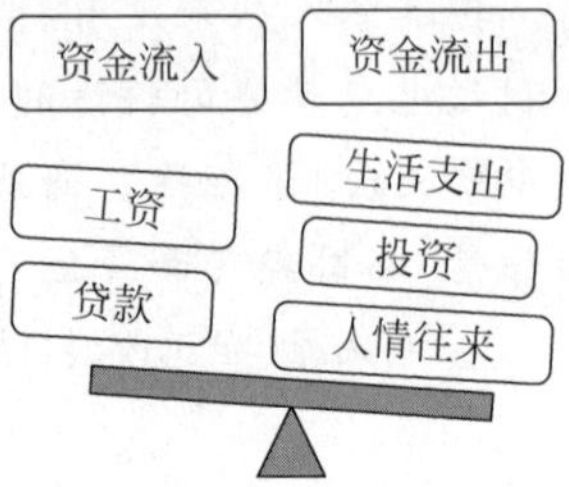

信贷人员通常需要为个人和家庭编制简易的财务报表，以清晰归纳并分析预测其财务状况与现金流。若客户储蓄能力或个人纳税额急剧下降，则应引起信贷人员的注意。

活动拓展 5-3

请选定一个期间，为你自己或家庭的财务收支编制一份简易的报表。

图 5-5　家庭财务收支

三、评估企业信用风险

企业客户的经营风险是引起其信用风险的主因，经营风险不仅来自企业内部，也来自企业外部。小额信贷人员在发现企业的经营风险时，应与其沟通，做改善局面或消除风险的努力，若客户有所反应或采取了应对措施，信贷人员应在评估其偿债能力时加以考虑。

(一) 基本情况

要了解企业设立与经营的基本情况，如企业类型、所处行业、注册时间、经营历史、背景等，信贷人员应掌握企业的营业执照、工商注册登记表、章程、验资报告、投资协议、资产评估报告、政府对特殊行业的设立批复等基本资料。

1. 资质与设立条件

作为合格的借款人，企业应满足有关部门规定的设立条件，并有完备的经营资质和经营许可，以及规定的注册资金。此外，信贷人员还需关注以下这些风险信号。

(1) 经营项目需特种许可而没有特许经营证明，如无安全生产许可证、环保证、消防证明等。

(2) 经营活动不合所获经营许可的规范，可能被关闭停业整顿。

(3) 未按期办理各类证照的年检手续。

(4) 特许经营期限即将到期，但新的特许资格可能不能得到延续。

(5) 登记备案的基本事项，如名称、注册地址、公章、财务专用章变更或准备变更。

(6) 注册资金来源不合理。

(7) 实收资本不实或投入资产实际价值明显偏低。

(8) 注册资金、资本结构短期内多次变化，或突然大幅度增减。

2. 股权

对于企业股权，首要的是要分清其股东组成是以法人股东还是自然人股东为主；是国有性质还是民营性质；是否有外资成分及外资股份所占比例。

1) 股东背景与实力

股东背景特别是控股股东的背景在很大程度上决定着企业的经济性质、经营方向、管理方式及社会形象等(表5-6)。当股东有较强的实力和资源时，能在业务、财务、技术、渠道、服务等方方面面为企业提供支持。当股东或关联企业出现重大不利变化时，贷款企业也可能受到不利影响。

表 5-6 不同性质股东背景企业的对比

性　　质	特点与优势	风　险　点
民营背景	通常会更多表现为一人决策或家族决策，企业的所有者往往同时又是管理者。尤其当股东均为家庭成员担任时，往往风险意识较强，在经营上能精打细算	一旦企业负责人发生变故，就容易出现群龙无首、后继无人或亲属间争夺继承权和遗产的状况，甚至由此导致其崩溃解体
外资背景	通常资本和技术能力较强	通过关联交易转移利润的可能
政府背景	通常有政策资源优势，实力雄厚	管理效率可能不高
上市背景	管理较规范，并有集团经营优势	关联关系复杂，关联交易较多

因此，客户占股比对还贷能力有重要的影响。当有自然人客户以企业所有者身份申请贷款时，信贷人员应特别关注其股权占比，关注其是否事实具有企业的决策权。若股权占比很小，则该客户利用企业资源偿还贷款的能力受到很大限制。这时信贷机构可以要求采取的弥补措施是让企业中具有决策权的合伙人作为担保人或共同债务人。

2) 股东所在行业

当企业的主要股东为法人时，信贷人员应考察股东所在行业与企业之间的关系，若股东所在行业与企业相同或相近，或为上下游关系等，信贷人员要重点了解是否存在关联交易和利益输送等风险因素；若股东所在行业与企业相差甚远时，则应进一步了解其投资的真实目的。

3) 股东关系及股权变动

企业成立后股权变更情况是对企业经营情况的印证，当企业持续获利并为投资人带来稳定回报时，其控股股东或主要股东一般不会频繁变更。因此，若企业在成立后股权稳定，说明企业经营的稳定性较高；若企业频繁变更股权结构，则经营管理可能不够稳定，信贷人员应谨慎关注。

此外，当股东之间存在重大争议与不睦时，企业股权以及经营管理的稳定性也会大打折扣。

3. 业务类型和经营范围

健康的企业应有正常的生产经营和商业活动，有明确稳定的经营范围。

1) 业务类型

企业所在行业与经营内容决定了其经营模式、目标市场和收入来源。

信贷人员在分析企业信用风险时，应在判别其业务类型之后，据此分析相应的关键信息。例如，对于出口导向型的企业来说，进出口贸易政策、汇率变化、出口订单量等就是关键的信息；而对于批发零售型企业来说，销售模式、同业竞争、供应链、存货周转、货运仓储等就是其关键的信息。

另外，有些小企业只为某个大企业固定提供配套产品，其生存直接受到大企业经营的影响。信贷人员在分析该类企业的信用风险时，就必须对相关大企业的经营环境和经营情况加以考察。

最后，部分企业的业务类型本身便存在高经济或政策风险，例如，民间财务公司或娱乐性的传媒公司。

2) 业务经营范围和扩张

在业务经营范围下，业务扩张与多样化可能是企业盈利与战略布局的结果，投资多个行业可以分散风险,丰富还款来源,是企业实力的体现。但同时,业务扩张与多样化也带来额外的经营风险和不稳定性。信贷人员需要注意企业客户的以下风险情形。

(1) 业务增长过快。
(2) 业务性质、经营目标发生重大变化。
(3) 业务扩张超出了营业许可范围。
(4) 无核心业务并过分追求多样化,行业分散,主营业务不突出。
(5) 兼营不熟悉的业务或新的业务在不熟悉的地区开展。

4. 经营场所

企业的经营地点和经营场所应当与其营业内容相匹配,经营场所应有合理规模,分支机构应设置恰当。好的经营地点能为企业提供独特的地理或位置优势,如繁华的商业区之于服务行业,再如能源产地之于生产性行业,又如大学城之于知识创新行业。

若企业的经营地点和经营场所发生了不利变化,则应引起信贷人员的注意。

5. 经营规模

经营规模较大的企业信用风险相对小些,一方面,发展壮大增强了企业自身的抗风险能力和偿债能力;另一方面,企业的规模越大越注重贷款违约对其信誉的负面影响,偿债意愿更高。

小额信贷的客户以中小微型企业为主,规模较小,信贷人员要结合企业实际情况,考察其投资规模、资产规模、销售规模、人员规模、成本和能耗规模等是否与其经营项目的性质相匹配,并且是否超出了其管理人员的能力。

6. 历史沿革

信贷人员应了解企业客户的经营历史、业务结构沿革与盈利的积累,警惕企业的以下情形。

(1) 刚成立不久或刚刚转变主业,缺乏行业从业经验积累。
(2) 经营历史曾中断过。
(3) 名称频繁变更。
(4) 进行了重组,包括重整、改组和合并。

(二) 宏观环境

除了上文提到的宏观经济环境风险,企业还面临政治、区域、社会和行业等宏观环境风险。任何相关环境因素的重大变动,特别是对于企业的不利变动,都应引起信贷人员的关注。

1. 政策法规

影响企业经营的政策包括货币政策、财政政策、行业政策、贸易政策等。在国家政策以外,地方性政策往往对当地的企业有更直接的影响。

影响企业经营的法规包括行业相关法律、劳动法规、环境及能源法规等。对法律环境的考察不仅要关注法律法规的颁布和施行,还要关注它们的执行力度。法律环境的变化一方面可能使企业违法犯罪等法律风险加大;另一方面可能使企业服从法律合规经营的成本加大。

案例 5-4　污染环境的后果

安徽省蚌埠市丰原集团的主要产品是氨基酸、柠檬酸、淀粉糖及油脂,其中氨基酸和柠柠檬酸的年产量分别为4万吨和18万吨,后者占世界的10%～12%。丰原集团的产品销量很好,但是它的生产过程却十分容易造成污染。

2004年6月20日,国家环保总局公布了三个督查组对沿淮四省暗查发现的52家违法超标排污企业,其中丰原集团赫然在列。后来,该厂排放的废水被环保部门24小时监测。这不仅打乱了其正常的生产秩序,更对其收入造成了损失。

(资料来源:节选改编自董祥玉.安徽蚌埠第一污水处理厂竟超标排污.中国水网,2006-05-22, http://www.h2o-china.com/news/47742.html.)

案例5-5　药品新规的影响

国家药品GMP标准(药品生产质量管理规范)于2011年3月正式实施,此项政策会促进制药企业优胜劣汰,提高行业集中度。当时,国家药监局公开数据预计,新标准将使全国至少500家经营乏力的中小型制药企业关停。某信贷机构根据此药品新规背景,对其可能导致的授信风险作出分析,提出了对三类客户严把准入关口、存量客户逐步压缩退出的授信策略:一是未按照国家有关要求通过GMP等认证的企业;二是不符合国家产业政策、产品被列入国家2004年禁止类和限制类产品的企业;三是资金实力较弱、技术水平落后、产品无特色、竞争能力不强、管理能力薄弱、无法在缓冲期内满足各项软硬要求的企业。

(资料来源:节选改编自刘文璞.小额信贷管理[M].北京:社会科学文献出版社,2011.)

2. 社会文化

社会文化环境与社会风气会综合影响市场的消费心理与行为,也潜移默化地影响生产和贸易行为,例如文化意义之于奢侈品与娱乐消费的重要性,再如对于知识产权的崇尚之于科技创新的重要性,又如社会责任意识对于安全环保生产和产品质量的重要性。社会的文化风气,从微观上,也影响了每个企业客户的营销、业务的开展以及财务表现。

3. 行业环境与发展前景

在综合了宏观经济、政策法规、社会文化的影响之后,企业所处的行业本身也存在着发展前景的差异。根据行业周期理论,不同行业通常都会经历起步期、成长期、成熟期与衰退期四个阶段,如图5-6所示。信贷人员应了解和熟悉不同行业发展与变化的规律,并通过对企业经营状况的评估,来判断其所处的商业周期,从而为分析和评估其偿债能力提供依据。

图5-6　行业发展周期与企业风险评估

4. 区域环境

区域环境实际是上文所提及的宏观环境各因素在一定区域内的综合体现。

第一,我国幅员辽阔,且为发展中国家,不同地区之间在自然、资源、社会、经济、科技、教育、观念等方面的差别都可能是极为显著的,这些差别都会影响到当地企业的经营和信贷的投放,影响信用风险。

第二,地方的经济发展,尤其是产业集群的特点,可能对中小微型企业的生存和发展有重要作用。信贷人员一方面务必要对当地的经济发展和支柱产业有较好的认知,了解企业客户与支柱产业之间的关系;另一方面要关注当地的产业集群,了解企业客户所处产业集群的整体情况以及是否受益于产业集群效应。

活动拓展 5-4

资源环境主要包括自然资源、人力资源、基础设施等。请对你所在地区的资源环境进行分析,并选定另一个相当的地区进行对比,填写表 5-7。

表 5-7 资源环境对比表

地 区 名 称		
自然资源		
人力资源		
基础设施		
其他		

(三)市场竞争环境

根据波特五力模型(porter's five forces model)理论,企业在行业中受到来自五方面的竞争,分别是行业新进入者、产品替代品、买方、供方以及现有竞争者,它们共同影响着企业的经营风险(见图 5-7)。

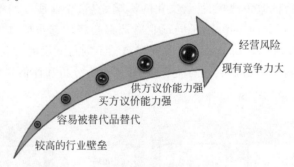

图 5-7 五力模型与企业经营风险的关系

除却外部竞争因素,企业自身产品、技术、盈利模式、资源等则是支撑其市场竞争力的内因。具体来说,面对市场竞争环境,要考虑如下几个方面。

1. 市场份额与竞争激烈程度

信贷人员应对企业客户产品或服务的市场竞争激烈程度及其在竞争中的地位进行判断,有以下情形时,要特别关注企业对市场与客户需求变化适应不良的可能性。

(1)市场竞争加剧,同行业竞争者数量增多,竞争者实力较强。

(2)市场供大于求。

(3) 企业客户的市场份额下降。

(4) 企业客户的毛利率下降。

(5) 产品/服务的价格出现持续性或大幅度的波动。

企业在竞争中所采取的策略若能有效发挥其竞争优势,如资源优势、成本优势、差异化优势、品牌优势等,则能助其构建起自身的核心竞争力,使其具备更高的盈利能力。

此外,产业集中度①(industrial concentration)不同以及企业在市场中所处地位的差异,都会影响到企业的生存发展条件,从而决定其盈利水平和经营风险。

2. 行业壁垒

行业壁垒(industry barrier),或称行业进入壁垒,是指行业内已有企业对准备进入或正在进入该行业的新企业所拥有的优势,或者说是新企业在进入该行业时所遇到的不利因素和限制。由于市场容量和生产资源的有限性,所以一个行业的进入壁垒越高,则该行业的自我保护就越强,该行业内部的竞争也就越弱。对于行业壁垒较低的行业,新兴投资者能够用较少的资金进入该行业,而投资者的大规模进入将会造成当前行业竞争加剧,使经营者的平均利润下降。

信贷人员可根据企业所属行业的企业规模、资本投入、购销渠道等因素分析行业壁垒的高低,从而判断其商业环境是否稳定。

3. 上下游关系

1) 上游——供应方

企业的上游(upstream)是其原材料或能源等的采购与供应来源。建立长期、稳定、优质的采购渠道对于企业的生产经营至关重要,必要供应的短缺或质量上的缺陷,甚至会导致企业被迫停产停业。国家政策、运输能力、自然灾害等因素,往往会对供应链造成额外的不可抗打击。企业的供应越稳定、效率越高,则越能控制这些风险。

案例 5-6　蝴蝶效应

2000 年 3 月 17 日晚上 8 点,美国新墨西哥州飞利浦公司第 22 号芯片厂车间因闪电而燃起了一场大火。这场意外事故尽管发生在远在万里之外的美洲,却犹如一只挥动翅膀的神奇蝴蝶,在欧洲大陆掀起了一场轩然大波。爱立信公司对事故的发生显然准备不足,它只有飞利浦一家供应商,结果数百万个芯片的短缺至少造成了 4 亿美元的损失。

(资料来源:节选改编自傅雪红,刘松先.供应链风险管理过程探析——基于爱立信供应链风险管理过程案例研究[J].重庆科技学院学报(社会科学版)2010(22):94-96.)

企业在与供应商之间的合作关系和议价能力方面的风险信号有以下几点。

(1) 进货成本费用很高。

(2) 与供应商关系恶化,失去供应合作关系。

(3) 失去主要商品的代理权、许可权。

(4) 对少数甚至单一供应商过分依赖,供应商垄断,供应商产品具有不可替代性。

(5) 与供应商签订的供货协议条款,如结算方式、违约条款等,明显对企业不利。

企业进货效率及稳定性方面的风险信号有:

---

① 产业集中度衡量的是某个市场中少数企业的支配程度,反映市场中垄断与竞争的程度。

(1) 进货中间环节多。
(2) 进货运输方式低效且不稳定。
(3) 供应数量不足或不稳定,原材料或能源市场供应紧张。
(4) 供应质量不佳或不稳定。
(5) 供应商区域集中度高。
(6) 供应商自身情况恶化。

2) 下游——销售

企业的下游(downstream)是其产品销售渠道与市场,相关风险信号有以下几点。

(1) 销售价格被过分压低。
(2) 过分依赖少数客户或销售商,销售渠道单一。
(3) 与销售商或客户关系恶化,失去销售合作关系。
(4) 应收账款收款期长、余额大,收款困难。
(5) 销售商或客户减少采购。
(6) 与销售商或客户签订的销货协议条款,如结算方式、违约条款等明显对企业不利。
(7) 销售商或客户区域集中度高。
(8) 销售商或客户自身情况恶化,削弱其支付能力。

活动拓展 5-5

初级:请以一家企业为例,列举其上游企业、下游企业和客户。

进阶:请以一条产业链为例,列举其从源头到最终用户每一环节上的企业。

4. 产品与服务

企业的产品与服务的品质要在合规性的前提下保证质量和差异化,创造优质的客户体验,相关风险信号有如下几点。

(1) 产品/服务技术含量低,对客户没有吸引力,缺乏市场竞争力。
(2) 产品质量或服务水平下降,遭到投诉。
(3) 用于生产产品的原材料质量低劣,使用不能胜任的生产人员。
(4) 产品/服务被政策列为限制性或禁止性。

此外,技术工艺是企业提供产品与服务的手段,它不仅停留在当下,也着眼于未来和创新。若技术条件落后,生产工艺差,而工作人员又缺乏必要的技术技能和创新能力,则企业产品与服务的竞争力堪忧。

对于科技型小企业来说,技术优势和研发能力尤为重要,体现在专利成果、专有技术、知识产权等。对于非科技型小企业来说,技术上的创新能力虽然不那么重要,但若企业在其生产、服务与管理过程中能够创新采用更好的方法,将有助于其组织形成竞争力,产品形成差异化和比较优势。

5. 盈利模式

信贷人员应对企业的盈利模式、市场定位和业务关系是否顺应行业和市场发展加以判断,特别是对于缺乏技术优势的商业型和服务型企业,恰当的或者创新性的盈利模式可以促其跳跃式发展,而落后的盈利模式则可能使其完全停滞不前。

6. 社会关系

好的社会关系是企业经营的重要资源,对于企业业务的开拓、品牌的推广、渠道的建设等,都具有重要的作用。企业相关的社会关系包括与行业主管部门、金融机构、资金提供者、上下游合作者、客户、媒介及社会公众的关系。

值得一提的是,有些企业可能是某些权势人物通过各种变相方式举办的,其自身并不具备相应的市场竞争力,甚至连基本的管理能力都没有。这样的企业往往依赖某一渠道经营,只是借助一些重要的权力资源和人脉资源开展业务。一旦关系消失,企业的经营就停滞了,进而陷入萎缩甚至消亡的窘境。这是依靠社会关系经营的企业最致命的弱点。

另外,既有的社会资源固然重要,通过品牌营销和公关获取和维护好社会资源更为重要。信贷人员应对企业客户的营销推广能力、知名度和品牌声誉作出评估。在企业自身产品市场竞争力基础之上,看企业是否建立了良好的营销渠道及营销网络,是否拥有高效的营销组织。

活动拓展 5-6

通过以上学习,你已对企业宏观环境和市场竞争环境分析体系有所了解。请挑选一家企业,收集信息,对其所处环境进行分析,并谈谈这些环境因素对企业偿债能力和偿债意愿产生的影响。

(四) 经营管理

企业内部的组织管理仿佛战争中的司令与后勤,要与其前线的业务内容和市场竞争相互配合、提供指导。管理不足的企业,信用风险也较大,信贷人员在评估中若发现管理不足现象,要与客户沟通,根据能力促使或协助其纠正,并视改善情况作出贷款决策。

1. 战略规划与资源整合

体现企业缺乏战略规划与资源整合能力的风险信号有以下几点。

(1) 缺少经营计划或经营计划不明确。

(2) 业务性质或战略频变更,偏离核心盈利业务。

(3) 对环境的变化缺少及时反应和对策,盲目乐观或有重大疏忽。

(4) 盲目扩张和收购。

(5) 失去重要的合作伙伴。

(6) 管理层决策短视,不顾企业长期利益。

(7) 战略决策未达到预定的盈利目标。

2. 人事管理

在个人风险评估小节中,你已学习了如何对企业管理层及其他人员的能力和品质作出判断,信贷人员可通过与企业员工、关键管理人员、业务人员进行谈话,判断其是否具有较高的职业素养。然而,要使组织人员间相互合作,达到良好的协同效应,使"1+1>2",还需要恰当的人事管理。

1) 组织架构与人事制度

组织架构与人事制度相关风险信号有以下几点。

(1) 管理层能力不足或构成缺乏代表性。

(2) 中层管理薄弱。

(3) 缺乏底层员工和技术工人。

(4) 人员闲置,未被充分调动。

(5) 实际控制人的权力过大。
(6) 组织部门结构和职能的设置不合理,相应的授权与分工不合理。
(7) 组织内部案件多。
(8) 缺乏健全的人才培养机制。
(9) 缺乏严格的目标责任制和与之相适应的激励约束机制。

2) 士气和人员关系

士气和人员关系相关风险信号有以下几点。
(1) 最高管理者独裁。
(2) 内部主要股东不和。
(3) 高层管理不团结,有严重分歧。
(4) 职能部门之间矛盾尖锐,不相配合。
(5) 有劳资争议或拖欠职工工资,职工情绪对立、士气低落。

3) 人员变动

人员变动相关风险信号有以下几点。
(1) 董事会和管理层发生重要成员变动。
(2) 主要股东要求退出。
(3) 关键管理人员离职后长期无人继任。
(4) 重要职能岗位人员流失,人力资源短缺。
(5) 人员更新过快。

3. 生产活动管理

1) 生产条件

生产条件相关风险信号有以下几点。
(1) 生产经营场所脏乱差。
(2) 生产经营场所周围环境恶劣。
(3) 工厂和设备陈旧、落后、破损、失修。
(4) 安全生产条件差,安全、消防等存在重大隐患。
(5) 仓储管理混乱,存货乱堆乱放,被损坏或挤压,存在丢料、盗料现象。

2) 产能与产量

产能与产量相关风险信号有以下几点。
(1) 库存水平发生异常变化。
(2) 订单量大幅下降。
(3) 用水、用电量大幅下降。
(4) 工资发放量大幅下降。
(5) 经营活动处在停产、半停产或停止状态,生产线和生产设备呈现不正常停工状态,生产人员少,经营场所冷清。
(6) 主要的生产性、经营性固定资产被出售和变卖。

4. 财务与内控

信贷人员可以通过企业的财务报表分析企业的偿债能力、盈利能力、营运能力、现金获取能力和发展能力,进而用数量分析的方法对企业的贷款违约风险进行评估。因财务报表分析的内容较多,本书将在项目五:任务三节中专门介绍。从企业经营管理的角度,还应考察企业自身的财务与内控制度是否合理有效。财务与内控相关的风险信号有以下几点。

(1) 财务制度是否不健全,财务管理混乱,账务混乱。
(2) 财务制度发生重大变化。
(3) 频繁更换会计人员和稽核人员。
(4) 财务与审计部门使用的会计政策不够审慎。
(5) 财务计划与报告的质量下降,报表披露延迟。
(6) 报表不真实或有多套报表。
(7) 内控制度不完善,权责不明,授权不合理,存在舞弊风险。
(8) 缺乏操作控制、程序控制、质量控制等。

小额信贷的企业客户规模较小,在财务和内控制度上更易出现不明确和不规范的情况,对此,信贷人员需多加关注、谨慎防范。

知识自测 5-2

(1) 个人信用风险评估应从哪些方面分析?
(2) 企业信用风险评估应从哪些方面分析?

任务三 基于贷款信息评估信用风险

- 掌握基于贷款用途和贷款担保的风险评估技术

贷款用途、金额、期限、担保方式、还款方式是一笔贷款的主干信息,信贷机构应保证贷款条件合理合规,并在此基础上,使贷款条件与客户的偿债能力及意愿相匹配。

一、评估贷款用途

贷款用于何处是决定贷款能否收回的关键问题之一,信贷人员应对贷款用途进行风险评估,判断其是否正当,是否能创造还款资金来源。关于贷款用途,信贷人员应首先了解以下基本信息而后加以评估。

(1) 客户贷款的原因和动机。
(2) 客户存在多大的资金缺口。
(3) 贷款的金额和期限。
(4) 客户对于贷款资金的使用计划或未来业务的规划。

(一) 用途正当性

用途正当性表现在以下几个方面。

1. 真实合理性

企业贷款目的主要有两种,生产性目的以及其他目的(见图 5-8)。在同等情况下,生产性目的的贷款由于其能够对未来现金流产生较为明确的正向促进作用,通常风险较小。

1) 真实合理性的判断方法

判断贷款用途是否合理应遵循的基本逻辑是:首先,资金缺口的产生必须真实合理;其次,贷款金额和期限应与资金缺口相匹配;最后,贷款金额应与客户还款来源及到期可偿债资金相匹配(见图 5-9)。应注意的是,在分析资金缺口时,也要考察客户获取其他融资的可能性。

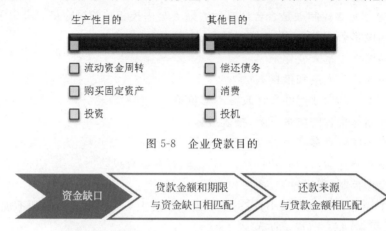

图 5-8　企业贷款目的

图 5-9　合理贷款用途的基本逻辑

在判断资金缺口的真实合理性上,以企业扩大生产为例,信贷人员应对企业目前的产能进行分析,判断其厂房设施等是否明显不符合产能和生产计划,并测算其所需要的投资金额。

在贷款金额上,除了需要对资金缺口进行估算外,还可以采取一些粗略直观的方法,例如将贷款金额与客户的年收入/销售额进行对比。若贷款金额只占收入的小部分,则比较合理;若占大部分甚至超过收入,则风险较高。

在贷款期限上,以小企业客户为例,对于小企业发放的小额贷款通常用于短期和中期用途。短期用途主要包括流动资金周转、采购原材料、补充营运资金等,一般期限不超过 1 年;中期用途主要包括装修、购买机器设备、购建厂房、购置商业用房、经营性物业融资等,一般期限为 1~3 年。

2)案例

案例 5-7　贷款用途的合理性分析

2011 年 1 月 10 日,葛某、许某、李某到某银行申请农户联保贷款。三个人的基本情况见表 5-8。

表 5-8　受理情况登记表

受理登记表记录
葛某 36 岁,大王庄村支书,经营农资销售 2 年,需资金 8 万元,用于进农资。
许某 32 岁,是该村养猪专业户,需 6 万元购仔猪。
李某 30 岁,是该村蛋鸡养殖户,需要 8 万元购饲料
征信记录显示
葛某最近三年有 4 次贷款记录,无一次逾期,最近一次贷款余额 4 万元,于 2011 年 1 月 20 日到期;许某、李某均有 3 万元的贷款余额,分别于 2011 年 5 月和 6 月到期
信贷人员收集到的信息
葛某库存化肥约 8 万元,最近 3 个月销售额分别为 1 万元、1.5 万元、1.8 万元。
许某小规模养猪 2 年多,现有生猪 80 多头,照片显示了 20 多头重约 200 斤的生猪。
李某有养鸡场一座,库存蛋鸡 5 000 多只,现正处于产蛋高峰期,有饲料搅拌机一台,旁边约有 500 斤饲料。目前蛋鸡已经养殖近 300 天,每天消耗饲料最多约 200 克/只

经过分析,小额信贷机构认为 3 人的贷款用途不太合理,原因如下:

葛某经营农资销售,1 月是淡季,仅凭客户销售记录不能采信,且销售记录字迹较新,又有 4 万元贷款即将到期,客户无法给予合理解释。

许某库存生猪中仅有 20 多头即将出售,按最多 30 头算,出售后最多腾出 5 间猪圈,仅凭现有猪圈数量无法容纳 6 万元(约 300 头)的仔猪。

李某蛋鸡养殖已经近 300 天,产蛋高峰期即将过去,现有 500 多斤库存饲料足以支撑,且高峰期过后,必须给蛋鸡减料,故贷款用于购饲料并不合理。

(资料来源:节选改编自黄武. 小额贷款评估技术与风险控制[M]. 北京:中国金融出版社,2013.)

案例 5-8　流动资金贷款金额的合理性分析

某公司年销售收入 800 万元,已经有银行贷款 300 万元,应收账款 150 万元,存货 150 万元,现该公司以法定代表人名下的房产抵押,拟向商业银行申请流动资金贷款 500 万元。该公司年销售收入只有 800 万元,目前又没有新的订单,应收款和存货合计只有 300 万元左右,在已经有银行贷款 300 万元的情况下,再向商业银行申请流动资金贷款 500 万元,经营收入明显与流动资金申请金额不匹配。该公司要么隐瞒了借款的真实用途,要么隐瞒了其真实的经营情况。

(资料来源:改编自邱俊如. 小额信贷实务[M]. 北京:中国金融出版社,2012.)

2. 合规性

贷款用途不仅要合理可行,还要符合政策法规以及小额信贷机构内部的规定。依据《贷款通则》(中国人民银行令〔1996〕第 2 号),有下列情形之一者,信贷机构不得对其发放贷款。

(1) 不具备贷款主体资格和基本条件。
(2) 生产、经营和投资国家明文禁止的产品、项目。
(3) 建设项目按国家规定应当报有关部门批准而未取得批准文件。
(4) 生产经营或投资项目未取得环境保护部门许可。
(5) 在实行承包、租赁、联营、合并(兼并)、合作、分立、产权有偿转让、股份制改造等体制变更过程中,未清偿原有贷款债务、落实原有贷款债务或提供相应担保。
(6) 贷款用于高风险的投资,如股票、期货等。
(7) 其他严重违法经营行为。

此外,以下这些贷款用途具有较高风险,通常也不被信贷机构支持。

(1) 军事设备的生产或贸易。
(2) 烟草生产。
(3) 生产国家法律、法规允许的公益性博彩事业以外的赌博设施、工具。
(4) 娱乐业企业经营。
(5) 民间从事投资业务的企业经营。
(6) 放高利贷。
(7) 偿还不具备偿还能力的其他债务。
(8) 缴纳拖欠税款。

案例 5-9　洗涤厂贷款申请的合规性分析

张三因扩大经营需要向某商业银行申请贷款 50 万元。该商业银行了解到,张三经营着一家洗涤厂,洗涤厂租用郊区的农民房进行生产,主要为几家宾馆洗涤床上用品。该商业银行受理了张三的贷款申请。经过实地调查及查阅相关凭证,证实张三前期提供的经营数据基本属实,但在现场调查中发现张三的洗涤厂没有办理环保许可证,租用的农民房使用的是民用电,洗涤厂实际是违法经营;但若办理环保许可证,更换工业用电,洗涤厂的经营成本就会急剧加大,甚至会发生亏损。

(资料来源:节选改编自邱俊如.小额信贷实务[M].北京:中国金融出版社,2012.)

活动拓展 5-7

请观察你所在的社区,找出一些可能不被信贷机构支持的经营活动的例子,并说明理由。

3. 挪用的可能性

贷款资金若被挪用他处,则不论其原定贷款用途多么合理合法都无济于事,贷款偿还将受到严重威胁。信贷人员应分析客户可能挪用贷款的动机,例如不良嗜好,分析客户以往是否有挪用贷款的记录,以及客户对资金使用是否采取了必要的保障和控制机制。

小组贷款时,一种常见的挪用现象是小组成员将获得的贷款集中提供给其中某一成员使用。在判断小组贷款资金是否被集中使用时,信贷人员除了凭借经验和直觉,还应关注以下情况是否存在。

(1)小组成员中有一个特别突出,实力强,贷款又特别积极,而其他成员则并不积极。

(2)小组成员中有一个贷款用途明确合理,其余成员的贷款用途存在疑点或不明之处。

(3)除了一个小组成员,其余小组成员未按要求开立储蓄结算账户用以发放和归还贷款,甚至向信贷机构咨询是否可以使用同一账户执行贷款相关手续。

贷款用途不同,风险分析时的关键信息也不同。明确贷款用途,不仅有助于信贷人员评估用途本身的风险,还有助于其根据贷款用途的差异,找准风险分析的关键点和特点并加以关注。

《商业银行授信工作尽职指引》(银监发〔2004〕51号)的附录中对重要授信品种进行了如下的风险分析提示。

1) 流动性短期资金需求应关注

(1)融资需求的时间性(常年性还是季节性)。

(2)对存货融资,要充分考虑当实际销售量已经小于或将小于所预期的销售量时的风险和对策,以及存货本身的风险,如过时或变质。

(3)应收账款的质量与坏账准备情况。

(4)存货的周期。

2) 设备采购和更新融资需求应关注

(1)时机选择,宏观经济情况和行业展望。

(2)未实现的生产能力。

(3)其他提供资金的途径:长期授信、资本注入、出售资产。

(4)其他因素对资金可能产生的影响。

3）项目融资需求应关注

(1) 项目可行性。

(2) 项目批准。

(3) 项目完工时限。

4）中长期授信需求应关注

(1) 客户当前的现金流量。

(2) 利率风险。

(3) 客户的劳资情况。

(4) 法规和政策变动可能给客户带来的影响。

(5) 客户的投资或负债率过高,影响其还款能力。

(6) 原材料短缺或变质。

(7) 第二还款来源情况恶化。

(8) 市场变化。

(9) 竞争能力及其变化。

(10) 高管层组成及变化。

(11) 产品质量可能导致产品销售量的下降。

(12) 汇率波动对进出口原辅料及产成品带来的影响。

(13) 经营不善导致的盈利下降。

5）贸易融资需求应关注

(1) 汇率风险。

(2) 国家风险。

(3) 法律风险。

(4) 付款方式。

(二) 投资项目评估

若贷款用于某个投资项目,信贷机构除了应关心项目手续是否完备、是否合法合规,还要关心项目的实施及收效,毕竟项目的收益直接关系到还款来源的安全性。

1. 可行性

对项目可行性及相关风险的评估要从以下这些方面入手。

(1) 项目股东及管理人员是否具备优秀的能力和品质。

(2) 技术上是否可行,采用的技术、工艺、设备等是否出现较大变化。

(3) 所需的能源、原材料及其他资源是否落实到位。

(4) 周期和进度是否合理,能否顺利按计划进行,有无拖延。

(5) 融资方案是否合理,除了该笔贷款需求外,是否具备充足的自有资金或是否能够筹措到其他所需资金。

(6) 是否有合理的经营规划和资金使用计划。

(7) 累计完工量与累计使用的资金是否相匹配,是否超出了预算。

(8) 费用开支是否合乎规定。

2. 效益性

最理想状态下,投资项目周期能够与贷款期限相匹配,其所产生的现金流能够用以偿还

贷款,这就要求项目本身具有足够的财务效益性。具备以下条件的项目具有较好的效益性:

(1) 对于投资者来说必要性强。

(2) 受到国家产业政策支持。

(3) 产出具备良好的市场和销路,例如新产品进入市场的初期、涨价前的进货或企业获得大额订单。

(4) 投产或建成后的设施和设备运转良好。

二、评估贷款担保条件

(一) 担保评估概述

1. 担保措施的意义

1) 一般意义

回顾之前所学,常见的贷款担保方式有抵押、质押和保证。信贷机构要求客户提供一定的担保,通常是为了覆盖部分贷款风险敞口,增强贷款的安全性。

对信贷机构而言,采取担保措施通常具有以下几个意义。

(1) 确保信贷机构处于主动地位。

(2) 对于偿债能力与意愿令人担忧的客户,信贷机构可以通过担保措施来控制其客户的资产或资源,进而迫其不敢轻易违约。即使出现违约,也可通过担保的处置获得补偿。

(3) 限制客户随意增加债务;采取担保措施可以限制客户在贷款期间以相同资产和资源为担保,从其他来源增加债务,增加贷款风险。

(4) 检验客户的偿债能力与贷款动机。在不考虑诈骗动机的情况下,客户寻求小额信贷主要有两方面原因:一是生产经营(或生活)由于某些原因出现了现金流短缺的状况;二是客户面临自认为非常好的投资机会,但自有资金不够。一般地,对由于这两个原因产生的贷款需求,客户在有能力的情况下都愿意提供相应的担保措施,并积极配合小额信贷机构办理相关的担保手续;而如果出于诈骗的动机,客户一般不愿意提供相关有力的担保措施。

担保措施是检验小额信贷客户能力、实力和资源的手段。在分析客户偿债能力与其拥有的社会资源时,应结合其可提供的担保措施来进行考察。

2) 无法提供担保的原因

客户无法提供担保措施的原因可能大致有两种。

(1) 该客户涉足市场的资历不深,尚未完成基本的原始积累,或完成的原始积累没有形成有效和可控的相关资产。这可以反映出该客户的经营资历有所欠缺,历年的留存收益很少,资本实力弱。

(2) 该客户缺乏相关社会资源的帮助,也就是缺乏第三人愿意为其贷款提供相应的保证担保。缺乏第三方帮助进而可能是因为:该客户本身的社会人际网络不充分,缺乏愿意为其贷款提供保证担保的第三人;或者是第三人出于对该客户信誉或能力的担心而不愿意为其提供保证担保。例如,由于客户以往曾失信于人,从而造成第三人对其诚信的担忧;或第三人对其经营能力与所拥有的资源的信心不足,从而导致其无法取得第三人的帮助。

3) 担保意义的局限性

我们已经知道,小额信贷客户相比其他信贷客户,在资源上更加缺乏,提供押品或担保人的难度更大。根据这样的客户特点,小额信贷机构常常尽可能不要求担保,或在传统担保范围之外,尽可能扩大担保方式的选择范围。在这种情况下,担保更多的是用来证明客户的偿债意愿,而很少被作为真正的"第二还款来源"。

在小额信贷实践中,第一还款来源是贷款分析和决策的关键。贷款的担保既无法取代客户的信用情况,也不能确保贷款的偿还。若信贷机构依赖第二还款来源而客户缺乏偿债能力,则信贷机构在争取贷款得到补偿的过程中会耗费大量人力、物力、财力和时间,甚至依然遭受贷款损失。

2. 担保评估的基本内容

担保评估有两个方面的基本内容:一是担保的合法有效性;二是担保的充分性。

在担保合法有效的前提下,担保的充分性要求信贷机构所持有的担保权益①大于贷款本息和执行担保所可能产生的费用。担保越不充分,贷款风险越大。因此担保权益评估中信贷机构最关心抵质押品的可变现价值和保证人的代偿能力。

(二) 押品评估

抵押物与质押物统称押品,对它们的风险评估有诸多共性,以下一并讨论。

1. 合法有效性

1) 押品和抵(质)押人资格的合法性

信贷人员应严格遵照《担保法》《物权法》等有关法律的规定,确保押品和抵(质)押人主体资格的合法性,防范法律允许范围以外的押品和抵(质)押人。押品若需相关资料和证明文件的,还应当保证这些资料的齐全和完备。

此外,质押还有其特殊的风控要求。

(1) 若以股票质押,须是依法可以流通的股票。

(2) 若以票据质押,须对票据备书进行连续性审查。

(3) 每一次背书记载事项、各类签章完整齐全并不得附有条件,各背书都是相互衔接的,即前一次转让的被背书人必须是后一次转让的背书人。办理了质押权背书手续的票据应记明"质押""设质"等字样。

(4) 若以海关监管期内的动产质押,需由负责监管的海关出具同意质押的证明文件。

此外,在对押品进行评估时,不要忘了考察抵(质)押人的信用情况,因其对押品的合法有效性和充分性都可能产生重大影响。

2) 押品真实性与权属

作为押品,首先必须真实存在,其次必须确实归属于贷款中相应的抵(质)押人。由于所有权的确定常常涉及多个部门,复杂性高、政策性强,关于所有权属容易引发争议,影响押品的效力,也使一些蓄意骗贷的不法分子有机可乘。信贷机构要对押品的产权进行确认,获得相关产权单位的证明或权利凭证进行核查。相关证明或凭证经确认为伪造、变造的,应及时向有关部门报案。

对于押品的权属有如下相关规定。

(1) 用动产出质的,应通过审查动产购置发票、财务账簿,确认其是否为出质人所有。

(2) 用权利出质的,应核对权利凭证上的所有人与出质人是否为同一人。如果不是,则

---

① 担保权益(secured interest)是指对债务进行担保后产生的担保权人享有的权益。

要求出示取得权利凭证的合法证明,包括判决书和他人同意授权质押的书面证明。

(3) 以土地使用权设定抵押的,原则上应只选择以出让方式取得且权属清晰、转让行为不受限的出让土地。信贷人员要关注土地的取得方式、已缴纳的土地出让金、相关合同和付款凭证,还要关注土地是否闲置,因为依据有关规定,闲置超过 2 年的土地可被国家无偿收回。

(4) 押品的设定需通过抵(质)押人或抵(质)押人有权决议机关的决议,必须反映其自愿、真实的意志和授权。当押品属于多方的共同财产时,应以抵(质)押人所有的份额为限,并且取得共有人的共同许可,出具相关证明,否则押品无效。例如,合伙企业财产作为押品,要经过全体合伙人的同意;集体所有制企业和股份制企业的财产作为押品,需获得董事会或职工代表大会的同意。

在保证押品原始权属的基础之上,信贷机构还应防范押品(尤其是抵押物)被擅自处置、转移或变卖的情况。

拓展阅读 5-2　押品之上的多重担保权利

在质押担保中,由于质押合同是从质物移交给质权人占有之日起生效,在实际中,不会出现在同一质物上重复设置质权的问题。

在抵押担保中,抵押物价值大于所担保债权的余额部分,可以再次抵押,即抵押人可以同时或者先后就同一项财产向两个以上的债权人进行抵押,债权人在受偿时便会出现先后之分。

3) 押品登记手续的有效性

押品需依法到有关部门办理登记,登记手续应当真实有效,应有信贷机构人员的参与和监督,要核查抵(质)押权证上品种、数量、质量等信息是否与应有的押品相符。

在办理抵押品的登记时,还要注意将抵押品相关的有效证件一并进行登记。因为抵押中的财产一般为抵押人所控制,若未抵押有效证件或抵押的证件不齐,信贷机构作为抵押权人无法控制抵押物的有效证件,押品就可能失控,就可能造成同一抵押物的多头抵押和重复抵押。如某公司用汽车营运车牌抵押,在 A 银行抵押时只在有关部门做了抵押登记,之后又在 B 银行以将车牌交其保管的方式质押,给银行贷款带来了风险。

4) 信贷机构对押品行使担保权利的限制

一旦出现贷款违约,就需要行使抵质押担保权利。同一押品之上若已设有多项权利且这些权利在法律上优先于担保物权时,一旦贷款出现违约,信贷机构就很可能无法通过押品的处置获得补偿。

例如,房产和土地使用权出租在先、抵押在后,则根据"抵押不破租赁"的原则,在租期结束之前信贷机构处置抵押物存在一定难度。

又如,当贷款客户拖欠工程款时,按照法律规定,工程价款优先于抵押债权。

信贷机构还要注意押品是否已经或即将被有关部门依法查封、冻结和扣押。

案例 5-10　重复抵押的风险

2013 年,李某由于赌博资金周转不过来,将自己名下一套房产做抵押,向一家小额贷款公司 A 贷款 15 万元。而随着赌桌上的血本无归,李某便伪造了购房合同、结婚证,找人冒充自己的老公签字,将该套房再次抵押给小额贷款公司 B,借款 12 万元。由于迟迟无法清还贷款,小额贷款公司B才发现,该处房产已被法院查封,于是将李某告上法院。

(资料来源:节选改编自邱俊如.小额信贷实务[M].北京:中国金融出版社,2012.)

案例 5-11　受偿顺序靠后的风险

1995 年 5 月,A 公司将其拥有的位于工业厂房第一、第二层及其使用范围内的土地使用权抵押给某财务公司(以下简称 B 公司)贷款 870 万元。双方到该市规划国土局(以下简称国土局)办理了抵押登记手续。贷款期限届满后,A 公司因另一债权起诉进入破产程序,据此,B 公司持抵押贷款合同等相关证明,向法院申请抵押优先受偿权。但是,农业银行某支行却向该市中院提出,B 公司不享有抵押优先受偿权,理由是 A 公司抵押给 B 公司的土地早就已经抵押给该银行。

(资料来源:节选改编自邱俊如.小额信贷实务[M].北京:中国金融出版社,2012.)

2. 充分性

1) 押品价值的估算

押品价值的估算对押品充分性的判定至关重要,因此信贷机构往往更倾向于易于品鉴的押品。信贷机构可选择自行进行押品价值评估或委托其他部门评估。在价值评估中,信贷机构要实施充分的市场调查,依照真实、公允的原则估算,并最终与抵(质)押人协商确定抵押物的价值。

抵押物的估价是评估抵押物的现值,有重置成本法、现行市价法、收益现值法、清算价格法等方法。估价的时间性和地区性,都会对评估结果产生一定的影响。

分析押品现值时,在有市场的情况下,应按照市场价格定价。例如国债、上市公司流通股票、存款单、银行承兑汇票等,其公允价值即为市场价格。

在没有市场的情况下,应参照同类押品的市场价格定价。例如以商品住宅、门市房、写字楼、土地使用权抵押的,要根据抵押物所处地段建筑物及土地的价格估价。

部分类型押品估价的重点考虑因素如下:

有价证券除了考虑市价,其价值通常与市场利率等经济指标的变动密切相关,不同种类证券相关关系也不相同。

不动产要考虑不动产所处的地理位置及经济效益的大小。若为房产,要参考其原造价和现造价,也要考虑其新旧程度、维修费用及配套设施等因素;若为可转让的土地使用权,则要考虑其用途及供求关系。

机器设备常以会计净值减去技术损耗为估价基础。应关注其损耗与折旧,以及技术进步造成的减值。

存货方面,对库存商品、产成品等存货的估价,主要考虑其市场价格以及销售前景。

通常,当遇到较为复杂的押品评估时,例如土地、建筑物、机器设备等的评估,信贷机构会委托一些专门评估机构。此时,信贷机构应做到以下两点。

(1) 选择有行业资格且资信良好的评估公司或专业质量检测、物价管理部门。

(2) 对于商业评估机构出具的评估报告,要就真实性和准确性进行审核,避免因一些中介机构的不规范竞争,得到不可靠的资产评估结论。

拓展阅读 5-3　押品估价规则

经过资产评估机构评估的(在评估有效期内才视为有效),以评估价值作为抵质押物价值的上限。

对未经过资产评估的质押物,以账面价值作为上限。

对未经过资产评估的以土地使用权或房地产作抵押的,以账面净值作为上限,其他抵押物以账面净值的70%作为上限。

对无账面价值的抵质押物,须经过资产评估机构评估并以评估价值作为上限。

(资料来源:节选改编自中国工商银行抵(质)押物(权)评估管理办法[Z].工银发〔2005〕133号.)

活动拓展 5-8

你能列举出多少家当地的评估机构?你对它们了解吗?你又对它们的资质作何评价呢?

2) 押品价值变动

押品的价值通常是变化的,一是因其在市场中的经济效益和供求关系发生变化,也叫经济性贬值或增值;二是因其在保管过程中出现磨损和耗损,也叫实体性贬值;三是随着时间推移、技术的进步,押品相对落后而产生的贬值,也叫功能性贬值。

因此,信贷机构更倾向于接受稳定性较高的押品,市场风险更小、更易于保管、性能更稳定等,而谨慎选择股票、权证等价格波动较大的押品,以及生鲜等易受损失的押品。

针对押品价值的变动性,信贷机构需将押品价值评估作为一项经常性工作,定期或不定期地进行,以便及时跟踪押品价值的变动趋势。

拓展阅读 5-4 押品的保险

针对押品的财产保险附加盗窃险,能够降低押品损失的风险性。信贷人员要注意财产保险是否在贷款到期日之前到期。

3) 押品收益

相比于抵押物,质押物的一个特点是,在其质押期内可能为信贷机构/质押权人带来收益,包括质押物所产生的天然孳息和法定孳息。在做押品评估时,信贷人员应考虑到押品可能的收益,并注意实际收益与预期收益出现差异的风险。

活动拓展 5-9

请查阅相关资料,阐述天然孳息和法定孳息的概念与区别。

4) 变现能力

贷款遭遇违约时,信贷机构便可能需要对押品进行处置和变现以获得补偿。不论押品的价值多高,若最终无法变现,或变现时折价过大,贷款的受偿便都落空,因此押品的变现能力与灵活适用性非常重要。信贷机构倾向于易售的、变现能力强的押品,而如设备、厂房等的变现能力则相对较弱。

5) 抵押率的确定

抵押率是抵押贷款本金利息之和与抵押物估价价值之比。对于信贷客户来说,抵押率越高获得的贷款金额越大;而对于信贷机构来说,抵押率越低,贷款越安全。抵押率过高使信贷机构承受风险大;抵押率过低则借款人难以接受。信贷机构需合理确定抵押率,具体公式如下:

抵押率公式,见式(5-1)

$$抵押率 = \frac{抵押贷款本息总额}{抵押物评估价值} \times 100\% \qquad (5-1)$$

对以上公式稍作变形则得到抵押贷款本息总额公式,见式(5-2)

$$抵押贷款本息总额 = 抵押物评估价值 \times 抵押 \qquad (5-2)$$

抵押人所担保的债权不得超过抵押物的价值,故抵押率不超过1。财产抵押后,其价值大于所担保债权的余额部分,可以再次抵押,但不得超出其余额部分。

确定抵押率时要综合考虑押品价值变动、押品收益以及变现能力。价值贬损、收益降低的风险越大或变现能力越弱,抵押率应越低。国内外贷款抵押率一般在70%左右,商业银行为50%～70%,最高不超过80%。

某信贷机构抵押率的设定要求:

(1) 商品房住宅抵押:抵押率不得超过65%。

(2) 办公楼、商铺抵押:抵押率不得超过60%;应谨慎接受大型商场的分割销售商铺作为抵押物,抵押率不得超过50%。

(3) 工业厂房抵押:抵押率不得超过50%;鼓励采取工业园区内标准厂房抵押;应谨慎接受非工业园区内的非标准厂房,抵押率不得超过40%。

活动拓展 5-10

请查阅资料,了解"质押率"的计算公式和设定要求。

(三) 保证评估

我国《担保法》对保证人的资格作了明确的规定,只有那些具有代主债务人履行债务能力及意愿的法人、其他组织或者公民才能作为保证人。这一规定有以下两个含义。

(1) 保证人必须是具有民事行为能力的人,只有具有民事行为能力的人所做出的法律行为才有效。

(2) 保证人必须具有代为履行主债务的资历。

1. 合法有效性

1) 主体资格

提供保证的主体可以是以下几项:金融机构;从事符合国家法律、法规的生产经营活动的企业法人;从事经营活动的事业法人;其他经济组织;自然人。

根据《担保法》的规定,不可作为保证人的主体有:国家机关,但经国务院批准为使用外国政府或者国际经济组织贷款进行转贷的除外;以公益为目的的事业单位、社会团体,包括学校、幼儿园、医院、科学院、图书馆、广播电台、电视台等;无企业法人的书面授权或者超出企业法人书面授权范围提供保证企业法人的分支机构;企业法人的分支机构或职能部门,但可依据企业法人书面授权,在授权范围内提供保证。

要注意的是,企业法人出具的保证应符合该法人章程规定的宗旨或经营范围,对已规定对外不能担保的,信贷机构不能接受其为保证人。

此外,《担保法》禁止政府及其所属部门要求银行等金融机构或者企业为他人提供担保,并进一步规定银行等金融机构或企业对政府及其所属部门要求其为他人提供保证的行为,有权予以拒绝。

2）关系真实自愿性

保证关系应当确实为信贷关系第三方真实自愿的意思表示。对此，信贷人员应防范以下风险。

（1）虚假保证人。例如，借款人以不同名称的公司申请贷款，公司之间有重大关联（如有共同的法定代表人）且相互提供保证，这种贷款风险性较大，有诈骗嫌疑。

（2）被强制的保证，保证人并非自愿。

（3）法人机构保证未获有权决定人同意。股份有限公司或有限责任公司的企业法人提供的保证，需要取得董事会决议同意或股东大会同意。未经上述机构同意的，商业银行不应接受为保证人。中外合资、合作企业的企业法人提供的保证，需要提交董事会出具的同意招保的决议及授权书、董事会成员签字的样本，同时提供由我国注册会计师事务所出具的验资报告或出资证明。

（4）保证合同虚假或因其他原因无效。

2. 充分性

1）保证能力及意愿

保证人应有足够的保证能力和诚恳的担保意愿，否则保证形同虚设，在对保证人偿债能力及意愿分析的基础上，信贷人员还应了解保证人与自然人客户的关系（尤其是公司之间互保的情况），以便进一步探明保证人提供担保的动机，并注意贷款期限是否超过保证期限。

特别是，若由专业担保公司提供担保，信贷人员应对以下方面进行考察，以便判断该担保公司是否符合信贷机构的合作条件及该保证是否符合信贷机构的政策。

（1）担保公司的资信和背景实力。

（2）担保公司选择被担保人的标准。

（3）担保公司以往的赔付情况。

（4）担保公司对外担保总额与其净资产相比是否适度（按规定，担保总额不超过净资产的10倍）。

（5）担保公司的其他影响其担保能力的事件。

（6）客户对担保公司提供的反担保①方式。

（7）该笔担保贷款金额与其净资产相比是否适度（按规定，单个客户担保贷款金额不得超过净资产的10％）。

2）保证限额与保证率

依据保证人的资信情况，信贷机构可以评定出保证人的信用风险限额，扣除保证人对信贷机构已有及或有的负债之后的金额，便是保证人的保证限额（guarantee limit），见式(5-3)。

$$保证人的保证限额 = 信用风险限额 - 对信贷机构的已有债务 - 对信贷机构的或有债务$$
(5-3)

类比抵押率，保证率是保证贷款本息总额与保证限额之比，用以衡量保证担保的充足性，从而衡量保证贷款的风险性，其计算公式见式(5-4)

$$保证率 = \frac{保证贷款本息总额}{保证限额} \times 100\%$$
(5-4)

---

① 反担保（counter-guarantee）又称求偿担保，是债务人对担保人提供的担保，用以保障担保人在一旦承担担保责任后就能从债务人处获得补偿，即担保人追偿权的实现。

此外,保证额具有一定限制,一般会由信贷机构会同债务人、保证人之间签署最高限额保证协议,针对债务人在一定期间内连续发生的若干笔债务,确定一个最高限额,由保证人在此限额内对债务人履行债务作保证。

拓展阅读 5-5　连环保证酿恶果

K 纺织、L 阀门和 M 机械三家企业相互之间提供保证,从某银行分别融资数百万元。2008 年 1—2 月同时违约,从风险产生的直接原因看,这几家企业存在共性。

(1) 发生时间均在春节集中支付各类款项(如工资、料款等)期间。

(2) 企业主平时有不良行为,其中两家企业主有大额赌博习性。

(3) 三企业均存在向社会上所谓的"投资公司"高息借款情况(月息达 6% 以上)。

企业固定资产投资失衡,超出自身承受范围,靠社会高息融资来周转,企业经营入不敷出。如 K 和 M,均成立于 2003 年,2005 年、2007 年各投入近千万购买新厂房,期间向社会高息融资,结果两企业主均避债出逃。

如此的连环保证不仅不能保证该银行的权益,反而引致了更大的损失。

(资料来源:节选改编自中国工商银行.中小企业信用风险识别专题培——前应重点关注的信用风险及贷后管理要点[EB/OL].豆丁网,2009-05.http://www.docin.com/p-315092144.html.)

知识自测 5-3

(1) 判断贷款用途是否合理的基本逻辑是什么?

(2) 担保风险评估有哪两方面基本内容?请分别阐述在押品评估和保证评估时如何进行这两方面的评估。

任务四　基于客户征信记录评估信用风险

- 了解征信的作用与使用,掌握信用评级的方法

在信用风险评估中,信贷人员不仅要尽可能真实全面地还原信贷客户的资信信息,也要能够通过这些信息,对客户的信用风险做出科学合理的判断。在多渠道收集信息的过程中,征信记录是重要的信息来源,而当信贷机构需要对收集到的复杂多元的信息进行综合评判时,除了要依赖信贷人员的经验进行主观判断,还可依赖一套统一的评价指标体系,或使用一些量化与统计的方法,使分析过程更加便捷,结果更加客观。

一、认知征信

(一) 征信概述

1. 征信的概念和意义

征信(credit investigation)是专业化的、独立的第三方机构为个人或企业建立信用档案,依法采集、客观记录、整理、保存、加工其信用信息,并依法对外提供信用信息服务的一种活动。征信为专业化的授信机构提供了一个信用信息共享的平台。

征信服务既可为防范信用风险、保障交易安全创造条件,又可使具有良好信用记录的企业和个人能以较低的交易成本获得较多的交易机会,而缺乏良好信用记录的企业或个人则相反,从而促进建立健全社会征信体系,褒扬诚信,惩戒失信。征信业在促进信用经济发展

和社会信用体系建设中发挥着重要的基础性作用。

2. 征信的分类

按征信的对象主要分为：企业征信、个人征信、财产征信(如股票、债权、大型基建项目等的征信)。

按使用征信信息目的主要分为：信贷征信，为金融机构信贷决策提供支持；商业征信，为批发商或零售商等的赊销决策提供支持；雇用征信，为雇主用人决策提供支持；其他征信，诸如市场调查、债权处理、动产、不动产鉴定，等等。

按征信范围可分为：区域征信、国内征信、跨国征信等。

(二) 我国征信业现状

1. 征信行业背景

近年来，国家高度重视社会信用体系①建设。自2013年3月15日起《征信业管理条例》(中华人民共和国国务院令第631号)正式实施以来，一批信用体系建设的规章和标准相继出台，解决了征信业发展无法可依的问题。全国集中统一的金融信用信息基础数据库建成，小微企业和农村信用体系建设积极推进；各部门推动信用信息公开，开展行业信用评价，实施信用分类监管；各行业积极开展诚信宣传教育和诚信自律活动；各地区探索建立综合性信用信息共享平台，促进本地区各部门、各单位的信用信息整合应用；社会对信用服务产品的需求日益上升，信用服务市场规模不断扩大。然而，覆盖全社会的征信系统尚未形成，社会成员信用记录严重缺失，守信激励和失信惩戒机制尚不健全。

2014年6月，国务院印发《社会信用体系建设规划纲要(2014—2020年)》(国发〔2014〕21号)(下文简称《纲要》)，提出"到2020年，社会信用基础性法律法规和标准体系基本建立，以信用信息资源共享为基础的覆盖全社会的征信系统基本建成，信用监管体制基本健全，信用服务市场体系比较完善，守信激励和失信惩戒机制全面发挥作用"。

《纲要》将重点针对农村和小微企业实施信用体系建设专项工程列入规划。

农村信用体系建设工程。为农户、农场、农民合作社、休闲农业和农产品生产、加工企业等农村社会成员建立信用档案，夯实农村信用体系建设的基础。开展信用户、信用村、信用乡(镇)创建活动，深入推进青年信用示范户工作，发挥典型示范作用，使农民在参与中受到教育，得到实惠，在实践中提高信用意识。推进农产品生产、加工、流通企业和休闲农业等涉农企业信用建设。建立健全农民信用联保制度，推进和发展农业保险，完善农村信用担保体系。

小微企业信用体系建设工程。建立健全适合小微企业特点的信用记录和评价体系，完善小微企业信用信息查询、共享服务网络及区域性小微企业信用记录。引导各类信用服务机构为小微企业提供信用服务，创新小微企业集合信用服务方式，鼓励开展形式多样的小微企业诚信宣传和培训活动，为小微企业便利融资和健康发展营造良好的信用环境。

2015年1月5日，中国人民银行印发《关于做好个人征信业务准备工作的通知》，要求

---

① 社会信用体系是指为促进社会各方信用承诺而进行的一系列安排的总称，包括制度安排、信用信息的记录、采集和披露机制、采集和发布信用信息的机构和市场安排、监管体制、宣传教育安排等各个方面或各个小体系，其最终目标是形成良好的社会信用环境；征信体系是社会信用体系的重要组成部分，包括征信制度、信息采集、征信机构和信息市场、征信产品与服务、征信监管等方面。

八家民营征信机构准备开展个人征信业务,个人征信市场一触即发。这八家机构分别是芝麻信用管理有限公司、腾讯征信有限公司、深圳前海征信中心股份有限公司、鹏元征信有限公司、中诚信征信有限公司、中智诚征信有限公司、拉卡拉信用管理有限公司、北京华道征信有限公司。

目前,中国人民银行及其派出机构负责对我国征信业进行监督管理。

拓展阅读 5-6　信用记录关爱日

为提高社会公众信用意识,引导社会公众关心、关爱自身信用记录,从 2008 年开始,中国人民银行把每年的 6 月 14 日确定为"信用记录关爱日",以"珍爱信用记录,享受幸福人生"为主题口号,采取全国联动、合力推进的方式,组织人民银行分支机构、金融机构、征信机构,开展全国性的征信专项宣传活动。

活动拓展 5-11

请查阅中国人民银行《中国征信业发展报告》,了解征信业在我国的发展,并谈谈你对征信行业发展趋势的看法。

请查找资料,举例介绍在我国开展征信业务的本土与外资征信机构,并就你感兴趣的机构介绍其主要产品及运作模式。

2. 征信机构

在众多征信机构中,中国人民银行征信中心是最为权威、影响力最大的征信机构。

2006 年,人民银行征信中心成立,专门负责企业和个人征信系统(即金融信用信息基础数据库,又称企业和个人信用信息基础数据库)的建设、运行和维护。2013 年施行的《征信业管理条例》,明确了征信系统是由国家设立的金融信用信息基础数据库定位。目前,征信中心在全国 31 个省和 5 个计划单列市设有征信分中心。

1997 年,中国人民银行开始筹建"银行信贷登记咨询系统"(企业征信系统的前身)。2004—2006 年,中国人民银行组织金融机构建成全国集中统一的企业和个人征信系统。今天的征信系统,已经建设成为世界规模最大、收录人数最多、收集信息全面、覆盖范围和使用广泛的信用信息基础数据库,基本上为国内每一个有信用活动的企业和个人建立了信用档案。截至 2013 年 11 月底,征信系统收录自然人 8.3 亿多,收录企业及其他组织近 2 000 万户。

征信系统全面收集企业和个人的信息。其中,以银行信贷信息为核心,还包括社保、公积金、环保、欠税、民事裁决与执行等公共信息。接入了商业银行、农村信用社、信托公司、财务公司、汽车金融公司、小额贷款公司等各类放贷机构;征信系统的信息查询端口遍布全国各地的金融机构网点,信用信息服务网络覆盖全国。形成了以企业和个人征信报告为核心的征信产品体系,征信中心出具的征信报告已经成为国内企业和个人的"经济身份证"。

虽然如此,但该征信系统还有较大完善空间,仍有大量从事信贷业务的非银行机构和民间融资的信息未被收集,无从查询。

活动拓展 5-12

请查阅资料,了解哪些国家在征信领域处于领先水平,并挑选其中一个国家对其征信行业现状进行阐述。思考:国外的哪些经验值得我们借鉴?

二、查询征信报告

在信用风险评估中,个人客户、企业客户、担保人企业客户的法定代表人及出资人等的征信记录常是重要的参考依据。此处仅以中国人民银行征信中心的征信报告为例,介绍查询征信报告的方法。

(一)查询征信报告的方法

个人或企业可以通过多种渠道查询其征信报告,包括互联网查询系统、商业银行及其网银、当地人民银行征信管理部门、北京人民银行征信中心。部分城市还布放了自助查询机,使自主查询征信报告更为便捷。

信贷机构可要求被查询人亲自提供其征信报告,也可在获得被查询人书面授权的情况下,通过商业银行或征信管理部门获取其征信报告。而商业银行作为征信系统的用户,在获得授权的情况下,可直接通过征信系统查看征信报告。信贷机构应当按照被查询人授权的用途使用其征信报告,未经其同意,不得向第三方提供。

拓展阅读5-7　征信报告查询授权书示例

授　权　书

××(信贷机构名称):

因_____向贵行/公司申请贷款,本人作为该企业法定代表人/主要股东特授权贵行/公司通过中国人民银行个人信用信息基础数据库和上海资信有限公司个人联合征信系统等依法成立的个人信用数据库查询本人征信报告,并将本人的身份识别、职业和居住地址等个人基本信息,本人在个人贷款、各类信用卡和对外担保等信用活动中形成的个人信贷交易记录,以及其他相关信用信息分别报送中国人民银行征信服务中心和上海资信有限公司。

授权人:
年　月　日

(二)查询征信报告所需提交的资料

1. 个人征信报告

根据《金融信用信息基础数据库本人征信报告查询业务规程》(银征信中心〔2013〕97号)规定,个人可以亲自查询个人征信报告,一年可免费查询两次,也可委托代理人进行征信查询。

1)本人查询征信报告

个人向查询点查询征信报告的,应提供本人有效身份证件原件供查验,同时填写《个人征信报告本人查询申请表》,并留有效身份证件复印件备查。

有效身份证件包括:身份证(第二代身份证须复印正反两面)、军官证、士兵证、护照、港澳居民来往内地通行证、台湾同胞来往内地通行证、外国人居留证等。

2)委托他人查询征信报告

委托他人代理向查询点查询个人征信报告的,代理人应提供委托人和代理人的有效身份证件原件、授权委托公证证明供查验,同时填写《个人征信报告本人查询申请表》,并留委托人和代理人的有效身份证件复印件、授权委托公证证明原件备查。另可自备填写完成《个人征信报告本人查询申请表》。

2. 企业征信报告

根据《金融信用信息基础数据库企业征信报告查询业务规程》(银征信中心〔2013〕97号)规定：企业法定代表人可以亲自或委托经办人代理查询企业征信报告。

1) 法定代表人查询企业征信报告

法定代表人向查询点查询企业征信报告的，应提供本人有效身份证件原件、企业的有效注册登记证件(工商营业执照或事业单位法人登记证等)原件、其他证件(机构信用代码证、企业贷款卡或组织机构代码证)原件供查验，同时填写《企业征信报告查询申请表》，并留有效身份证件复印件、有效注册登记证件复印件、其他证件复印件备查。

有效身份证件包括：身份证(第二代身份证须复印正反两面)、军官证、士兵证、护照、港澳居民来往内地通行证、台湾同胞来往内地通行证、外国人居留证等。

2) 委托经办人代理查询企业征信报告

委托经办人代理向查询点查询企业征信报告的，经办人应提供法定代表人和经办人的有效身份证件原件、企业的有效注册登记证件(工商营业执照或事业单位法人登记证等)原件、其他证件(机构信用代码证、企业贷款卡或组织机构代码证)原件、《企业法定代表人授权委托证明书》原件供查验，同时填写《企业征信报告查询申请表》，并留法定代表人和经办人有效身份证件复印件、有效注册登记证件复印件、其他证件复印件、《企业法定代表人授权委托证明书》原件备查。可以自备填写完成《企业征信报告查询申请表》《企业法定代表人授权委托证明书》。

拓展阅读 5-8 《征信业管理条例》对信息采集的规定

《征信业管理条例》(中华人民共和国国务院令第631号)对征信机构信息采集的规定如下：

第十三条 采集个人信息应当经信息主体本人同意，未经本人同意不得采集。但是，依照法律、行政法规规定公开的信息除外。

企业的董事、监事、高级管理人员与其履行职务相关的信息，不作为个人信息。

第十四条 禁止征信机构采集个人的宗教信仰、基因、指纹、血型、疾病和病史信息法律、行政法规规定禁止采集的其他个人信息。

征信机构不得采集个人的收入、存款、有价证券、商业保险、不动产的信息和纳税数额信息。但是，征信机构明确告知信息主体提供该信息可能产生的不利后果，并取得其书面同意的除外。

第十五条 信息提供者向征信机构提供个人不良信息，应当事先告知信息主体本人。但是，依照法律、行政法规规定公开的不良信息除外。

第十六条 征信机构对个人不良信息的保存期限，自不良行为或者事件终止之日起为5年；超过5年的，应当予以删除。

在不良信息保存期限内，信息主体可以对不良信息作出说明，征信机构应当予以记载。

第二十一条 征信机构可以通过信息主体、企业交易对方、行业协会提供信息，政府有关部门依法已公开的信息，人民法院依法公布的判决、裁定等渠道，采集企业信息。

征信机构不得采集法律、行政法规禁止采集的企业信息。

(资料来源：节选改编自征信管理条例[Z].中华人民共和国国务院令〔2013〕第631号.)

活动拓展 5-13

请试着查询自己的征信报告,并谈谈你的发现。

三、解读征信报告

以下仅以中国人民银行个人和企业征信报告为例,说明征信报告的内容。

(一)个人征信报告

个人征信报告记录了个人与银行等机构之间发生的信贷交易的历史信息,只要个人在银行等机构办理过信用卡、贷款、为他人贷款担保等信贷业务,他在这些机构登记过的基本信息和账户信息就会通过它们的数据报送而进入个人征信系统,从而形成征信报告,个人征信报告所含信息见表 5-9。

表 5-9 个人征信报告所含信息

公安部身份信息核查结果	实时来自公安部公民信息共享平台的信息
个人基本信息	个人本人的一些基本信息,包括身份信息、婚姻信息、居住信息、职业信息等内容
银行信贷交易信息	个人在各商业银行或者其他授信机构办理的贷款或信用卡账户的明细和汇总信息
非银行信用信息	从其他部门采集的、可以反映个人收入、缴欠费或其他资产状况的信息
本人声明	本人对征信报告中某些无法核实的异议所做的说明
异议标注	征信中心异议处理人员针对征信报告中异议信息所做的标注或因技术原因无法及时对异议事项进行更正时所做的特别说明
查询历史信息	何机构或何人在何时以何种理由查询过该人的征信报告

征信系统中的个人信息既有正面的、积极的信息,也有负面的信息。负面信息主要来自个人在与银行发生借贷关系后,未按合同要求时间还本付息,拖欠和借款不还等。

对于个人而言,为避免不良记录,在日常生活中需要注意的主要有以下几个方面。

(1)信用卡透支消费。信用卡消费方便快捷,但是如果持卡人在透支消费后没有按照规定及时还款,则会在信用记录上留下"污点"。

(2)还房贷。可能有人记得每个月按时还房贷,却粗心地忽略了贷款利率上升而带来的无形之中"月供"的增加,仍然按照以前的金额还款,则能会形成欠息逾期,形成不良记录。

(3)信用卡年费。在当下一人多卡的时代,一个人同时拥有若干张信用卡是普遍现象,但是众多的信用卡可能会有一张被遗忘在某个角落,忘了交年费,这样也可能给自己的信用记录抹黑。要及时注销不用的信用卡,避免不必要的麻烦。

个人认为信息错误、遗漏的,可以向征信机构或信息提供者提出异议,异议受理部门应当在规定时限内处理;个人认为合法权益受到侵害的,可以向征信业监督管理部门投诉,征信业监督管理部门应当及时核查处理并限期答复。个人对违反《征信业管理条例》规定,侵犯自己合法权益的行为,还可以依法直接向人民法院提起诉讼。

(二)企业征信报告

企业征信报告全面记录了企业的各类经济活动,是反映企业的信用状况的文书,见表 5-10。

表 5-10　企业征信报告信息

基本信息	企业的身份信息、主要出资人信息和高管人员信息等
借贷信息	企业在金融机构的当前负债和已还清债务信息，是征信报告的核心部分
公共信息	企业在社会管理方面的信息，如欠税信息、行政处罚信息、法院判决和执行信息等
声明信息	企业项下的报数机构说明、征信中心标注和信息主体声明等

若企业认为征信报告中的信息存在错误、遗漏，可以向征信中心或商业银行等数据提供机构提出异议。

拓展阅读 5-9　《征信业管理条例》对征信机构对外提供征信信息的规定

《征信业管理条例》对征信机构对外提供征信信息，有如下规定。

第十七条　信息主体可以向征信机构查询自身信息。个人信息主体有权每年两次免费获取本人的征信报告。

第十八条　向征信机构查询个人信息的，应当取得信息主体本人的书面同意并约定用途。但是，法律规定可以不经同意查询的除外。

征信机构不得违反前款规定提供个人信息。

第十九条　征信机构或者信息提供者、信息使用者采用格式合同条款取得个人信息主体同意的，应当在合同中作出足以引起信息主体注意的提示，并按照信息主体的要求作出明确说明。

第二十条　信息使用者应当按照与个人信息主体约定的用途使用个人信息，不得用作约定以外的用途，不得未经个人信息主体同意向第三方提供。

第二十二条　征信机构应当按照国务院征信业监督管理部门的规定，建立健全和严格执行保障信息安全的规章制度，并采取有效技术措施保障信息安全。

经营个人征信业务的征信机构应当对其工作人员查询个人信息的权限和程序作出明确规定，对工作人员查询个人信息的情况进行登记，如实记载查询工作人员的姓名、查询的时间、内容及用途。工作人员不得违反规定的权限和程序查询信息，不得泄露工作中获取的信息。

第二十三条　征信机构应当采取合理措施，保障其提供信息的准确性。

征信机构提供的信息供信息使用者参考。

第二十四条　征信机构在中国境内采集的信息的整理、保存和加工，应当在中国境内进行。

征信机构向境外组织或者个人提供信息，应当遵守法律、行政法规和国务院征信业监督管理部门的有关规定。

（资料来源：节选改编自征信管理条例[Z].中华人民共和国国务院令〔2013〕第 631 号.）

活动拓展 5-14

中国人民银行征信中心（http://www.pbccrc.org.cn）提供了个人与企业征信报告的样本，请查询了解，并尝试查找其他征信机构相关报告的样本。

任务五 基于财务信息评估企业信用风险

• 掌握财务指标以及财务报表主要风险点的分析,据此识别企业客户的信用风险

一、认知财务分析

（一）财务分析概述

在开展企业客户的小额信贷业务时,主要通过非财务信息分析和财务信息分析这两条途径对企业信用风险进行评估。而财务信息的分析主要是基于客户的财务报——资产负债表、损益表和现金流量表等——及其他重要财务信息进行的对客户资产负债状况、盈利状况及现金流状况的分析,如图 5-10 所示。

图 5-10 评估客户的偿债能力和信用风险

小额信贷机构作为(潜在)债权人,其财务分析的视角与专业财务人员有所不同,与投资者和其他利益相关人也不同,其财务分析要为正确的授信和贷款管理工作服务,应围绕小额信贷到期日客户的偿债能力分析这一核心展开,注重客户获取现金以支付债务的能力,而以其他目的的财务分析为辅助。例如,对短期贷款来说,分析客户短期现金流及偿债能力要比分析其长期偿债能力更重要。

信贷财务分析首要回答如下三个基本问题。

(1) 一笔小额贷款自申请日至到期日,客户将有多少负债需要支付或偿还?

(2) 客户目前的现金流情况如何?

(3) 客户在债务到期日之前的现金流是否能保证债务的按期足额偿还?是否需要担保措施来弥补资金缺口的风险?

此外,不同于传统信贷,小额信贷的客户往往不具备完善的财务报表。因此,小额信贷机构不能局限于财务报表信息的分析,还要广泛收集各类与偿债能力分析相关的财务信息,并综合这些信息对客户的还款能力进行评价。当然,分析要建立在财务信息本身合理、可信的基础之上,许多小微企业和个体工商户的财务行为并不规范,记账不确不实,要求信贷人员具备较强的辨别能力,以设法解决小额信贷中的信息不对称问题。

（二）财务分析的基本方法

信贷人员在对客户的财务报表和信息进行分析时,需要将不同数据相互结合关联,而非孤立地分析单个数据或报表。

1. 比率分析法(ratio analysis approach)

比率分析法是通过计算数值之间的相对数,使不可比的指标变为可比指标的分析方法。在本书有关财务指标分析的内容中,你将留意到比率分析法的大量应用。

2. 比较分析法(comparative analysis approach)

比较分析法是将实际数与基数进行对比的分析方法。一个财务指标的高低和好坏是相对而言的，对绝对数值的分析判断要经过一定的比较后才能下结论。

1) 标准值比较(comparison with standard values)

标准值比较是将企业财务指标同一定的理想值或理想范围进行比较的方法，它是最基本的比较分析法。例如，财务比率通常有一定的理想值或理想范围。一家企业的财务比率要与该比率的标准值比较，来判断其偿债能力和信用风险的高低。

虽然如此，但财务指标标准值并非一成不变，标准值并不能适用所有企业的所有情况，在比较时要根据企业的具体情况进行灵活变通，兼顾横向、纵向的比较。

2) 横向比较(horizontal comparison)

横向比较是将企业财务指标同可比企业进行比较的方法。可比企业的认定主要依据其所在的行业、资产或营业额规模、地理位置、所处的生命周期阶段等因素。横向比较是标准值比较的重要补充，可以使信贷人员的财务分析更为客观。

最常用的横向比较标准值是企业所处行业绩效的指标平均值[①]或行业内标杆企业的指标值。信贷人员可将上述企业绩效评价标准值作为参考依据，从中查找特定企业对应的横向比较标准值来评价目标企业指标的相对好坏。

基于小额信贷的客户群特点，本书仅在附录 5-1 的"2013 年企业绩效评价标准值——全国及 10 个行业大类财务指标标准值"之中列出了小型企业的标准值（唯独传播与文化业没有小型企业指标值，故以其全行业指标列示）。

3) 纵向比较(vertical comparison)

纵向比较是将企业财务指标与其自身以前年度或期间的财务指标进行比较的方法。通过纵向比较，信贷人员可以了解企业财务指标的变化趋势和波动情况。值得注意的是，对于许多财务指标质量的分析不仅要考察其高低，还要考察其稳定性，通过对不确定性的把握识别客户的信用风险。

趋势分析一般要求对两个以上以前年度或期间的指标进行计算，与当期指标进行比较，了解变化趋势，最终达到预测未来指标值的目的。小额信贷实务中，对客户现金流的预测尤为重要，特别是客户在小额贷款到期日之前的现金流，是判断客户到期偿债能力的主要依据。

3. 因素分析法(factor analysis approach)

因素分析法有两层含义：一是对财务指标进行拆解，对构成该财务指标的各部分的变动分别进行分析的方法；二是对财务指标变动的主要影响因素进行分析的方法，掌握该财务指标随每个影响因素的变动而变动的关系。因素分析法通过对财务指标内在的进一步剖析，通过分析各因素的发展变化来理解和判断目标财务指标的变化趋势。

例如，信贷人员可将一家企业的毛利率进一步拆分为其各区域市场、各生产线、各产品

[①] 国务院国资委财务监督与考核评价局依据《中央企业综合绩效评价管理暂行办法》（国务院国资委令第 14 号）的规定，定期制定和发布企业绩效评价的标准值。标准值以国资委、财政部、国家统计局对全国国有企业的相关统计资料和月报数据为依据，在对上一年度国有经济各行业运行状况进行客观分析和判断的基础上，运用数理统计方法进行测算。2013 年企业绩效评价标准值的行业划分共包括 10 个大类、48 个中类和 102 个小类。此外，标准值还按企业所在区域作了区分，包括华北地区、华东地区、中南地区、西南地区、西北地区。

相对应的毛利率,也可将影响毛利率变化的因素梳理出来,包括市场竞争、原材料和人工成本、技术的革新、消费者偏好等,以此发现问题,从而细究企业盈利及偿债风险的主要来源。

4. 综合分析法(comprehensive analysis approach)

综合分析法是将多个财务指标或多种因素的分析进行汇总,从而进行综合判断的方法。有时多个指标之间似乎是矛盾的,因此就必须结合企业的实际情况及行业情况进行综合分析判断。综合分析要求信贷人员不依赖单一指标下结论,因为财务分析终究是一个非标准的过程,必然带有主观性,应该根据实际需要,综合多方因素,并结合信贷人员自身的经验进行。

常用的综合分析方法有杜邦分析法、综合评分法等。

活动拓展 5-15

(1) 国家统计局将国民经济行业分为 20 个大类,去查一查。关注和搜集统计年鉴与行业、企业年鉴并熟悉在互联网上检索这些信息的方法,将使你的工作事半功倍。

(2) 请参看附录 5-1,查找资料,了解其中财务指标的计算方法和含义——部分指标将在本书后文中有所涉及。如果你需要更全面地了解细分行业和区域财务指标的标准值,可以查阅 2014 年或 2015 年企业绩效评价标准值的全文。

(3) 搜索资料,了解并阐述杜邦分析法和综合评分法。

二、分析财务报表的关键科目

在分析企业财务信息时,信贷人员应对财务报表中的一些重点信息进行更进一步的调查和挖掘,以加强对客户信用风险的识别和防范。通过这一小节的学习,你会对资产负债表(balance sheet)、利润表(income statement)、现金流量表(cash flow statement)中信贷人员应着重了解和分析的风险点与关注点有所感知,并掌握一些实用的分析技术。

当你在分析企业财务信息时,下列情况应引起你的注意:

(一)资产负债表

整体上看,资产的分布结构体现了企业的生产经营策略,反映了自有与借入资金的用途,例如投入是多在固定资产、流动资产还是无形资产中,与企业所在行业密切相关,如商贸行业流动资产比例较大,工业企业则固定资产比例较大;负债反映了企业的融资策略和借贷情况,也代表了一定期间内的现金流支出负担;所有者权益表明了企业的资本实力,间接反映了企业能承受的贷款规模。

1. 货币资金

货币资金(cash)的财务风险分析要注意以下几点。

(1) 货币资金账上数额与银行存款对账单有较大出入,经查实际了未达账项还有其他原因而存在的多个账户。

(2) 银行资金流量和平均存款余额与企业的经营和销售活动不相匹配。

(3) 企业上下游资金收付的结算周期较前期出现较大变化。

(4) 货币资金余额较前期大幅降低。

(5) 货币资金被质押或限制使用,如遭金融机构、税务部门或法院的冻结。

(6) 存在非营业目的的大额货币资金转移。

2. 交易性金融资产

交易性金融资产(financial assets held for trading)是企业为近期内出售以从二级市场赚取差价的股票、债券、基金等投资。信贷人员可以将企业交易性金融资产明细账目同相关的交易记录和对账单等原始凭证进行核对。交易性金融资产的财务风险分析要注意以下几点。

(1) 交易性金融资产账面价值与市场价格存在较大差异,有大额贬值情况或投资损失可能的。

(2) 账上有较多交易性金融资产,有逾期贷款,而不将交易性金融资产变现偿还的。

(3) 借用小额信贷只是为了投资交易性金融资产的。

(4) 交易性金融资产有变现限制或存在质押的。

(5) 有委托理财性质的交易性金融资产,安全性和可回收性不确定的。

3. 应收票据

应收票据(notes receivable)的财务风险分析要注意以下几点。

(1) 应收票据已用于其他债务的质押。

(2) 应收票据长期挂账,或应收票据余额长期变化不大,存在坏账的可能性。

(3) 应收票据与销售情况不符。

(4) 票据相应的销售合同限制将该票据用于小额贷款的质押。

(5) 企业在已贴现或背书转让的商业承兑汇票上负有连带责任的。

拓展阅读 5-10　票据

在我国,票据为汇票(draft)、支票(check)和本票(promissory note)的统称。企业的应收或应付票据通常指商业汇票,包括银行承兑汇票和商业承兑汇票。

银行承兑汇票(banker's acceptance)是由在承兑银行开立存款账户的存款人出票,由承兑银行承兑的票据,如图5-11所示。

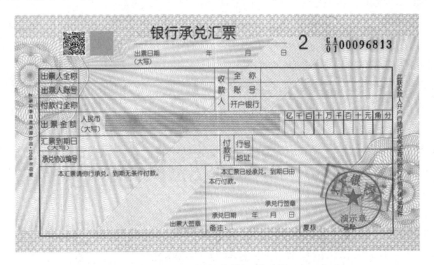

图5-11　银行承兑汇票示例

商业承兑汇票(trade acceptance)是付款人签发并承兑,或由收款人签发交由付款人承兑的汇票,如图5-12所示。

商业承兑汇票（卡 片） **1**

出票日期（大写） 年 月 日 汇票号码

付款人	全 称		收款人	全 称	
	账 号			账 号	
	开户银行			开户银行	
出票金额		人民币（大写）			亿 千 百 十 万 千 百 十 元 角 分
汇票到期日（大写）			付款人开户行	行号	
交易合同号码				地址	
出票人签章			备注：		

此联承兑人留存

图 5-12 商业承兑汇票示例

我国现行法律规定，商业汇票的付款期限不得超过 6 个月。

你不妨搜索了解一些常见的票据，熟悉其填制过程并读懂票据上的关键信息。

4. 应收账款

应收账款(accounts receivable)的财务风险分析要注意以下几点。

(1) 应收账款余额较大、长期不变或突然发生异常变化。

(2) 应收账款出现大量事实上的坏账。

(3) 应收账款债务人集中于同一自然人、同一企业、同一行业，或应收账款之间相互关联性强，风险集中。

(4) 存在对股东、其他关联方和员工的应收账款。

(5) 应收账款的债务人经营不善，或者存在破产、死亡、失踪。

(6) 留意“其他应收款”。其他应收款科目常常是会计报表的“垃圾桶”，其中可能隐藏某些利润或亏损，需要特别留意。

应收账款账龄较长，尤其是存在 3 年以上账龄①的应收款项。所谓信贷人员一般要通过应收账款的账龄分析来判断其健康程度。值得注意的是，不同行业应收账款的内容是有所区别的，账龄分析表也应根据行业特点而有所不同。

例题 5-1 一企业客户应收账款情况如下，请对该客户做一个应收账款的账龄分析。

(1) 6 笔 3 个月未偿付的应收账款，总额为 89 400 元。

(2) 7 笔 6 个月未偿付的应收账款，总额为 68 420 元。

(3) 1 笔 1 年未偿付的应收账款，金额为 55 000 元。

(4) 3 笔 1 年半未偿付的应收账款，总额为 204 839 元。

(5) 1 笔 3 年半未偿付的应收账款，金额为 30 000 元。

解答：该客户的应收账款的账龄分析表见表 5-11。

① 应收账款的账龄是指至今仍未偿付的应收账款自发生之日起到目前为止的时间。

表 5-11 应收账款的账龄分析表

应收账款账龄	账户数量	金额(元)	百分比(%)
1年以内(含1年)	14	212 820	47.5
1～2年(含2年)	3	204 839	45.8
3年以上	1	30 000	6.7
合计	18	447 659	100

5. 存货

存货(inventory)的财务风险分析要注意以下几点。

(1) 存货量与生产销售规模不相匹配。

(2) 存货出入库异常。

(3) 仓储着所有权属于他人的存货,却按自有资产核算。

(4) 产品成本因素上升的,如原料、燃料及劳动力成本上升。

(5) 库存的原料和燃料大幅贬值。

(6) 制造费用中水电费变化异常,急剧缩减或急剧上升。

(7) 存货资产结构不合理,存货中原材料、在产品、半成品、产成品及低值易耗品的比例关系不协调。

(8) 存在较大比例废品、次品、变质和毁损。

(9) 存货积压,产品滞销,产成品较前期大幅增加而其他存货很少增加甚至减少。

(10) 存货被用于其他债务的担保。

(11) 没有定期和不定期地进行存货清查盘点,没有合理计提存货损失。

存货是生产企业的重要流动资产。在生产企业的流动资产中,存货一般占到1/3以上。信贷人员在审阅企业会计报表时,不可能像审计人员那样进行实地盘查,但是对各类企业的存货分类、内容、特点、计价方法等都是应当了解的。检查存货相关原始凭证时,要注意存货明细账中借方的存货入库量要与入库单、购货发票、运费单据及采购合同进行核对;存货明细账中贷方的存货出库量要与出库单、销售发票、运输单据以及销售合同进行核对。

除此之外,还应了解企业存货的管理制度是否健全,执行是否有效,这些有助于判断企业存货的真实性,其中最简便易行的是了解企业存货清查盘点制度。

6. 固定资产

固定资产(fixed assets)的财务风险分析要注意以下几点。

(1) 固定资产报废、不可用、封存、闲置。

(2) 固定资产未合理计提折旧。

(3) 固定资产减值严重。

(4) 固定资产被有关部门查封。

(5) 固定资产的所有权不属于该企业。

(6) 固定资产已用于其他债务的担保。

(7) 固定资产名为出租,实为联营和抵债。

固定资产所有权权属的查证过程中,按照不同的固定资产类别,应检查以下四类资料或内容,确定相关固定资产的所有权。

(1) 对于建筑、房地产类固定资产,应审阅其权属证书的相关内容,有关的购置合同、发票与税单、保险单等资料。

(2) 对于外购的机器设备类固定资产,应审核原始的购买发票、购买合同、运输合同等资料。

(3) 对于融资租赁租入的固定资产,应审核有关融资租赁合同、运输合同、安装调试记录等资料。

(4) 对于交通运输类固定资产,应审核有关购买合同、发票、税票、运营证件等资料。

7. 在建工程

在建工程(construction in progress)的财务风险分析要注意以下几点。

(1) 工程物资价格上涨或工程量超计划增加,导致超出预算的现金支出。

(2) 存在在建工程相关借款,在建工程资金紧张。

(3) 在建工程停建或存在安全隐患。

与在建工程相关的凭证有工程预算、立项申请、施工合同、发票、工程结算依据、付款单据、验收报告等。

8. 无形资产

无形资产(intangible assets)的财务风险分析要注意以下几点。

(1) 无形资产不能给客户带来实际经济利益,存在重大减值迹象。

(2) 无形资产未合理计提摊销。

(3) 未按时支付土地使用相关税费。

(4) 无形资产用于其他债务的担保。

(5) 相关商业机密的保护不力和泄露。

9. 短期借款

信贷人员可通过客户的征信记录、借款合同、财务咨询合同了解短期借贷(short-term borrowings)的借款数额、借款条件、借款日期、还款日期、借款利率等基本信息,此外还有如下关键要素。

(1) 借款费用除了利息,还有高额的财务咨询费用、策划费。

(2) 企业将其自有资产作为短期借款的担保。

(3) 企业利用短期融资购建固定资产。

(4) 未按约定用途使用短期借款。

(5) 存在较多短期借款要在小额贷款到期日之前支付,或已有短期借款到期日与小额贷款到期日相近。

(6) 用举借新债或变卖长期资产产生的现金来归还短期借款。

(7) 短期借款存在展期情况。

(8) 短期借款存在逾期,面临罚息、诉讼或资产被查封处置的可能。

(9) 其他信贷机构对该企业的信用评级较低,借款条件较苛刻。

信贷人员应对企业短期借款的构成进行必要的了解,一般可以从三个方面进行:①借款的种类,按流动资金借款、票据贴现借款、进口原材料短期外汇借款等划分;②借款的期限,一般可按三个月以内、六个月以内、一年以内划分;③借款银行,即从各个银行、金融机构借入的数额。银行对企业短期借款的构成进行必要的了解,有助于阅读企业会计报表,分析企业短期借款的使用情况以及企业的各种信贷关系,防范风险。

10. 应付票据

应付票据(notes payable)的财务风险分析要注意以下几点。

(1) 应付票据数额较大。

(2) 存在较多应付票据需在小额贷款到期日之前支付,或应付票据到期日与小额贷款到期日相近。

(3) 企业近期使用借入的资金偿付大额应付票据。

(4) 有应付票据逾期未兑付,且可能要承担相应的违约责任。

应付账款的发生额明细尤其是主要供应商之间应付账款的相关明细,要与进货单、采购合同、发票、银行付款凭证、供应商收据、验收单、入库单等进行核对。

拓展阅读 5-11　提留与企业的财务状况

在分析企业的财务报表时,信贷人员要关注坏账准备、固定资产折旧、应付工资、应付福利费、应交税金、预提费用等是否按实计提,年末是否按规定进行利润分配。

通常来说,经营状况好的企业,为合理避税一般都能最大限度地提留;经营状况不好的企业,为了得到贷款支持,往往不计提或少计提,以使账面利润高一些。

11. 应付账款

应付账款(accounts payable)的财务风险分析要注意以下几点。

(1) 应付账款大幅波动。

(2) 应付账款增减变动与采购活动和经营周期不相匹配。

(3) 存在与购货无关的应付账款明细。

(4) 存在未处理的供应商发票。

(5) 长期拖欠供应商款项。

(6) 从供应商处获取的商业信用条件在下降。

(7) 以退货、变卖资产、以资产抵债来减少应付账款。

(8) 企业受到采购合同中规定的特殊义务条款、违约条款、结算条款的约束。

12. 应付职工薪酬

应付职工薪酬(payroll payable)的财务风险分析要注意以下几点。

(1) 工资费用大幅增加,可能是经营规模扩大过快。

(2) 工资费用大幅减少,可能是因市场萎缩或其他重大困难造成裁员。

(3) 实际考察到的生产经营情况和工人工资不相匹配。

(4) 拖欠职工薪酬。

(5) 未按时缴纳员工社会保险费(包括养老、医疗、失业、工伤、生育保险费)、住房公积金、公会经费和职工教育经费。

(6) 有以存货代替现金发放职工薪酬的情况。

(7) 关联公司员工薪酬与企业员工薪酬混淆。

(8) 存在违反《劳动法》等法规的情形。

活动拓展 5-16

请搜集资料,描述我国法律法规对企业支付职工薪酬和提供员工福利的有关规定。

13. 应交税费

应交税费(tax payable)的财务风险分析要注意以下几点。

(1) 纳税规模呈递减趋势。

(2) 申报缴纳的营业税或流转税[①]与经营和销售规模不相匹配。

(3) 存在重大的偷漏税情况或大额税金没有按要求缴纳,也未取得主管税务机关的缓期纳税与延期纳税的批准文件。

(4) 获得的税费减免或返还依据不够充分、合法和有效。

与应交税费相关的原始凭证有减免税批准文件、纳税鉴定、纳税通知、进销货发票、海关完税凭证、出口退税凭证、收购凭证或运费凭证等,信贷人员通过它们可以了解客户适用的税种、计税依据、税率,以及征、免、减税的范围和期限。

14. 实收资本

实收资本(paid-in capital)的财务风险分析要注意以下几点。

(1) 实收资本金没有足额到位,与注册资本不一致。

(2) 注册资金中以实物和无形资产方式出资的比例[②]较高,缺乏营运资金。

(3) 存在虚假验资和抽逃资本金的情况。

(4) 存在股东(投资者)抽资或变相抽资的情形。

(5) 股东在股权上存在纠纷。

(6) 实收资本的增减变动不符公司法等相关法律法规的规定。

实收资本的相关原始凭证包括:投资合同/协议、公司章程、会计师事务所的验资报告等,信贷人员可以通过这些凭证了解企业出资人投入资本的情况。

虚假验资的表现形式较多,比较隐蔽,如伪造银行进账凭证、对实物低价高报、以次充好等;抽逃资本金没有明确定义,但主要是转移资金、实物等。目前这些现象比较普遍。为防范这类问题,信贷人员不能过分相信新设立企业的资产负债表和出示的验资证明,应该结合实地勘察进行分析判断。

此外,在对负债与所有者权益进行分析时,信贷人员还应注意企业的以下三种情形。

(1) 长期负债占负债总额的比例很高,且主要长期负债的到期日在小额贷款到期日之前,或二者接近过去经营期间的获利能力较差,留存收益表现出较大的亏损。

(2) 企业经营年限短,毛利率低且销售经营规模不大,但未分配利润数额较大,形成反差。

(3) 除了确知的负债,信贷人员应留意"或有负债"(contingent liability),注意企业产品质量保证、已贴现商业承兑汇票、对外担保、未决诉讼、未决仲裁、索赔事件、未决税务纠纷等可能造成的现金支付义务,尤其要重视接近小额贷款到期日的或有现金支付义务。

活动拓展 5-17

请查阅公司法,了解其对公司注册资本的相关规定,总结归纳并作报告。

---

　　① 流转税(commodity turnover tax)又称流转课税、流通税,指以纳税人商品生产、流通环节的流转额或者数量以及非商品交易的营业额为征税对象的一类税收,包括增值税、消费税、营业税、关税等。

　　② 我国公司法规定,货币出资金额不得低于公司注册资本的30%。

（二）利润表

营业收入和成本是企业经营情况、效率与成果的最直接反映，由此可以观察企业是否存在市场不景气、生产浪费等问题。

1. 营业收入

营业收入（operating income）相关原始凭证包括：发票、发货单、销售合同、商品价格目录等，信贷人员通过对这些资料的检查和了解，可以获取企业销售活动的日期、产品名称、数量、价格、付款方式和信用条件等信息。

营业收入的财务风险分析要注意以下几点。

（1）主营业务相关价格和毛利率存在异常变动。

（2）营业收入计量不符会计制度规定，存在虚增收入等现象。

（3）关联方交易中商品的价格与正常销售价格差别较大，存在转移利润和现金的迹象。

（4）注意企业的特殊销售行为。

企业的特殊销售行为包括委托代销、分期收款销售、商品需要安装和检验的销售、附有退回条件的销售、售后回购、售后租回、以旧换新、出口销售等。信贷人员应理解这些销售行为对企业资金收付和收入确认的意义，并对其中的特殊风险予以关注。

此外，小型企业的很多销售可能不是采用合同的方式，而是采用客户传真订单的方式作为销售依据，这时应结合出库单、发运单、回款等情况核实传真订单的真实性。

最后，在判断企业的营业收入和成本是否存在异常波动时，不要忘了结合客户自身营业活动的季节性、周期性特点。

2. 主营业务成本

主营业务成本（operating costs）的财务风险分析要注意以下几点。

（1）主营业务成本存在异常变动、重大调整事项和非常规项目。

（2）销售数量递减而销售成本递增。

（3）销售退回的产品没有入库。

（4）未合理计量主营业务成本，存在减少成本、虚增毛利率的情况。

3. 营业费用

营业费用（operating expenses）的财务风险分析要注意以下几点。

（1）营业费用的增减变化与主营业务收入增减变化有较大不一致。

（2）销售佣金及业务招待费支出过大。

（3）广告费、业务宣传费支出较大，侵蚀毛利润。

（4）有较大的租金支付义务，如厂房、办公用地、机器设备等。

（5）产品存在质量保证方面的费用。

4. 管理费用

管理费用（administrative expenses）的财务风险分析要注意以下几点。

（1）管理费用及其主要项目的发生额存在异常变动，或与预算差别较大。

（2）迟延支付环保费、矿产资源补偿费、房产税、土地使用税、印花税等。

（3）相关人员工资、办公费、差旅费、培训费、注册登记费等被资本化而没有计入管理费用，有虚增利润的可能。

（三）现金流量表

对于信贷机构而言，关注已发生的现金流是为了更好地判断客户的偿债能力，企业缺乏现金流，就缺乏偿债能力，甚至会倒闭。信贷人员在对客户的现金流进行整体分析时，应对其贷款期限内的现金流进行预测，判断现金流的充足程度和稳定程度，围绕其现金流结构是否出现恶化，是否不能持续产生现金流入以满足正常的生产经营、扩大再投资与偿还债务需要这些问题来进行。

对现金流的预测主要基于企业在预测期间的经营计划和财务预算，以及历史现金流信息，并对现金流入和流出的动因进行分解。

1. 经营活动现金流

经营活动现金流（cash flow from operating activities）的分析应注意以下几点。

(1) 经营活动现金流占现金流量的比重较小，而投资和筹资活动现金流占比较大。

(2) 经营活动产生的现金流量净额为负。

2. 投资活动现金流

投资活动现金流（cash flow from investing activities）的分析应注意以下几点。

(1) 投资活动的现金流入流出量不符合企业的当前发展，或者企业大量增加不合理的投资。

(2) 投资活动现金流是由大量资产变现产生的。

(3) 投资收益低，投资活动现金流出大大高于现金流入。

当企业扩大规模或开发新的利润增长点时，需要大量的现金投入，投资活动产生的现金流入量通常补偿不了流出量，但如果企业投资有效，将会在未来产生现金净流用于偿还债务，创造收益。因此，在分析投资活动现金流时，应结合企业当前的投资项目与未来投资回报进行分析，不能简单地以现金流入与流出量进行分析。

3. 筹资活动现金流

筹资活动现金流（cash flow from financing activities）的分析应注意以下几点。

(1) 筹资活动有现金净流入，企业吸收资本或举债以补充经营上的资金短缺。

(2) 融资政策、筹资方式不合规，融入资金的用途和目的不合法。

(3) 很少分配股利和利润。

拓展阅读 5-12　企业粉饰现金流的做法

许多企业都有虚增粉饰现金流的问题，主要做法有以下几点。

(1) 利用关联交易，低买高卖调节现金流。

(2) 出售流动资产调节现金流。

(3) 虚构账面现金流，如虚增经营性现金流入与投资性现金流出。

三、分析企业财务指标

在对关键会计科目仔细分析的基础上，信贷人员还需系统地计算企业各类财务指标，以求对企业信用风险有更全面的认识。

一般地，企业的财务指标可分为偿债能力指标、营运能力指标、盈利能力指标、现金获取能力指标和发展能力指标。财务指标的分析没有定式，本节仅列举指标中最常用的一些。

在实际工作中，信贷人员可以根据实际情况再添加甚至自行创造指标分析，只要这些指标是有意义的。例如，在对发电企业资产和盈利质量进行分析时，"装机容量"是很重要的一个指标，并应将其与投资、资产规模、营业收入作比较。

（一）偿债能力指标

企业偿债能力（debt-paying ability）是指企业偿还到期贷款本息的能力，通常可从短期偿债能力和长期偿债能力来衡量。短期偿债能力指标指示企业对流动负债及时足额偿还的能力，也叫流动性指标（liquidity indicators），主要考察客户当前的财务支付能力和流动资产变现能力。长期偿债能力指标（solvency indicators）指示企业对总体债务本息及时足额偿还的能力。

1. 短期偿债能力指标

短期偿债能力指标有以下几种。

1) 流动比率

流动比率（liquidity ratio/current ratio）公式如式(5-5)所示

$$流动比率 = \frac{流动资产}{流动负债} \tag{5-5}$$

该指标应至少大于1，标准值为2。流动比率越大，就意味着单位流动负债所对应的流动资产越多，因为流动资产是偿还流动负债的主要来源，因此流动比率越大，也就意味着企业的短期偿债越有保障。若该指标低于标准值甚至低于1，则意味着企业用于偿债的流动资产不足，难以支付即将到期的债务。除非有足够理由可以预期在小额贷款到期日前，企业的流动比率会得到大幅提升或还有其他偿债资金的来源，小额信贷机构应谨慎发放和管理对该类客户的贷款。该指标并非越高越好，过多的流动资产会阻碍企业的投资和收益。

在使用流动比率时，可结合企业存在的诸如拖欠工资、水电费、租金等情况进行综合分析。此外还要注意企业的一些例外情况，例如：

(1) 其存货滞销积压。

(2) 其应收款余额较大且大部分超过正常的商业信用，使其资金被其他企业长期占用。

(3) 其流动资产里面包括大额的待摊费用。

(4) 其部分流动资产实际已经发生损失，不应继续体现为一项资产而造成其虚增流动资产，从而虚增流动比率。

在这些情况下，即使企业拥有较高的流动比率，也不能表明其具有良好的偿债能力。还有的企业有隐瞒短期债务的情况，少计流动负债，从而造成流动比率虚高。

2) 速动比率

速动比率（quick ratio/acid-test ratio）公式如式(5-6)所示

$$\begin{aligned}速动比率 &= 速动资产 / 流动负债 \\ &= (流动资产 - 存货 - 预付账款 - 待摊费用) / 流动负债 \\ &= 货币资金 + 短期投资 + 应收账款 + 应收票据 / 流动负债 \end{aligned} \tag{5-6}$$

速动资产扣除了变现能力较差且不稳定的存货、预付账款、一年内到期的非流动资产以及不可能用于还债的待摊费用等流动资产项目，其变现能力极强，是偿还流动负债的核心资金来源，因此速动比率比流动比率更能反映企业的短期偿债能力。若指标低于标准值，表明单位流动负债对应的速动资产较少，意味着企业短期偿债存在风险，应引起信贷机构的注意。该指标标准值为1,但并非越高越好。过多的速动资产会阻碍企业的投资和收益。

在使用速动比率时,应注意企业的一些例外情况,例如:

(1) 其货币资金部分被冻结或被限制使用。

(2) 其交易性金融资产被限制使用。

(3) 其应收款项因质押或其他原因被限制使用或变现能力较弱,甚至出现了较大的坏账。

在这些情况下,即使企业拥有较高的速动比率,也不能表明其具有良好的偿债能力。但若企业存货流转顺畅、产品畅销,则即使企业速动比率较低,也可能具备较强的短期偿债能力。

3) 现金流动负债比率

现金流动负债比率(cash-to-current-liabilities ratio)公式如式(5-7)所示

$$现金流动负债比率 = \frac{当期经营活动现金流量净额}{期末流动负债} \tag{5-7}$$

经营性现金流是现金流中最为稳定可预期的现金流,它与流动负债的比率反映了企业现金流在多大程度上保障了当期流动负债的偿还。该指标标准值为1。若指标低于标准值,则说明流动负债偿付有一定风险,应引起信贷机构的注意。依据对未来经营性现金流的预测,还可分析该比率的变动趋势,进而判断企业在小额贷款到期日的偿债能力。

4) 现金比率

现金比率(cash ratio)公式如式(5-8)所示

$$现金比率 = \frac{货币资金 + 交易性金融资产}{流动负债} \tag{5-8}$$

现金比率又叫超速动比率,它衡量了企业在不依靠其他资产变现的情况下,以现金和现金等价物随时直接偿还流动负债的能力。现金比率也叫保守速动比率,因为它是短期偿债能力指标中最为保守的一个。它表明了每单位的流动负债有多少现金资产作为偿还保障。该指标标准值为0.2,但指标并非越高越好,过多的现金性资产会阻碍企业的投资和收益。

信贷人员在分析现金比率时,应注意企业的现金资产在近三个月的月末平均余额,以及企业现金收支规模和稳定性等因素。一般的,如果其现金资产的月均余额波动不大,且有较大的现金收支规模,则表明其现金比率在未来几个月仍将延续目前的水平与趋势。

信贷人员还应注意企业现金资产有多少在小额贷款到期日可能被限制使用,如果现金资产里有一大部分的资产为保证金或其他被限制使用的资产,那么即使该比率较高,也不能保证其在贷款到期时具有较好的短期偿债能力。

5) 营运资本分析

营运资本分析公式如式(5-9)所示

$$营运资本 = 流动资产 - 流动负债 \tag{5-9}$$

营运资本是企业在当前分析时点下,以其流动资产抵偿流动负债后的剩余部分。在通过营运资本对企业短期偿债能力进行分析时,应结合其目前的资金流和物流的速度,关注流动资产和流动负债中变化较频繁的会计科目。

企业的流动资产等于甚至大于其流动负债,也并不说明其到期偿债能力就强,还要考虑企业存贷款到期日前的现金生成能力和现金支出水平。如果在贷款期间企业的现金生成能力较弱但其现金支出水平较高,则即使企业目前有较多的营运资本,也不能保证在小额贷款的到期日,其能拥有足够的现金去支付到期的贷款本息。

例如,企业在小额贷款到期日以前需要支付较多诸如应付职工薪酬、应交税金、租金、水电费等的刚性费用,或尚有较多需要偿还的其他到期借款等债务,则即使营运资本较多,企业的到期偿债能力也可能是不乐观的,除非有证据可以预见其在贷款期间有很强的现金生成能力。

计算分析题 5-1

A 公司为一家信息技术服务业公司。请使用附录 5-2 中 A 公司的财务报表数据,通过对 A 公司的相关指标的计算,并尽可能综合运用标准值及横纵向比较法,评价 A 公司的短期偿债能力。

2. 长期偿债能力指标

长期偿债能力指标有以下几种。

1) 资产负债率

资产负债率(debt-to-assets ratio)公式如式(5-10)所示

$$\text{资产负债率} = \frac{\text{负债总额}}{\text{资产总额}} \qquad (5\text{-}10)$$

资产负债率是债权人提供的资金占企业全部资金的比例,衡量了企业资产对债务的保障程度。该指标低于标准值,则说明企业负债状况比较合理、稳健,企业的自有资金占总资产的比重较大,长期偿债能力较强;若指标高于标准值较多时,意味着债权人资金比例较高,企业偿债风险较大,可能需要依靠借新债还旧债来维持,应视为财务预警信号,引起信贷机构的注意。一旦资产负债率超过 1,则说明企业资不抵债,有濒临倒闭的危险,债权人将遭受损失。

该指标标准值为 0.5。对于企业来说,该指标并非越低越好,过低的负债可能意味着企业经营保守,过分依赖自有资金,影响其发展速度。然而,对于小额信贷机构等债权人来说,企业资产负债率通常越低越好。

2) 产权比率

产权比率公式如式(5-11)所示

$$\text{产权比率} = \frac{\text{负债总额}}{\text{所有者权益总额}} \qquad (5\text{-}11)$$

该指标反映了企业债务资金和自有资金的相对比例,同时也反映了债权人投入资本受到股东权益的保障程度。一般地,该比率的标准值为 1.2,如果高于标准值,则意味着企业的负债资金占总资产的比率偏大,企业财务风险较大,长期偿债能力较弱;相反则意味着企业的自有资金占总资产的比率较大,企业财务风险较小,长期偿债能力较强。

3) 有形净值债务率

有形净值债务率(debt-to-net-tangible-assets ratio)公式如式(5-12)所示

$$\text{有形净值债务率} = \frac{\text{负债总额}}{\text{有形净资产总额}} = \frac{\text{负债总额}}{\text{所有者权益总额} - \text{无形资产净值}} \qquad (5\text{-}12)$$

有形净资产债务率是对资产负债率的必要补充,扣除一般不能用于偿债的无形资产,反映了在企业清算时,债权人投入的资本受到所有者权益的保障程度,较之资产负债率更为谨慎保守。该指标标准值为1.5。若该指标低于标准值,则说明债务的有形资产保障不足,影响长期偿债能力,应引起信贷机构的注意。

拓展阅读5-13 利息资本化

利息资本化是指将借款利息支出确认为资产的会计处理。

《企业会计制度》规定应予利息资本化的借款范围为专门借款,即为购建固定资产而专门借入的款项,不包括流动资金借款等。当期可以资本化的金额不得超过当期实际发生的借款费用。

(资料来源:节选改编自企业会计制度[Z].财会〔2000〕25号.)

4)已获利息倍数

已获利息倍数,也称利息保障倍数,它衡量了企业用利润偿付债务利息的能力。如果企业没有足够的息税前利润,债务利息的支付就失去了根本保障。该指标标准值为2.5。若该指标低于标准值,意味着企业的利润无法偿付利息,此时企业的信用风险很大,应引起信贷机构的注意。已获利息倍数(interest coverage ratio)的公式如式(5-13)所示

$$已获利息倍数 = \frac{息税前利润}{利息支出} = \frac{净利润+财务费用+所得税}{财务费用+资本化利息} \tag{5-13}$$

其中,资本化的利息支出不计入财务费用,所以财务报表的外部使用者通常得不到准确的利息支出数据。分析人员一般用财务费用代替利息支出进行计算。

已获利息倍数的一个缺陷是,它仅仅考虑了利息的因素,而实际信贷工作中,企业常要同步还本付息,且需用现金偿还。基于此,也有人主张用企业的经营活动现金流量与本息支付合计数相比较,计算所谓的"本息保障倍数"。

5)现金债务总额比

现金债务总额比(cash-to-debt ratio)公式如式(5-14)所示

$$现金债务总额比 = \frac{当期经营活动现金流量净额}{期末负债总额} \tag{5-14}$$

企业用来偿还债务的资金,除了借新债还旧债,就主要来自经营现金流。现金债务总额比反映了企业现金流对负债偿付的保障程度。该指标标准值为0.25,若该指标低于标准值,则现金流对负债的保障不足,应引起信贷机构的注意。

依据对未来经营性现金流的预测,还可分析该比率的变动趋势,进而判断企业在小额贷款到期日的偿债能力。

计算分析题5-2

A公司为一家信息技术服务业公司。请使用附录5-2中A公司的财务报表数据,通过对A公司的相关指标的计算,并尽可能综合运用标准值及横纵向比较法,评价A公司的长期偿债能力。

(二)营运能力指标

营运能力(operating ability),是指企业的经营运转能力,反映在企业运用其资源的效率和效益,故营运能力分析也叫资产利用效率分析。企业资产被利用得越充分,资产运用创造的收益就越多,资产的质量就越高。一般而言,影响资产使用效率的因素包括:企业所处行业及其经营环境、企业经营周期的长短、企业的资产构成及其质量、资产的管理力度以及企

业所采用的财务政策等。

资产营运能力的强弱体现为资产的变现能力或周转速度,通常用周转率(turnover rate)[也叫周转次数和周转期(turnover period)或者叫周转天数]来衡量,二者是反比例的关系:周转率越高,周转速度越快;周转期越长,周转速度越慢。因为周转率和周转期一一对应,以下仅以周转率形式介绍一些常用的营运能力指标。

1. 应收账款周转率

应收账款周转率是一定期间企业应收账款转为现金的次数,反映了企业应收账款的管理效率和盈利的质量。应收账款周转率(accounts receivable turnover rate)公式如式(5-15)所示

$$应收账款周转率 = \frac{赊销收入净额}{\frac{期初应收账款余额 + 期末应收账款余额}{2}} \quad (5\text{-}15)$$

其中,赊销收入净额是扣减了销售折扣与折让的赊销收入,由于财务报表所反映信息的局限性,常用"主营业务收入净额"来替代计算。而通常所称主营业务收入与主营业务收入净额相互通用,不需特意区分。

若应收账款周转率指标低于标准值,表明企业流动资金回收过慢,过多地呆滞在应收账款上,账龄较长,增加了收账费用和坏账损失,严重时会影响企业资金情况和正常经营运作与偿债能力;另有可能是企业虚增营业收入和利润,而无法将应收的赊销收入真正转换为现金,均应引起信贷机构的注意。该指标标准值为 3。

使应收账款周转率变化的原因主要有:企业信用政策、客户故意拖延和客户财务困难。信贷人员应分析不同时期的指标变化,并与行业指标进行对比,检查是否存在重大异常。

应收账款周转率上升若由紧缩的信用政策引起,则可能危及企业的销售增长,影响企业的市场占有率。信贷人员应考虑贷款申请人上下游的实际结算周期,分别结合其实际取得的主要商业信用周期和实际给予的主要商业信用周期的长短,综合分析。企业加紧收账,还可能是因为近期存在大额的现金支付要求,例如,有较大的投资,或存在大额到期债务需要偿还。

对应收账款周转率明显小于其所在行业的贷款申请人,应分析其原因是近期销售出现了明显下滑,还是下游客户所处的相关行业不景气而导致的应收账款拖欠。

应收账款是时点指标,易受季节性、偶然性和人为因素的影响。为了使该指标尽可能接近实际值,计算平均数时应采用尽可能详细的资料。

如果贷款申请人计提了较高的坏账准备,则应收账款的余额本身就会减少,在这种情况下,可直接以没有扣抵坏账准备的应收账款余额计算应收账款周转率。

2. 存货周转率

存货周转率(inventory turnover rate)公式如式(5-16)所示

$$存货周转率 = \frac{主营业务成本}{\frac{期初存货余额 + 期末存货余额}{2}} \quad (5\text{-}16)$$

存货周转率衡量了企业存货资产在一定时期内的周转变现速度,衡量了存货资金占用量是否合理。因为存货资产存在于企业"采购—储存—生产—销售"四个环节,因此该指标也是衡量企业"供、储、产、销"管理效率的综合性指标。该指标标准值为3,若该指标低于标

准值,则意味着企业存货资金的回收能力较弱,存货周转不灵,管理效率较低,可能会对其资金流动性造成重大负面影响,应引起信贷机构的注意。

计算分析存货周转率指标应注意的问题包括:

理解存货周转率,应尽可能结合存货的批量因素、季节性变化因素等,同时可结合存货的组成结构进一步计算分析。存货周转过快,有可能会因为存货储备不足而影响生产或销售业务的进一步发展,特别是那些供应较紧张的存货。

3. 流动资产周转率

流动资产周转率(current assets turnover rate)公式如式(5-17)所示

$$流动资产周转率 = \frac{主营业务收入}{\frac{期初流动资产余额 + 期末流动资产余额}{2}} \quad (5-17)$$

流动资产周转率衡量了企业流动资产在一定时期内转化为收入的次数。该指标标准值为1,若指标低于标准值,则意味着流动资产周转速度较慢,此时同样的销售收入占用了企业更多的流动资金参与周转,造成资金的浪费,应引起信贷机构的注意。

4. 固定资产周转率

固定资产周转率(fixed assets turnover rate)公式如式(5-18)所示

$$固定资产周转率 = \frac{主营业务收入}{\frac{期初固定资产余额 + 期末固定资产余额}{2}} \quad (5-18)$$

固定资产周转率主要衡量企业对厂房、设备等固定资产的利用效率。该指标越大,意味着同样的固定资产换来的主营业务收入越多,说明企业对固定资产利用越充分,固定资产投资得当、结构分布合理,相反则通常说明固定资产利用效率不高,提供的生产成果不多,企业的营运能力不强。

值得注意的是,该比率一般只对从事工业生产的贷款申请人有意义。对于固定资产较少的从事小型商业、服务业的贷款申请人来说,该比率意义不大。

此外,在分析固定资产周转率和总资产周转率时,要特别关注贷款申请人的资产是否存在较大的减值损失。如果存在较大的减值损失,资产周转率也会增大,但这并不说明贷款申请人合理提高了资产利用效率,相反则可能反映了贷款申请人管理资产的能力不强,从而造成相关资产出现潜亏。

5. 总资产周转率

总资产周转率(total assets turnover rate)公式如式(5-19)所示

$$总资产周转率 = \frac{主营业务收入}{\frac{期初资产总额 + 期末资产总额}{2}} \quad (5-19)$$

总资产周转率是综合衡量企业对全部资产的经营质量和利用效率的重要指标。该指标标准值为0.8。若指标数值低于标准值,则意味着企业对资产的使用效率偏低,资产营运能力较差,应引起信贷机构的注意。

计算分析题 5-3

A 公司为一家信息技术服务业公司。请使用附录5-2中A公司的财务报表数据,通过对 A 公司的营运能力指标的计算,并尽可能综合运用标准值及横纵向比较法,评价A公司的营运能力。

(三) 盈利能力指标

盈利能力(profitability)是指企业获取利润的能力,通常表现为一定时期内企业利润额和利润率的高低。企业的盈利能力是信贷机构重点关注的指标类别,因为盈利是企业的第一还款来源,如果一家企业无法盈利,其贷款本息偿还就无从保障。在分析盈利能力时,应多关注具有稳定性的主营业务盈利性,而不要被投资收益、外界捐赠或会计政策和财务制度变更等非常规或偶然因素带来的利润蒙蔽了双眼。

1. 主营业务利润率

主营业务利润率(operating margin)公式如式(5-20)所示

$$主营业务利润率 = \frac{主营业务利润}{主营业务收入} \times 100\% \tag{5-20}$$

主营业务利润率衡量的是企业每单位主营业务收入能带来的主营业务利润,反映了企业主营业务的获利能力,这是企业经营活动最基本的获利能力,能够充分反映企业在主营业务的成本控制、营销费用管理、经营策略等方面的成果,因此是评价企业经营效益的主要指标。该指标标准值为10%,若该指标低于标准值,则意味着企业的核心竞争力偏弱,存在经营隐患,应引起信贷机构的注意。

一个与主营业务利润率类似的常用指标是毛利率,差别在于毛利的得出仅考察主营业务的成本而不计主营业务的其他费用,它衡量了企业产品的盈利能力。

该指标的标准值为15%,其计算公式为如式(5-21)所示

$$毛利率 = \frac{毛利}{主营业务收入} \times 100\% = \frac{主营业务收入 - 主营业务成本}{主营业务收入} \times 100\% \tag{5-21}$$

毛利率反映了业务转化为利润的核心能力,直接反映企业竞争力的强弱。

毛利率具有明显的行业特征。通常,高科技产业的毛利率比普通产业的毛利率高;新兴产业的毛利率比传统产业、夕阳产业的毛利率高;轻资产公司的毛利率比重资产公司的毛利率高;相对于同类产品,新开发的产品毛利率比原有老产品的毛利率高;资源类行业由于资源的稀缺性,毛利率较高。但毛利率的高低变化既与行业本身有关,又与经济环境相关,特别是对于周期性行业来说,其毛利率的变化更具有明显的周期性。

在分析毛利率时,还可分产品、顾客群、销售区域进行,这样便于信贷机构对贷款申请人提供贷款抵押的相关存货进行取舍。因为,对于贷款申请人提供毛利率高的存货进行贷款抵押比提供毛利率低的存货更有意义。

2. 成本费用利润率

成本费用利润率(profit-to-cost ratio)公式如式(5-22)所示

$$成本费用利润率 = \frac{税前利润总额}{成本费用总额} \times 100\% \tag{5-22}$$

成本费用总额 = 主营业务成本 + 营业税金及附加 + 销售费用[①] + 管理费用 + 财务费用

成本费用利润率衡量了企业每付出一单位成本费用可获得的利润额度,体现了企业经营耗费所带来的经营成果。若指标低于行业平均值,则意味着该企业在行业竞争中处于劣

---

① 新会计准则的企业使用"销售费用"科目;执行旧会计准则的企业使用"营业费用"科目。

势,应引起信贷机构的注意。

若贷款申请人当期无获利而是亏损,则无法计算成本费用利润率,应该对以前年度的该指标进行分析。如果贷款申请人连续几个会计期间的利润均为亏损或成本费用利润率均很低,则要谨慎对其作出放贷决策,除非有证据证明在不久的将来,该比率将有大幅提高。

3. 销售利润率

销售利润率(rate of return on sales)是指一个与销售利润率类似的指标是销售净利润率,它衡量了企业一单位销售净收入贡献的净利润额度,具体公式如式(5-23)所示。该指标无明确标准值。

$$销售利润率 = \frac{税前利润总额}{主营业务收净额} \times 100\% \quad (5-23)$$

销售利润率衡量了一单位销售净收入贡献的税前利润额度,反映了企业通过主营业务获利的能力即销售收入的质量。在市场竞争环境下,企业利润的多少受产品成本和销量等因素的影响。通过对销售利润率的分析,可深入评估企业经营的成效、成本费用控制的水平和其在行业中的竞争力。

4. 总资产报酬率

总资产报酬率(rate of return on total assets)公式见式(5-24)

$$总资产报酬率 = \frac{息税前利润总额}{\frac{期初资产总额 + 期末资产总额}{2}} \times 100\% \quad (5-24)$$

息税前利润总额=税前利润总额+利息支出(可用"财务费用"代替)

总资产报酬率或称总资产利润率,衡量了一定时期内企业全部资产获取收益的能力。若指标低于市场利率(或其借入资金成本),则说明企业盈利能力不足,资产能换取的利润较少,借入的款项无法产生足够的收益支付利息,应引起信贷机构的注意。

拓展阅读 5-14 净资产报酬率

一个与总资产报酬率类似的指标是净资产报酬率,该指标无明确标准值。具体公式如式(5-25)所示

$$净资产报酬率 = \frac{息税前利润总额}{\frac{期初所有者权益总额 + 期末所有者权益总额}{2}} \times 100\% \quad (5-25)$$

(资料来源:节选改编自宋娟.财务报表分析从入门到精通[M].北京:机械工业出版社,2010.)

计算分析题 5-4

A 公司为一家信息技术服务业公司。请使用附录 5-2 中 A 公司的财务报表数据,通过对 A 公司盈利能力指标的计算,并尽可能综合运用标准值及横纵向比较法,评价 A 公司的盈利能力。

(四) 现金获取能力指标

企业获取现金的渠道有三种:经营活动、投资活动、筹资活动。其中,经营活动是获取持续现金流的最主要、最稳定的途径。现金获取能力(ability of obtaining cash)主要衡量的便是企业通过经营活动获取现金的能力。在指标分析的基础之上,企业所在的行业特点、企

业自身所处的发展阶段、采取的营销策略、收付异常和关联交易等因素都应被综合考虑。

1. 现金销售比率

现金销售比率(cash-to-sales ratio)公式如式(5-26)所示

$$现金销售比率 = \frac{经营活动现金流量净额}{主营业务收入} \tag{5-26}$$

式中,经营活动现金净流量＝经营活动产生的现金流入量－经营活动产生的现金流出量。

现金销售比率衡量了企业通过主营业务收入换取现金的能力。该指标标准值为0.2,若指标低于标准值,则说明企业营业活动获取现金的能力较弱,可能存在虚盈实亏,资金流断裂的风险较大,可能无法偿还贷款本息,应引起信贷机构的注意。

2. 净利润现金含量

净利润现金含量(cash-to-net-income ratio)公式如式(5-27)所示

$$净利润现金含量 = \frac{经营活动现金流量净额}{税后净利润} \tag{5-27}$$

净利润现金含量也叫盈余现金保障倍数,它衡量了企业税后净利润所含的经营性净现金流量,评价收益的质量。指标数值越大,说明净利润的经营性净现金含量越高,销售回款能力强,财务压力较小,用现金支付债务的能力较强,反之则说明资金流断裂的风险较大,可能无法偿还贷款本息,应引起信贷机构的注意。

3. 总资产获现率

总资产获现率(cash-to-total-assets ratio)公式如式(5-28)所示

$$总资产获现率 = \frac{经营活动现金流量净额}{\frac{期初资产总额 + 期末资产总额}{2}} \tag{5-28}$$

总资产获现率也称资产现金回收率,它衡量了企业通过总资产换取现金的能力。该指标标准值为0.06,若指标低于标准值,则说明资产获取现金的能力较弱,资金流断裂的风险较大,可能无法偿还贷款本息,应引起信贷机构的注意。

计算分析题 5-5

A公司为一家信息技术服务业公司。请使用附录5-2中A公司的财务报表数据,通过对A公司现金获取能力指标的计算,并尽可能综合运用标准值及横纵向比较法,评价A公司的现金获取能力。

(五) 发展能力指标

发展能力(growing ability)是指企业随着时间推移,改进优化自身财务状况、扩大财务成果的能力。前几类财务指标反映的是企业的静态财务状况,信贷机构还有必要对一些重要财务指标的动态发展过程进行追踪。发展能力指标便是描述企业财务指标动态发展状况的指标,是特定财务指标的增长率,它们反映了企业的经营状况和市场竞争力。故在评估企业信用状况时,若条件许可,信贷人员应获取其3~5年的财务数据,以便做纵向分析。对于发展能力逐年减弱、处于下降经营周期的企业,信贷机构应予以留意。

值得注意的是,发展能力指标并没有标准值,一方面增长率会随着行业和宏观经济形势的变化而变化,故在分析时应将客户与类似企业进行横向比较;另一方面增长率会因企业发展战略的改变和自身所处生命周期的不同阶段而异,故在分析时应与前若干年的增长率进行纵向比较。

常用的发展能力指标如下：

1. 销售增长率

销售增长率(sales growth rate)衡量企业主营业务的增长速度，公式如式(5-29)所示

$$销售增长率 = \frac{本年主营业务收入 - 上年主营业务收入}{上年主营业务收入} \times 100\% \qquad (5\text{-}29)$$

2. 营业利润增长率

营业利润增长率(operating profit growth rate)衡量企业营业利润的增长速度，公式如式(5-30)所示

$$营业利润增长率 = \frac{本年营业利润总额 - 上年营业利润总额}{上年营业利润总额} \times 100\% \qquad (5\text{-}30)$$

3. 利润增长率

利润增长率(profit growth rate)衡量企业税前利润的增长速度，公式如式(5-31)所示

$$利润增长率 = \frac{本年税前利润总额 - 上年税前利润总额}{上年税前利润总额} \times 100\% \qquad (5\text{-}31)$$

4. 总资产增长率

总资产增长率(total assets growth rate)衡量企业总资产规模的增长速度，公式如式(5-32)所示

$$总资产增长率 = \frac{本年资产总额 - 上年资产总额}{上年资产总额} \times 100\% \qquad (5\text{-}32)$$

对该指标的分析，要特别关注以下事项。

(1) 若企业总资产连续增长很快，呈现大幅增长，则应该关注其是否存在盲目投资导致扩张过快的情况。企业如果急功近利，不考虑经营环境，只重视规模的增长，则一旦经营环境出现不利变化，就很容易出现被动局面。由于其规模过大，很多刚性支出就会造成支付不能，这样会直接对其偿债能力产生重大不利影响。

(2) 若企业总资产连续下降很快，呈现大幅减退，则应结合其他指标分析资产下降的原因。一般的，资产规模递减态势会传递一个不好的信息，可能反映出企业的投资者由于其获利能力较差从而缺乏增加投资的热情或其他贷款主体对其信心降低从而收缩贷款规模；也可能反映出企业持续出现较大的账面亏损，其未分配利润大规模下降。

5. 资本积累率

资本积累率(rate of capital accumulation)衡量企业自有资本的增长速度，公式如式(5-33)所示

$$资本积累率 = \frac{本年所有者权益总额 - 上年所有者权益总额}{上年所有者权益总额} \times 100\% \qquad (5\text{-}33)$$

同总资产增长率一样，信贷人员也可对净资产的规模变化进行分析。如果企业的净资产规模连续增长较快，应了解其原因是投资者持续增加投资，还是持续获利使留存收益不断增加。应特别关注由于资产评估增值或投资溢价造成企业净资产规模增长的可靠性和真实性。如果企业净资产出现较大规模的连续减少，信贷人员应了解其连续减少的原因。

计算分析题 5-6

A 公司为一家信息技术服务业公司。请使用附录 5-2 中 A 公司的财务报表数据，通过

对 A 公司发展能力指标的计算,并尽可能综合运用标准值及横纵向比较法,评价 A 公司的发展能力。

活动拓展 5-18

请搜集若干小微企业财务数据或报表信息,利用所学,综合分析其五大类财务指标并作报告。

任务六 交叉检验客户信息的可靠性

- 认识交叉检验的作用并掌握交叉检验的方法

一、认知交叉检验

(一)交叉检验的意义

较之传统信贷,小额信贷"信息不对称"①问题更为凸显,原因主要有以下三个方面。

(1)小额信贷客户往往缺乏规范可信的报表、家庭财产与经营资金难以分清、缺少担保,如虚增现金流净额、虚增各项资产、隐瞒各项债务、虚增所有者权益、虚列各种收益等财务不实。

(2)小额信贷信用风险评估依赖软信息,而软信息具有难于准确沟通和传递的特点,且软信息的分析依赖主观判断,都会造成信息的偏差和损耗。

(3)小额信贷客户的信用观念和社会资源相对较弱,影响其偿债能力及意愿,易发生为获取贷款而对重要信息虚报、篡改、伪造、隐瞒的情况,或出现其他形式的骗贷。

许多小微企业财务行为不规范,常见的问题有会计记录不全、销售收入不入账以及使用多套账目应付不同报送对象的情况。

(1)报送税务局的账目,企业会以开票金额作收入,而对成本费用根据收入做相应调整。为了减轻税负,企业会尽量做到收支相抵,做亏损或是稍微有一点儿盈利。

(2)报送银行的账目,企业会以出入库单据作为收入和成本计量依据。做出的报表通过虚增资产、多记收入、少计成本费用使之与贷款规模相适应,使盈利水平、各项比率满足银行检查要求。

(3)为股东提供的账目相对真实,以真实发生的收入、支出作依据,是信贷人员希望看到的报表。

(4)根据监管部门的要求报送的报表如统计报表、行业监管报表等,真实性视情况而定。

(二)交叉检验概述

为确保信用风险评估及贷款决策的准确合理性,面对信息不对称尤其是虚假信息的问题,信贷人员应全方位搜集线索,运用有效的分析技术做出理智判断,而不要被表面现象所迷惑。

交叉检验是小额信贷实践中运用最为广泛的一种去伪存真的技术。

---

① 信息不对称在小额信贷业务流程中有三个层级:一是客户与调查人员之间的信息不对称;二是调查人员与审批人员之间的信息不对称;三是小额信贷机构管理人员与参与小额信贷业务流程的人员之间的信息不对称。

1. 交叉检验的定义

交叉检验(cross validation)是信贷人员通过不同来源同一信息的相互比对,以及不同信息逻辑关系的验证,多角度确定贷款相关信息真实性、准确性、完整性的分析技术。

交叉检验的基本逻辑是:当不同来源的同一信息,或通过不同信息逻辑关系(相互关联性)推导得到的信息都一致时,这个结果的真实性和准确性就高;若不一致,则信息中至少有一个是错的。

"客户可能会说谎,但每一个谎言都需要十个谎言来圆。"信贷人员要尽可能多角度分析重要信息,以便接近真实。

2. 交叉检验的基本原则

交叉检验是多方位、多角度、多侧面的,故应随时随地进行。关键的贷款信息通常要经过至少三种方法的交叉检验,才能被用于信用风险评估。在收集和分析信息时,信贷人员应做到如下几点。

(1) 密切观察、关注细节、应用常识。

(2) 从实际出发,实事求是,杜绝主观臆断、结论先行。

(3) 全面看问题,坚持一分为二,保证分析的真实性。

(4) 注重事物之间的联系,坚持联系地看问题,反对孤立地看问题。

(5) 发展地看问题,杜绝静止地看问题。

(6) 软信息与财务信息相结合,定量分析与定性分析相结合。

值得指出的是,交叉检验的目的在于落实贷款相关信息的相对可靠性,避免误导信贷人员的贷款决策,并不是进行审计,所以一定要抓住重点,有的放矢。

3. 可接受的检验误差范围

交叉检验得出的结论并不一定完全就是客户的真实情况,只是确保它和客户的真实情况相差不会太远。被验证信息与用以验证该信息的信息之间差距为多少时,我们认为被验证信息通过了检验呢?一般可分为以下三种情况。

(1) 若被验证信息与验证信息应完全相同,则不可接受误差,例如不同证件上客户的身份信息应匹配;又如对于同一笔交易的原始凭证和记录应匹配。

(2) 若是利用略为模糊的逻辑关系进行验证,则被验证信息与验证信息之间可接受的误差范围应在5%以内,例如清点的存货与账目中的存货可能由于损耗等其他原因而有所偏差。

(3) 若是利用相对更为模糊的逻辑关系进行验证,则被验证信息与验证信息之间可接受的误差范围也应相对扩大至5%以上,信贷人员应根据实际情况作合理的判断,例如当盘点存货时仅使用抽查的方法,则盘点结果与账目的误差可能更大。

交叉检验的方法多种多样,同一信息有多种检验方法,不同行业也有它们特殊的检验方法,以下内容将介绍这些具体的方法和经验,而小额信贷人员还应在实践中不断发掘和总结新的方法与经验。

二、交叉检验同一信息

(一) 溯源法

客户通过口头或书面表达的信息都是对于某一情况的描述,都有它们的源头,信贷人员可以直入源头验证获得的信息与信贷人员观察获取到的实际状况是否一致。部分利用溯源法的交叉验证列举如下：

1. 基本信息验证

(1) 证件和资料的原件与复印件是否一致。

(2) 签名与预留印鉴是否一致。

(3) 结婚证与身份证上的姓名、身份证号、照片是否一致。

(4) 家庭资产情况，包括房产、车辆、银行储蓄存款、银行融资和金融资产等是否与客户的描述一致。

(5) 营业执照、税务登记证、公司章程上的经营地址与实际经营地址是否一致。

(6) 租赁或场地承包合同与固定经营场所地址是否一致。

(7) 公司章程上的股东信息与验资报告上是否一致。

2. 经营情况信息验证

经营规模、雇员数量、生产情况、经营时间、销售情况等与信贷人员在经营场所的观察是否一致。

3. 企业财务信息验证

准确的财务信息之间具有必要的连续性和相关性，信贷人员除需验证账表、账账、账证、账实是否相符外，还需验证前后报表的一致性。无论是原始凭证还是实物，都较难造假，常用于财务信息的交叉检验。

1) 记录核对

对于应收账款、其他应收款、预付账款、其他应付款、存货、固定资产、资本公积、盈余公积、未分配利润等信息应查阅相应明细账、抽查其原始凭证，存货还有相应的仓库日记账供查验，产量有相应的产成品账供查验，等等。

案例 5-12　抽查原始凭证的重要性

借款人王五提供给信贷机构的财务报表中"固定资产"科目显示金额为 800 万元，明细账中显示固定资产明细为机器设备，且信贷人员在实地也看到借款人王五正在使用这些设备，但据此确认王五拥有 800 万元的固定资产，会存在两个问题：一是王五正在使用的 800 万元固定资产可能是租赁的，只有使用权，没有产权，王五在固定资产的确认上是"移花接木"；二是正在使用的这些固定资产可能价值不足 800 万元，王五是在虚增资产。因此，信贷人员在分析客户财务报表和查阅财务明细账的基础上，通过抽查重要账务科目的原始凭证就可以有效地防范借款人财务报表的造假。

(资料来源：改编自来国伟，赵映珍，商业银行小微企业信贷研究[N].中华合作时报农村金融，2015-03-21.)

2) 实物核对

客户对资产的记录或描述应与实物相比对，主要用于存货和固定资产的查验。若有在建项目，还要对实际投入情况进行查验。以存货为例，盘点时主要考察价格、数量和质量，方法见表 5-12。

表 5-12　存货的盘点

要　素	考　察　内　容
价格	估价入账的,要考虑估价是否合理。存货应按进价或市价孰低来计价,对 6 个月以上未流转存货应估计存货损失和减值金额,情节严重的可能不予计价
数量	眼见为实。对于有规则存放或包装的存货,可以使用一定的简便计算公式,如重点权重货物盘点。选取价款占比高的重点货物进行盘点,而相对忽略低、小、散货物
质量	眼见为实,对损毁情况要加以考虑

(二) 第三方来源信息印证法

信贷人员可以通过侧面调查,与信息相关的第三方进行交流,从而根据不同的人对同一问题回答的一致性,来判断信息是否准确。通常应关注的第三方信息来源如下:

(1) 配偶及家庭成员,印证个人乃至其所经营企业的信用风险信息以及贷款用途等。

(2) 邻里或企业周边社区,印证客户基本信息、生活(经营)环境和生活(经营)情况、社会关系及口碑等。

(3) 经营合伙人,印证个人基本信息和品质,并全面印证所经营企业信用相关信息等。

(4) 经营管理者或雇员,印证个人基本信息和口碑,以及其所经营企业的经营环境、业务内容、经营管理情况(包括工资发放情况)等。

(5) 交易对手、上下游企业,印证企业的信誉,以及应收、应付、预收、预付账款、购销合同的真实性等。

(6) 同行或行业协会,印证企业口碑、行业环境、经营情况等。

(7) 债权人,印证债务相关信息以及信誉等。

(8) 保证人,全面印证客户信用相关信息及贷款用途等。

(9) 银行,货币资金方面查询银行对账单,可以印证客户的开户情况、存款余额等;融资方面,查询银行征信记录,可以印证客户的融资信息、履约信息、对外担保情况等;交易方面,通过银行提供的客户交易明细可以印证交易金额和频次;而若客户将每天的营业款存入银行,也可以通过银行交易明细核实销售收入等。

(10) 会计师事务所通过审计意见印证财务报表真实性,通过验资报告印证实收资本等。

(11) 通过经贸、财税工商、司法、海关等政府部门以及市场管理单位等,可以印证企业的登记注册信息、经营年限等。

(12) 供水、供电、供气、供暖、通信等基础服务单位,通过缴纳相关费用的时间,可以印证居住或经营年限;通过履约情况,可以印证信用情况

拓展阅读 5-15　全国法院被执行人信息查询

最高人民法院从 2009 年 3 月 30 日起向社会开通"全国法院被执行人信息查询"平台。社会各界通过该平台可查询全国法院(不包括军事法院)2007 年 1 月 1 日以后新收及此前未结的执行实施案件的被执行人信息,由此产生威慑作用。

中国执行信息公开网(http://shixin.court.gov.cn/)在提供查询功能的基础上,还对全国失信被执行人名单进行了公布。

案例 5-13 税表资产与实际资产的差异

借款人张三有自建厂房 3 000 平方米,但由于厂房占有的土地属性是集体性质的,且是租用,所以没有房产证。而张三建造厂房时为了节省费用,很多费用没有开具发票。因此,在张三的纳税报表中 3 000 平方米的厂房建造费用不但在"固定资产"科目中无法体现,在其他资产科目中也无法体现。这样,如果张三建造厂房时实际支出了 300 万元,张三的纳税报表资产和其实际资产就形成了 300 万元"差异"。这时可能出现两种情况:张三当时实际支出了 300 万元;张三当时实际没有支出 300 万元。

信贷人员可以依据以下几个维度核实张三这 300 万元的"资产"。

(1) 厂房使用年限。如果使用年限较长,可信度就较高。

(2) 当时建造厂房时张三提供的银行对账单流水(包括个人)。如果银行对账单借方流水当时支出有 300 万元左右的金额,可信度较高。

(3) 周边人群的了解,包括村委及企业员工,周边人最了解厂房当时是谁建造的。

(4) 土地租赁合同和其他相关凭证等。

通过这样多维度地交叉印证,借款人的实际资产就变得清晰了。

(资料来源:改编自来国伟,赵映珍.商业银行小微企业信贷研究[N].中华合作时报农村金融,2015-03-21.)

三、逻辑检验不同信息

(一) 认知逻辑检验

利用不同信息之间的逻辑关系对信息可靠性进行验证的交叉检验方法,也叫逻辑检验(logical test)。在实践中,用于检验的基本逻辑关系包括以下几点。

(1) 不同时间数据的相关性,如每天的营业收入累计应与每月的营业收入大体相同。

(2) 启动资金加上每年的利润、减去每年的非商业支出应与实有权益大体相同。

(3) 不同数量数据的相关性,如单价与销售数量可用以检验总价是否合理。

(4) 同一原因引发的不同结果之间的相关性,如营业额应与应收账款及库存水平的变化相匹配。

(5) 投入与产出的相关性,如员工数量、固定资产、耗电量与营业额之间应相互匹配。

(6) 客户信息与其所在行业或市场的信息的相关性,如客户收入水平、房租、其他家庭收支、营业额、营业费用、利润、员工工资水平、应收应付款条件、淡旺季情况、平均库存天数等应与客户所在地或所在行业的平均水平大体相当。

以下内容将以企业营业额为主举例介绍小额信贷人员使用的主要逻辑检验方法。应指出的是,逻辑关系是相互的:当通过 A、B 之间的关系进行检验时,那么已知 A 可以检验 B,而 B 又可以检验 A,更复杂的检验关系也是此理。

(二) 逻辑检验营业额

1. 通用的营业额逻辑检验

对营业额的逻辑检验方法多样,主要有以下几种。

1) 通过不同时间与数量数据的相关性检验营业额

按时间比较营业额,按每日、每周、每月、每年等,使用时要注意区分淡旺季。该检验方法适用于能准确获得不同特定时间段的营业额以及淡旺季分布情况的客户。检验公式如式(5-34)所示

$$月营业额 = 日平均营业额 \times 30 = 周平均营业额 \times 4 = 年平均营业额 \div 12 \quad (5\text{-}34)$$

计算分析题 5-7

客户张某经营化妆品零售,在调查中了解到张某日平均营业额约 3 000 元,那么以每月 30 天计,推算客户的月营业额约为多少?

2) 按经营类别构成情况或销售占比

该检验方法适用于有多种经营类别,并在业务记录上能相互区分的客户。检验时可使用式(5-35)。

$$营业额 = \frac{某一类别的销售额}{该类别销售占比} \quad (5\text{-}35)$$

其中"某一类别的销售额",根据经营类别而各有不同,例如:

(1) 对于销售多种产品的企业,通过一类货物(或企业某主导产品)的销售额及该类产品的销售占比,可以验证营业额。

(2) 对于兼有现金销售与赊销的客户,通过现金销售或赊销的销售额以及销售占比,可以验证营业额。

(3) 对于兼营批发与零售的客户,通过批发或零售的销售额以及销售占比,可以验证营业额。

(4) 对于兼有对公客户和个人客户的,通过对公或个人的销售额以及销售占比,可以验证营业额。

此外,还可根据员工的绩效工资以及厂家返利与营业额之间的比例关系以及增值税与存货、销售成本、主营业务收入之间的比例关系来验证营业额。

最后,企业的营业额、利润或个人客户的收入都可以通过企业主或个人客户的生活水平、拥有的个人资产状况来进一步加以验证。

计算分析题 5-8

(1) 客户林某经营酒水批发,在调查中了解到,林某最近五粮液卖得最好,每月五粮液的销售额能达到 25 万元左右,大概占到其全部营业额的四成。那么请推算最近的月营业收入约为多少?

(2) 请根据以下信息对客户营业额做逻辑检验。

客户刘女士经营一家服装店,有雇员 3 名。雇员基本工资每人每月 700 元,另外按照各自的营业额给予 1‰ 的提成。刘女士说近两个月每月营业额在 80 000 元左右,上个月的工资支出大约是 2 500 元。

3) 通过资金与营业额的关系检验营业额

核对客户的现金、银行存款日记账、银行对账单流水,利用现金、存款与营业额之间的关系检验营业额,适用于没有赊销、生意起伏不大的客户(零售、餐饮)或完全不记账的客户。检验时可使用式(5-36)。

$$期间营业额 = 期末现金及存款 - 期初现金及存款 + 期间开支 \quad (5\text{-}36)$$

计算分析题 5-9

客户李师傅开出租车。他每天早上 7 点开车出门,晚上 8 点回家,中午休息一个小时,每天跑车约 12 个小时。当天下午 2 点你分析他的贷款申请时,他向你展示了身上有的现金,共 166 元。早上出门时,李师傅带了 80 元现金找零用,上午 10 点时他加了一次油花了 70 元。那么据你估算李师傅现在每天能有多少营业额?

有赊销时,可以利用现金、应收账款与营业额之间的关系来检验营业额。检验时可使用式(5-37)。

$$期间营业额(非赊销)=期末现金-期初现金-期间回收的应收账款+期间开支 \tag{5-37}$$

利用应收账款(金额、赊销率、回收率、回收期等)与营业额之间的关系检验营业额,适用于有较稳定的赊销比例和结款周期的客户,检验时可使用式(5-38)。

$$账期内的营业额=\frac{应收账款余额}{赊销比例} \tag{5-38}$$

例题 5-2 客户张先生从事钢钉生产,信贷员 3 月 2 日时从客户处获取的信息如下:

(1) 销售结款方式是:先付 10% 的预付款,余款在货到后两个月内结清。
(2) 4~8 月为好的月份,日销量为 4 吨;1~2 月为差的月份,日销量 0.7 吨;其他月份是一般月份,日销量 2.6 吨。
(3) 钢钉每吨售价 3 500 元。
(4) 目前有应收账款约 70 000 元。

问:(1) 请根据以上信息,对张先生的营业额做逻辑检验。
(2) 将销售结算方式改为"先付 30% 的预付款,余款在货到后两个月内分两次平均结清",请对张先生的营业额做逻辑检验。

解答:(1) 账期为 2 个月,赊销比例为 90%,应收账款余额为 70 000 元,1 月、2 月日销量为 0.7 吨,每吨 3 500 元,每月销售额为 73 500 元。前后两个估算值差异很大,逻辑检验不通过。

(2) 在新的结算方式下,客户赊销比例为 70%,其中 35% 账期为 30 天,35% 账期为 60 天。1 月、2 月客户每月销售额为 73 500 元,客户实际的应收账款余额为 70 000 元。二者相差 10% 左右,可通过检验。

4) 通过投入与营业额的关系检验营业额

利用耗费的生产和运营成本/费用与营业额的正相关关系来检验营业额,使用时要注意区分淡旺季。这些成本/费用投入包括原材料/进货(库存水平、进货金额、进货频次)、固定资产投资、人工(员工工资、员工数量、员工效率)、水电费、房租、交通费等。其中,若涉及存货的消耗量,使用式(5-39)。

$$期间使用(销售)的存货=期初存货-期末存货+期间进货 \tag{5-39}$$

计算分析题 5-10

一家批发企业,期初存货 100 万元,期末存货 90 万元,期间进货 150 万元,请问期间销售成本为多少?

利用毛利率、可变成本(销售成本)与营业额的关系检验营业额,适用于进货情况较为清楚,毛利率较好掌握的客户。检验时可使用式(5-40)。

$$营业额=\frac{可变成本}{1-毛利率} \tag{5-40}$$

计算分析题 5-11

客户张某经营饮料批发,根据他所提供的上个月的进货单据,进货额 18 万元。张某称其主要给学校供货,毛利率大概在 7%。请估算张某近期的月营业额。

计算分析题 5-12

请根据以下信息,对客户的营业额做逻辑检验。

客户王老板经营一家火锅店,他说:

(1) 我的生意不错,近几个月每月营业额在 70 000 元左右。

(2) 我的毛利率在 50% 左右。

(3) 肉类我一般每周进两次,每次进 2 000 元左右。

(4) 菜品、辅料每天都买,平均每天购买额在 500 元左右。

5) 看流水

"看流水"是要调查借款人的资金流水和存货进出流水,两种流水形成证据链,相互交叉印证。小微企业的纳税报表往往不能真实反映其销售收入,很多交易会通过现金走账。如果信贷人员需核实客户的真实销售收入,可以通过借款人的银行对账单(包括个人)流水、仓库日记账(或货物进出凭证)流水互相印证,从而确定其相对真实的实际销售收入。

如客户李四的企业纳税报表反映年销售收入 1 000 万元,但内部账反映年销售收入有 2 000 万元。如果信贷人员只确认李四的 1 000 万元开票的年销售收入,可能就会无法反映借款人李四经营情况的全貌;而根据李四内部记账就确认其 2 000 万元的销售收入显然缺乏依据。这时信贷人员可以通过李四贷款前一定期间(如 6 个月以上)的银行对账单流水,结合银行日记账"摘要栏"明细,计算出李四在这期间有多少货款回笼,再结合应收账款回收情况,确认李四大致的销售收入。如果李四提供的是个人银行对账单流水,信贷调查人员应根据自身经验和客户的经营特点,判断李四实际符合经营特点的流水,再确认李四的大致销售收入。在银行对账单流水核实的基础上与李四的仓库日记账(或货物进出凭证)流水核对,看两种流水核实的期间是否一致,如果出入较大,就应了解原因,看流水是否存在造假可能。通过这样"看流水"的方式,李四企业真实的销售收入就基本能够掌握了。

(资料来源:改编自来国伟,赵映珍.商业银行小微企业信贷研究[N].中华合作时报农村金融,2015-03-21.)

2. 行业特殊的逻辑检验

1) 贸易(零售、批发)行业

(1) 按类型比较营业额,如已知零售与批发的营业额,分析零售与批发营业额的比例是否合理。

(2) 按产品比较销售额,如已知各类产品的营业额,分析各类产品营业额的占比是否合理。

(3) 通过进货额检验营业额,看"(期初存货-期末存货+期间进货)/成本率=营业额"是否大致成立。

(4) 通过当天的现金流动验证营业额,注意要分清检验当天所处的淡旺季。

2) 生产及其他加工行业

(1) 通过产能和开工时间检验营业额的合理性。

(2) 通过原材料、辅料或能源的消耗检验营业额。

3) 餐饮服务等服务行业

(1) 通过每日进货额检验营业额。

(2) 通过上座率及平均消费额检验营业额。

(3) 通过必点产品销售情况检验营业额。

(4) 通过碗、筷等检验营业额。

(5) 通过分析当日的客流量检验营业额。

4) 运输(客运、货运)行业

(1) 通过里程表、油表检验营业额。

(2) 通过每日、每月加油(汽油、柴油、天然气费用)与百公里油耗检验营业额。

(3) 通过上座率及平均消费额检验营业额。

(4) 通过汽车检测、维修、保养、换机油的频率检验营业额。

(5) 通过汽车轮胎的磨损和换新频率检验营业额。

5) 承包型或工程类行业

(1) 通过比对承包合同规定的回款期与银行对账单的回款期检验营业额。

(2) 通过工程的预算价[①]、结算价[②]和决算价[③]之间是否匹配,检验确定营业额。

3. 非营业额但与营业额密切相关的检验

上文已提到资金、原材料/进货、其他费用支出等与营业额之间的逻辑关系,这些因素彼此之间也存在着逻辑关系。而对于生产性企业来说,相比营业额,产量与上述因素的关联性更直观。

举例来说,我们既可以通过资金来验证库存变化,也可以通过生产环节中原材料、半成品、产成品是否匹配来验证存货总量,还可以通过原料、辅料、能源、人工的消耗来验证产量。如客户张某经营大米加工生意,据调查了解加工成1吨大米需要耗电80度,客户8月电费单据显示用电量96 000度。那么客户8月共生产大米约1 200吨。

对毛利率/利润率/成本率的逻辑检验方法主要有以下几种。

(1) 与同区域、同行业比较,除非有特殊原因(独特优劣势),通常同区域、同行业毛利率差别不会很大。

(2) 对不同类别产品/经营的毛利率加权平均对总毛利率进行验证。

(3) 以现金交易为主的企业,现金购销比率应与商品销售成本率接近,其中现金购销比率如式(5-41)所示

$$现金购销比率 = \frac{购买商品接受劳务支付的现金}{销售商品出售劳务收到的现金} \qquad (5\text{-}41)$$

计算分析题 5-13

请对以下信息进行逻辑检验。

---

① 工程预算价(budget price)是工程项目的计划价格。

② 工程结算价(settlement price)是指施工企业按照承包合同和已完工程量向建设单位(业主)办理工程价清算的实际工程价款。工程结算价有别于工程预算价,是在承包合同的工程价款基础上根据实际已完工程量进行工程结算后的工程价款。

③ 工程决算价(final accounts price)是指整个建设工程全部完工并经验收以后,通过编制竣工决算书计算整个项目从立项到竣工验收、交付使用全过程中实际支付的全部建设费用计算出的价格。

客户 2008 年 11 月初开业时有 3 万元存货,过了 6 个月到信贷员分析时,已有 12 万元存货。客户的进货情况如下:

进货期间	供应商位置	采购物品	每次采购金额	付款方式	频次
旺季	江西南昌	服装	5 000 元	现金	2 天/次
淡季	福建厦门	服装	10 000 元	现金	一周/次

2 月、3 月为淡季,其他为旺季。旺季月均销售成本 55 000 元,淡季月均销售成本 35 000 元。2 月休息了 15 天,进货与销货同时减少了 1/2。

计算分析题 5-14

请从尽可能多的角度对以下信息做逻辑检验。

客户老张说:

(1) 我长期为一家工厂做钢结构件加工,毛利率 30%,一个月能加工 1 万个标准同类型零件,每件售价 5 元,月营业额 5 万,产品没有淡旺季。

(2) 我有 3 台同类型机器,都能用。

(3) 我有 4 个工人,两班倒工作。每人工资底薪 500 元,计件绩效 100 件给 50 元,4 个员工上个月计件绩效分别是 750 元、1 200 元、1 300 元、1 750 元。

(4) 我原材料从浙江采购,用银行汇款,上年共汇款 41 万元。

(三) 逻辑检验客户权益

对于企业或具有自由经营项目的贷款客户,可以对权益进行逻辑检验,也叫权益检验,可用来核实客户的利润是否可靠,是否有其他的负债或投资。其理论原理是:一段时期内(可能长达几年)的经营活动会导致客户权益的变化,期初权益经此变化计算出的期末应有权益(或称预期权益、理论权益)当与客户期末的实际权益基本相同。一个直观的例子是,若客户声称其生意很赚钱,且经营多年,却没有什么值钱的资产,那么我们不禁会问,收益都到哪儿去了?

权益检验主要是计算"应有权益"和"实际权益",再将两者作比较。应有权益和实际权益的计算如式(5-42)、式(5-43)所示

$$应有权益 = 初始权益 + 期间利润 + (期间权益注资 - 期间权益提款) + (资产增值 - 资产折旧与贬值) \tag{5-42}$$

$$实际权益 = 资产负债表中的权益 + 表外项目中的权益 \tag{5-43}$$

其中,期间权益注资是指初始投资后客户又追加的投资;期间权益提款是指客户从生意中抽出资金用于其他开支,例如购买自住用房、借给其他亲戚等。客户偿还的负债不应该计入该项,借贷行为不造成权益的变化。

应有权益与实际权益相比较,可能的结果见表 5-13。

表 5-13 权益检验的 3 种结果分析

应有权益 ≈ 实际权益
当信贷员确实根据全面准确的信息进行了正确的分析,并得出这一结论,则权益检验通过。
判断应有权益 ≈ 实际权益的标准是:
我们一般要求差异率小于等于 5%,来进一步确保所有财务数据的真实有效

续表

应有权益＞实际权益
这种情况的原因有两方面：一是应有权益被高估；二是实际权益被低估。 信贷人员应关注是否存在以下情况： （1）利润算高了。 （2）支出算少了，或部分利润用于经营以外的开支，例如客户个人消费了。 （3）有部分资产没算出来，例如客户隐瞒了部分现金，或存款或信贷人员少点了存货或固定资产，或客户有其他投资，或有表外资产没有算出来。 （4）初始投资中有负债没有算出来
应有权益＜实际权益
这种情况的原因有两方面：一是应有权益被低估；二是实际权益被高估。 信贷人员应关注是否存在以下情况： （1）利润算少了，信贷人员可能忽略了客户的其他收入来源。 （2）支出算多了。 （3）资产高估了，可能有部分存货或固定资产不是客户的，例如供货商的重复铺货情况、合伙情况。 （4）客户隐瞒了负债，如应付账款、民间借贷等

关于权益检验的误差要注意的是：客户经营的年限越长，权益检验的差值可能越大。一般对于经营年限不足 3 年的客户，权益检验的结果较为准确。因此，在实际工作中，若客户经营年限较长，重点要弄清客户累计利润的主要投向，不要求权益检验结果准确无误。

例题 5-3 判断以下的交易行为哪些会改变客户的权益。
（1）购买生意用设备，包括现金购买和借款购买。
（2）借钱、还钱。
（3）买入产品，生产产品。
（4）生意内部的挪用资金。
（5）生意外的资金流出或流入。
（6）生意中的固定资产折旧、损失、价值重估中的增值或贬值。
（7）生意内的盈利/亏损。
（8）生意外的亏损，如死账或亲戚借款收不回。
（9）经营场所的装修。

解答：必然改变的有（5）、（6）、（7）、（8）；（9）中的装修费用若费用化，则改变权益，若资本化，则不改变权益。

计算分析题 5-15

客户 2005 年开店的时候自己投入了 5 万元，经营了 3 年，一共挣了 18 万元，那么他的期初权益是多少？期末应有权益是多少？

例题 5-4 请根据以下信息做权益检验。某客户 2005 年开始做纸品生意，初始投资 30 万元，其中 11 万元为亲戚朋友借款，其他资金为自家资金。历年盈利情况如下：
（1）2005 年，不亏不赚；2006 年盈利 35 万元；2007 年盈利 75 万元；2008 年盈利 25 万元；2009 年盈利 35 万元；2010 年至今盈利 30 万元。
（2）目前有存货 86 万元，应收款 110 万元，现金及银行存款 3 万元。

(3) 有 3 台配送车,初始购置价为 8 万元,目前价值为 5 万元。

(4) 客户因经营需要在他行有贷款 24 万元,欠亲戚朋友 25 万元,欠供应商货款约 8 万元。

(5) 客户 2008 年购置房产,首付及装修共花费约 50 万元;2009 年为父母购置房产,首付及装修共花费 30 万元。

(6) 客户 2010 年上半年投资婴儿用品店,总投资约 80 万元。

解答:

应有权益	56 万元	实际权益	147 万元
＝初始权益	30－11＝19 万元	＝存货＋	86 万元
＋期间利润	35＋75＋25＋35＋30＝200 万元	应收款＋	110 万元
－期间支出	50＋30＋80＝160 万元	现金银行存款＋	3 万元
－折旧	3 万元	三台配送车－	5 万元
		负债	57 万元

借款客户的应有权益与实际权益的误差大,权益检验不通过,信贷人员有必要再进行财务分析,找出具体的原因。

计算分析题 5-16

客户张三 2004 年 1 月开始经营一家服装店,初始投资 20 万元,其中自己投入 15 万元,向亲戚借款 5 万元。期初投资表现为现金 5 万元,存货 12 万元,设备 3 万元。开业一年,扣除家庭开支后每月可支配收入 1 万元,2004 年折旧 1 万元,期间还款 3 万元。

(1) 2005 年 1 月信贷人员进行了调查,请问调查时的应有权益为多少?

(2) 2006 年 1 月信贷人员又进行了一次调查,这次发现客户在 2005 年经营情况保持稳定,依旧每月 1 万元可支配收入,折旧 1 万元,当年客户投资外地 5 万元,偿还外债 2 万元,请问应有权益为多少?

计算分析题 5-17

客户王先生 2005 年 1 月投入 7 万元开了一家餐厅,当时自己投入了 5 万元,其余是从朋友那里借的。他花了 4 万元进行装修,剩下的 3 万元买了桌椅(2 万元)和厨具(1 万元)等餐厅用品。

经营至 2008 年 9 月时,前三年大约一共挣了 10 万元,2008 年每月大约有 6 000 元的月可支配收入。期间还款 1 万元,又从另一个朋友那边借了 5 000 元。2005 年购置的餐厅用品目前的市值在 2 万元。另外他又花 5 000 元买了辆摩托车自己开。

2008 年 9 月 1 日信贷人员进行了调查,请问调查时的应有权益为多少?若实际权益是 20 万元,应有权益与实际权益的差异率为多少?

知识自测 5-4

(1) 请描述小额信贷的信息不对称问题。

(2) 交叉检验的基本逻辑是什么?

(3) 对同一信息的核实有哪些方法?

(4) 对不同信息的逻辑检验有哪些方法?

任务七　评估客户信用等级

• 了解征信作用与使用，掌握信用评级的方法

一、认知信用评级

在信贷业务中，评估客户信用等级的过程又被称为信用评级（credit rating），它指的是运用一套规范、统一的评价体系，对被评估对象偿债能力和偿债意愿进行分析，并得出其违约风险的量化评定过程，其结果呈现为信用等级。这些量化评定基于过往对贷款客户（担保人）特质与违约风险之间相关性的经验，即利用过去的风险与贷款特征之间的关系，由当前特征来预测未来风险，旨在提高贷款效率，作出较为真实、客观、公正的综合评判。信用等级为贷款客户分类、贷款方案设计、贷款决策、贷后管理都提供了重要依据。

信贷机构可以依据客户评级与可偿债资源确定在一段时期内对其授信的最高额度，即客户风险限额。它代表了信贷机构对特定客户能承载的最高债务风险总量，对客户的实际授信额度原则上不超过该限额。

信用评级既可以在信贷机构内部进行，称为内部评级，也可以通过外部独立的第三方信用评级机构进行，称为外部评级；既可以针对某一客户（担保人）综合评估，称为综合评级或客户评级，也可针对某一笔贷款单项评估，称为单项评级或债项评级，具体分类如图 5-13 所示。

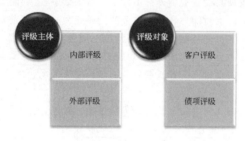

图 5-13　信用评级的分类

2006 年我国出台了《中国人民银行信用评级管理指导意见》（银发〔2006〕95 号），明确了信用评级机构的工作制度和内部管理制度、评级原则、评级内容与评级程序等内容，对评级机构从事金融产品信用评级、借款企业信用评级和担保机构信用评级业务进行管理与指导。

值得指出的是，目前在我国的小额信贷业务所涉及的信用评级制度仍在不断完善，各家信贷机构的评级体系不尽相同，水平参差不齐。相比之下商业银行的信用评级制度构建较为完善，小贷公司、典当行、互联网金融公司等民间信贷机构的评级制度则较为简单。

拓展阅读 5-16　国内外知名的评级机构

国际公认的专业信用评级机构有穆迪（Moody）、标准普尔（S&P）、惠誉国际（Fitch）；国内知名评级机构有大公国际、中诚信国际和联合信用等。

二、认知信用评级指标体系

信用评级指标体系（credit rating indicator system）是在评级过程中采用的一套规范、标准的指标体系，是评估要素、评估指标、评估方法、评估标准、评估权重和评估等级等项目的

总称，是这些项目形成的一个完整的体系，表 5-14 为借款企业信用评级参考指标。

《中国人民银行信用评级管理指导意见》的附录中为信用评级体系的确定提供了一些参考指引。

表 5-14 借款企业信用评级参考指标

评估要素	评估指标
企业素质	包括法人代表素质、员工素质、管理素质、发展潜力等
经营能力	包括销售收入增长率、流动资产周转次数、应收账款周转率、存货周转率等
获利能力	包括资本金利润率、成本费用利润率、销售利润率、总资产利润率等
偿债能力	包括资产负债率、流动比率、速动比率、现金流等
履约情况	包括贷款到期偿还率、贷款利息偿还率等
发展前景	包括宏观经济形势、行业产业政策对企业的影响；行业特征、市场需求对企业的影响；企业成长性和抗风险能力；等等
借款企业信用等级应按不同行业分别制定评定标准	
信用等级	等级含义
AAA 级	短期债务的支付能力和长期债务的偿还能力具有最大保障；经营处于良性循环状态，不确定因素对经营与发展的影响最小
AA 级	短期债务的支付能力和长期债务的偿还能力很强；经营处于良性循环状态，不确定因素对经营与发展的影响很小
A 级	短期债务的支付能力和长期债务的偿还能力较强；企业经营处于良性循环状态，未来经营与发展易受企业内外部不确定因素的影响，盈利能力和偿债能力会产生波动
BBB 级	短期债务的支付能力和长期债务的偿还能力一般，目前对本息的保障尚属适当；企业经营处于良性循环状态，未来经营与发展受企业内外部不确定因素的影响，盈利能力和偿债能力会有较大波动，约定的条件可能不足以保障本息的安全
BB 级	短期债务的支付能力和长期债务的偿还能力较弱；企业经营与发展状况不佳，支付能力不稳定，有一定风险
B 级	短期债务的支付能力和长期债务偿还能力较差；受内外不确定因素的影响，企业经营较困难，支付具有较大的不确定性，风险较大
CCC 级	短期债务的支付能力和长期债务的偿还能力很差；受内外不确定因素的影响，企业经营困难，支付很困难，风险很大
CC 级	短期债务的支付能力和长期债务的偿还能力严重不足；经营状况差，促使企业经营及发展走向良性循环状态的内外部因素很少，风险极大
C 级	短期债务支付困难，长期债务偿还能力极差；企业经营状况一直不好，基本处于恶性循环状态，促使企业经营及发展走向良性循环状态的内外部因素极少，企业濒临破产
每一个信用等级可用"＋""－"符号进行微调，表示略高或略低于本等级，但不包括 AAA＋	

企业客户信用评级除了受企业自身因素的影响，还受经济周期、区域和行业因素的影响。

活动拓展 5-19

请查阅附录 5-1 中工商银行的小企业法人客户信用评级指标体系，对比分析三类小企业评级指标体系的差异。

请查找其他信贷机构信用评级指标体系的资料，并学习了解它们。

三、对客户信用评分

虽然信用评级的结果是简明的信用等级,但其过程往往融合了定性分析法与定量分析法,图 5-14 所示为信用评级的输出过程。

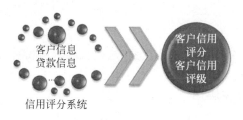

图 5-14 信用评级的输出过程

定性分析法也叫主观评分法,是通过具备专业知识、技能和经验的信贷人员对客户资信状况主观判断,并给出主观印象分。

定量分析法则更多地使用统计评分法,如违约概率模型的应用,从而能够直接、高效地估算出违约概率。随着数据分析技术的快速发展,定量分析在信用评级当中的重要性也在不断提升。然而,定量分析也有其明显的局限性,因为违约概率模型的开发需要长年数据的积累,才能较好地统计和提炼出相关规律,但对于部分小额信贷客户群体来说,这一点较难实施,因为他们过去较少获得贷款,有关其贷款表现的历史数据也就并不充分。

总体而言,主观评分法与统计评分法各有利弊,再有经验的信贷人员或者再好的统计学模型,也不可能百分百断言某笔贷款的未来表现。两者的比较见表 5-15。在小额信贷实践中,往往要根据实际所获信息,将主观评分法与统计评分法相结合,取长补短,才能对客户资信状况作出尽量准确的判断。

表 5-15 主观评分法与统计评分法的对比

分类项目	主 观 评 分	统 计 评 分
信息来源	信贷员和机构的经验	数据库中贷款量化的历史记录
程序连贯性	因信贷员而异、因日而异	相同贷款同等计分
程序明确性	凭借生效的评估原则,区域信贷员的直观判断	以数学规则或公式确定量化特征与风险之间的关系
程序和产品	根据信贷员对客户本人的了解定型分类	根据量化特征与风险之间的关系定量计算概率
实施过程	信贷员需要长期培训和实地积累经验	对信贷机构需要长期跟踪
弊端	易受个人偏见、每天的情绪或者简单的人为错误影响	数据被伪造或被遗弃,或者没有充分利用数据、过度使用数据等
灵活性	在使用者有能力的前提下,应用范围广泛	应用单一,在新环境中预测新一类风险需要重新开发计分模型

基于信用要素分析法的原理,针对不同类贷款、不同类客户、不同的信贷机构,具体的信用评分系统并没有固定模式,如大企业可能与小企业不同,不同行业的企业也不同,而针对小额信贷客户群体设计的评分方案往往会更注重软信息的作用。

在大多数评分系统下,高分表示低风险,较高的信用评级;低分表示高风险,较低的信用评级。信贷机构可根据可承受的风险设定一个最低分作为合格线来严格筛选贷款。多数小额信贷机构对临近合格线的贷款申请会做进一步研究,再做最后决定。

以下我们以某信贷机构对企业客户的信用评级方案为例,展示信用评分的实操方法和应用。

(一)评级步骤

(1)通过贷前调查收集客户的营业执照、法定代表人身份证的复印件、财务报表(近三年年末及上季度末)等相关资料。

(2)填写《客户基本情况表》。

(3)根据客户实际情况填写《客户信用等级评分表》。

(4)按客户实际得分评定其信用等级。

(二)信用评分方案

1) 品质特性评价(28分)

(1)整体印象满分4分,该项指标由评估人员根据对客户的整体印象评分。

① 成立3年以上,公司规模较大,员工表面素质较高,公司在同业中形象良好 4分

② 成立1年(含1年)以上,公司规模中等,员工表面素质一般,公司在同业中形象良好 2分

③ 成立未满1年,公司规模较小,员工表面素质较低,公司在同业中形象较差 0分

(2)行业地位满分4分,该项指标根据客户在经营区域内的市场占有率评定。

① 在当地销售规模处于前三名　　　　　　　　4分

② 在当地销售规模处于前十位　　　　　　　　3分

③ 在当地有一定销售规模,但排名较后　　　　2分

④ 在当地处于起步阶段　　　　　　　　　　　0分

(3)负责人品德及企业管理素质满分4分,该项指标根据企业的董事长、总经理、部门负责人的文化水平、道德品质、信用观念、同行口碑、企业制度建设、合同履约率等情况综合评价。

① 主要负责人品德及企业管理素质好　　　　　4分

② 主要负责人品德及企业管理素质一般　　　　2分

③ 主要负责人品德及企业管理素质差　　　　　0分

(4)业务关系持续期满分3分

① 与本公司的业务关系持续2年以上　　　　　3分

② 与本公司的业务关系持续1~2年　　　　　　2分

③ 与本公司的业务关系持续5~12个月　　　　1分

④ 与本公司的业务关系期少于2个月　　　　　0分

(5)业务关系强度满分　　　　　　　　　　　4分

① 以本公司为主供货商　　　　　　　　　　　3分

② 以本公司为次供货商　　　　　　　　　　　1.5分

③ 偶尔在本公司提货　　　　　　　　　　　　0分

(6)合作诚意满分　　　　　　　　　　　　　4分

① 合作态度好,愿意向本公司提供报表　　　　4分

② 合作态度一般,向其索取财务报表有一定难度 　　　　2 分
③ 合作态度差,不愿意向本公司提供财务报表 　　　　0 分
(7) 员工人数满分 　　　　2 分
① 人员稳定,从业人数在 100 人以上 　　　　2 分
② 从业人数为 30~100 人 　　　　1 分
③ 从业人数少于 30 人或人员流动性大 　　　　0 分
(8) 诉讼记录满分 　　　　4 分
① 无诉讼记录 　　　　4 分
② 有诉讼记录但已全部胜诉 　　　　3 分
③ 有未决诉讼,或已胜诉但不能执行 　　　　1 分
④ 有诉讼记录,败诉 　　　　0 分

2) 信用履约评价(38 分)

(1) 信用履约率[见式(5-44)]满分 20 分

$$\text{信用履约率} = \frac{\text{上季累计偿还到期信用额}}{\text{上季累计到期信用额}} \times 100\% \quad (5\text{-}44)$$

满意值为 100%,得分=实际值×20

(2) 按期履约率[见式(5-45)]满分 14 分

$$\text{按期履约率} = \frac{\text{上季累计按期偿还到期信用额}}{\text{上季累计到期信用额}} \times 100\% \quad (5\text{-}45)$$

满意值为 100%,得分=实际值×14

(3) 呆/坏账记录满分 4 分

上季无呆/坏账记录 　　　　4 分
上季有呆/坏账记录 　　　　0 分

3) 偿债能力评价(14 分)

(1) 应收账款周转天数[见式(5-46)]满分 4 分

$$\text{应收账款周转天数} = \frac{\text{上季平均应收账款}}{\text{上季销售额}} \times 90 \text{ 天} \quad (5\text{-}46)$$

$$\text{上季平均应收账款} = (\text{上季初应收账款余额} + \text{上季末应收账款余额})/2$$

满分值为小于 45 天,超过 90 天为 0 分,得分=4×[1−(实际周转天数−45)/45]

(2) 流动比率[见式(5-47)]满分 3 分

$$\text{流动比率} = \frac{\text{上季末流动资产}}{\text{上季末流动负债}} \times 100\% \quad (5\text{-}47)$$

满意值为大于 1.5,得分=实际值/1.5×3

(3) 速动比率[见式(5-48)]满分 4 分

$$\text{速动比率} = \frac{\text{流动资产} - \text{存货} - \text{待摊费用} - \text{待处理流动资产损失}}{\text{流动负债}} \times 100\% \quad (5\text{-}48)$$

满意值为大于 1,得分=实际值/1×4

(4) 资产负债率[见式(5-49)]满分 3 分

$$\text{资产负债率} = \frac{\text{上季末总负债}}{\text{上季末总资产}} \times 100\% \quad (5\text{-}49)$$

满意值为低于 50%(低于或等于 50% 均得满分),得分=3×[1-(实际值-50%)/50%]

4) 资本状况评价(18 分)

(1) 注册资本满分 4 分

① 注册资本在 100 万元(含 100 万元)以上　　　　　4 分

② 注册资本为 50 万~100 万元　　　　　　　　　　2 分

③ 注册资本在 50 万元以下　　　　　　　　　　　　0 分

(2) 年营业额满分 6 分

① 年营业额在 8 000 万元以上　　　　　　　　　　6 分

② 年营业额为 5 000 万~8 000 万元　　　　　　　5 分

③ 年营业额为 2 000 万~5 000 万元　　　　　　　4 分

④ 年营业额为 1 000 万~2 000 万元　　　　　　　3 分

⑤ 年营业额为 500 万~1 000 万元　　　　　　　　2 分

⑥ 年营业额为 300 万~500 万元　　　　　　　　　1 分

⑦ 年营业额低于 300 万元　　　　　　　　　　　　0 分

(3) 营业额增长率满分 4 分

营业额增长率=(上季销售收入额-前季销售收入额)/前季销售收入额

满意值为 10%(高于或等于 10% 均得满分)

得分=实际值×4/10%

5) 盈利能力评价(6 分)

(1) 销售毛利率满分 3 分

$$销售毛利率=\frac{至上季销售毛利}{至上季销售额} \quad (5-50)$$

式中,上季销售毛利=上季销售额-上季销售成本

满意值为 6%(高于或等于 6% 均得满分),毛利为负值的不得分;得分=实际值×3/6%

(2) 销售净利润率满分 3 分

$$销售净利润率=\frac{至上季净利润}{至上季销售额} \quad (5-51)$$

满意值为 2.5%(高于或等于 2.5% 均得满分),利润为负值的为 0 分,得分=实际值×3/2.5%

四、信用等级标准

(一) 能提供财务报表的客户

1. 经销商

(1) AAA 级。得分为 90 分(含 90 分)以上,且信用履约率得分为满分,按期履约率得分为满分,无呆、坏账记录,年营业额不低于 5 000 万元。

(2) AA 级。得分为 80~90 分(含 80 分)以上,且信用履约率得分为满分,按期履约率得分不低于 12.6 分,无呆、坏账记录,年营业额不低于 3 000 万元。

(3) A 级。得分为 70~80 分(含 70 分)以上,且信用履约率得分为满分,按时履约率得分不低于 11.2 分,无呆、坏账记录,年营业额不低于 1 800 万元。

(4) B级。得分为60～70分(含60分)以上,且信用履约率得分不低于18分,按时履约率得分不低于9.8分,无呆、坏账记录。

(5) C级。得分为50～60分(含50分)以上,信用履约率得分不低于15分,按时履约率得分不低于8.4分,无呆、坏账记录。

2．系统集成商

(1) AAA级。得分为85分(含85分)以上,且信用履约率得分为满分,按时履约率得分为满分,无呆、坏账记录,年营业额不低于2 000万元。

(2) AA级。得分为75～85分(含75分)以上,且信用履约率得分为满分,按时履约率得分不低于12分,无呆、坏账记录,年营业额不低于1 500万元。

(3) A级。得分为65～75分(含65分)以上,且信用履约率得分为满分,按时履约率得分不低于10分,无呆、坏账记录,年营业额不低于500万元。

(4) B级。得分为55～65分(含55分)以上,且信用履约率得分不低于16分,按时履约率得分不低于9分,无呆、坏账记录。

(5) C级。得分为45～55分(含45分)以上,信用履约率得分不低于10分,按时履约率得分不低于8分,无呆、坏账记录。

(二) 不能提供财务报表的客户

对不愿意提供财务报表的客户,其信用等级最高只能评为B级。

(1) B级。得分为60分(含60分)以上,且信用履约率得分不得低于18分,按时履约率得分不低于9.8分,无呆、坏账记录。

(2) C级。得分为50分(含50分)以上,且信用履约率得分不低于15分,按时履约率得分不低于8.4分,无呆、坏账记录。

拓展阅读5-17 中国工商银行小企业法人客户信用等级评定办法(节选)

1) 评定委员会的构成

小企业评级工作中,评级人员按职责划分,分为直接评价人、评级复核人、评级审查人和评级审定人。

直接评价人由支行的客户经理担任,主要负责对评级基础数据和基础资料的搜集、整理、输入、审核;评价指标的判定和判定结果的录入;抵(质)押物价值和保证人保证能力的评价及评价结果的录入;评级报告的撰写;评级结果的初步确定。

评级复核人由各支行的信贷科长担任,主要负责对于直接评价人的评级结果进行复核和确定,主要审查的内容是客户初评结果进行复核和确定,主要审查的内容是客户初评结果、客户基本情况、评价打分情况、抵(质)押物及保证担保情况等。

评级审查人,支行评级审查人由主管信贷业务的行长担任,一级(直属)分行、二级分行评级审查人是信用评级管理部门。支行评级审查人负责对直接评价人的评级结果进行审查;二级分行评级审查人负责对支行上报的所有客户的评级结果进行审查;一级(直属)分行评级审查人负责对二级分行上报的评级结果进行审查。

评级审定人,一级(直属)分行、二级分行评级审定人是其评级审定委员会,支行评级审定人是主管信贷业务的行长。主要负责按规定权限对评级结果进行审定。

2) 小企业信用评级工作程序

(1) 尽职调查。支行直接评价人通过与企业主访谈、对企业进行实地调查以及进行必要的市场调查等方式,收集进行各指标评价或计算所需的资料,其中包括企业的年度财务报表(至少要有资产负债表和损益表),企业已经或可能向我行提供的全部抵(质)押物(包括第三方提供的抵(质)押物)的权属证明,企业出具的有效担保承诺文件,第三方担保情况下出具的有效担保承诺文件,外部评估机构的评估报告(如果经过了评估程序);抵(质)押物账面原值的证明文件(例如原购入发票的复印件),企业的完税证明等评级所必需的资料。

(2) 级别初评和复核。直接评价人对各项资料进行整理、分析,并按规定将真实的评级资料输入系统,同时对客户做出客观的评价,形成客户的评级结果。评级复核人负责对直接评价人评级资料的真实性、评级录入数据的合理性、评级过程的合规性、评级结果的准确性进行复核。

(3) 级别审查和审定。总行根据各一级(直属)分行的小企业评级管理情况实行区别授权,经各一级(直属)分行申报,总行审批,对各二级分行实行区别授权。各行按规定权限对客户信用评级结果进行审查和审定。

(4) 跟踪监测。自评级完成之日起,评级人员应密切关注被评对象的情况,当企业或企业主发生重大经济纠纷、法律纠纷,企业发生重大安全事故,企业产品销售下降30%以上或产品质量出现重大问题,担保情况发生变动,以及企业发生其他可能影响企业信用状况和偿债能力的重大事项时,应经信用评级管理部门审查后,适当调整企业的信用等级。重新评级的审定权限同初次评级。

(资料来源:节选改编自关于中国工商银行小企业法人客户信用等级评定办法的通知[Z].工银发〔2005〕78号.)

知识自测 5-5

(1) 什么是征信?它主要有哪些分类?
(2) 中国人民银行征信中心提供的个人征信报告和企业征信报告分别包含哪些内容?
(3) 什么是信用评级?什么是信用评级指标体系?
(4) 主观评分法与统计评分法各有哪些特点及优缺点?

项目五 重点知识回顾

学习目标1:了解小额信用风险评估的基本维度、特点与基本方法

(1) 一笔贷款的安全性是债务人能够履行合同义务、贷款能被按时足额收回的可能性。一笔贷款的风险评估即是基于这笔贷款的条件对信贷客户信用的评价,它不仅要求对客户自身的偿债能力与偿债意愿作出分析,还要求贷款条件在合理合规的基础上,与客户的能力和意愿相匹配。

(2) 小额信用风险评估的特点包括:以客户个人品质与现金流分析为核心,更多依赖"软信息"的分析与关系型借贷技术。

(3) 在信贷业务实践中,通常需要运用一套分析体系来对客户及其贷款进行评估,使用最广泛的是信贷要素分析法,如6C、5P、5W、4F等。

学习目标2:掌握基于客户信息的全面风险评估技术

(1) 在对客户进行信用风险分析时,不论是个人还是企业,都应考察的因素主要有以下几个方面：信用与口碑、信贷配合态度、经济与财务风险、违法犯罪等法律风险、自然灾害等意外风险。

（2）在对个人客户或企业客户中的重要个人进行风险评估时主要可从个人基本情况、素质与能力、财务状况等方面入手。

（3）在对企业客户进行风险评估时主要可从基本情况、宏观环境、市场竞争环境、经营管理等方面入手。

学习目标3：掌握基于贷款用途和贷款担保的风险评估技术

贷款用途、金额、期限、担保方式、还款方式是一笔贷款的主干信息，信贷机构应保证贷款条件合理合规，并在此基础上，使贷款条件与客户的偿债能力及意愿相匹配。信贷人员应基于对客户贷款的原因和动机、客户的资金缺口、贷款的金额和期限、客户对于贷款资金的使用计划或未来业务规划的了解，一方面评估贷款用途的正当性，包括真实合理性、合规性以及挪用的可能性评估；另一方面评估投资项目的可行性及效益性。

学习目标4：掌握客户征信报告的查询和分析方法

（1）征信（credit investigation）是专业化的、独立的第三方机构为个人或企业建立信用档案，依法采集、客观记录、整理、保存、加工其信用信息，并依法对外提供信用信息服务的一种活动。征信为专业化的授信机构提供了一个信用信息共享的平台。

（2）个人或企业可以通过多种渠道查询其征信报告，包括互联网查询系统、商业银行及其网银、当地人民银行征信管理部门、北京人民银行征信中心。部分城市还布放了自助查询机，使自主查询征信报告更为便捷。

（3）信贷机构可要求被查询人亲自提供其征信报告，也可在获得被查询人书面授权的情况下，通过商业银行或征信管理部门获取其征信报告。而商业银行作为征信系统的用户，在获得授权的情况下，可直接通过征信系统查看征信报告。信贷机构应当按照被查询人授权的用途使用其征信报告，未经其同意，不得向第三方提供。

学习目标5：掌握基于财务信息评估企业信用风险的分析方法

（1）在开展企业客户的小额信贷业务时，主要通过非财务信息分析和财务信息分析这两条途径对企业信用风险进行评估。而财务信息的分析主要是基于客户的财务报表——资产负债表、损益表和现金流量表等——及其他重要财务信息进行的对客户资产负债状况、盈利状况及现金流状况的分析。

（2）信贷人员在对客户的财务报表和信息进行分析时，需要将不同数据相互结合关联，而非孤立地分析单个数据或报表。比率分析法是通过计算数值之间的相对数，使不可比的指标变为可比指标的分析方法。比较分析法是将实际数与基数进行对比的分析方法，一个财务指标的高低和好坏是相对而言的，对绝对数值的分析判断要经过一定的比较才能下结论。可以将企业财务指标同一定的理想值或理想范围进行比较，也可以将企业财务指标同可比企业进行横向比较。

（3）在对关键会计科目仔细分析的基础上，信贷人员还需系统地计算企业各类财务指标，以求对企业信用风险有更全面的认识。一般地，企业的财务指标可分为以下五类：偿债能力指标、营运能力指标、盈利能力指标、现金获取能力指标、发展能力指标。

学习目标6：认识交叉检验的作用并掌握交叉检验的方法

较之传统信贷，小额信贷"信息不对称"问题更为凸显。交叉检验就是小额信贷实践中运用最为广泛的一种去伪存真的技术,它是信贷人员通过不同来源同一信息的相互比对,以及不同信息逻辑关系的验证,多角度确定贷款相关信息真实性、准确性、完整性的分析技术。

学习目标 7:了解征信的作用与使用,掌握信用评级的方法

(1) 征信是专业化的、独立的第三方机构为个人或企业建立信用档案,依法采集、客观记录、整理、保存、加工其信用信息,并依法对外提供信用信息服务的一种活动。

(2) 自 2013 年 3 月 15 日起《征信业管理条例》(中华人民共和国国务院令第 631 号)正式实施以来,一批信用体系建设的规章和标准相继出台,解决了征信业发展无法可依的问题。今天的中国人民银行征信系统,已经建设成为世界上规模最大、收录人数最多、收集信息全面、覆盖范围和使用广泛的信用信息基础数据库,基本上为国内每一个有信用活动的企业和个人建立了信用档案。截至 2013 年 11 月底,征信系统收录自然人 8.3 亿多,收录企业及其他组织近 2 000 万户。

(3) 在信贷业务中,信用评级是运用一套规范、统一的评价体系,对被评估对象偿债能力和偿债意愿进行分析,并得出其违约风险的量化评定过程,其结果呈现为信用等级。这些量化评定基于过往对贷款客户(担保人)特质与违约风险之间相关性的经验,即利用过去的风险与贷款特征之间的关系,由当前特征来预测未来风险,旨在提高贷款效率,并做出较为真实、客观、公正的综合评判。

(4) 信用评级既可以在信贷机构内部进行,称为内部评级,也可以通过外部独立的第三方信用评级机构进行,称为外部评级;既可以针对某一客户(担保人)综合评估,称为综合评级或客户评级,也可针对某一笔贷款单项评估,称为单项评级或债项评级。

(5) 信用评级指标体系是在评级过程中采用的一套规范、标准的指标体系,是评估要素、评估指标、评估方法、评估标准、评估权重和评估等级等项目的总称,是这些项目形成的一个完整的体系。

(6) 在我国小额信贷实践探索中,往往将主观评分与统计评分相结合,取长补短。

附录

附录 5-1 2013年企业绩效评价标准值——全国及10个行业财务指标标准值

附录 5-1-1 全国国有企业——小型企业

	优秀值	良好值	平均值	较低值	较差值
一、盈利能力状况					
净资产收益率（%）	9.5	6.9	4.3	−2.9	−10.50
总资产报酬率（%）	5.8	4.2	2.3	−1.6	−6
主营业务利润率（%）	17.3	12.2	6.4	0.7	−8.6
盈余现金保障倍数	10.1	4.6	0.2	−3.1	−6.4
成本费用利润率（%）	8.9	4.9	2.3	−2.8	−11.4
资本收益率（%）	10.2	7.2	4.5	−4	−12.9
二、资产质量状况					
总资产周转率（次）	1.8	1.2	0.5	0.2	0.1
应收账款周转率（次）	20.7	12	6.4	2.6	1.3
不良资产比率（%）	0.3	1	2.8	10.6	22
流动资产周转率（次）	3.1	2.1	1.4	0.8	0.4
资产现金回收率（%）	17.6	8.6	0.1	−6.7	−14.7
三、债务风险状况					
资产负债率（%）	47.1	56.3	67.1	84.6	91.5
已获利息倍数	3.5	2.4	1.3	−1.3	−3.4
速动比率（%）	154.8	124.8	87.3	55.7	34.4
现金流动负债比率（%）	18.9	11.3	2.8	−8.2	−16.2
带息负债比率（%）	28.7	39.6	52.8	73.1	89.3
或有负债比率（%）	0.4	1.8	5.6	12	18

续表

	优秀值	良好值	平均值	较低值	较差值
四、经营增长状况					
销售(营业)增长率(%)	18.3	13.1	4.2	−9.4	−17.9
资本保值增值率(%)	106.9	104.8	102.5	94.9	88.2
销售(营业)利润增长率(%)	19.8	12.4	3.5	−8.8	−17.8
总资产增长率(%)	21.3	13.4	5.5	−6.3	−15
技术投入比率(%)	1.7	1.5	1.2	0.9	0.2
五、补充资料					
存货周转率(次)	17.8	10	2.5	1.2	0.5
三年销售平均增长率(%)	17.1	9.7	3	−14.7	−25.2
成本费用占主营业务收入比重(%)	89.9	94.6	98.2	101.3	103.4
经济增长值率(%)	4.3	2.5	−1.2	−5.6	−10.2
EBITDA率(%)	22.2	15	6.3	1.1	−2
资本积累率(%)	27.4	14.5	5.4	−6	−20.7

附录 5-1-2　工业——小型企业

	优秀值	良好值	平均值	较低值	较差值
一、盈利能力状况					
净资产收益率(%)	9.5	6.5	3.9	−3	−12.3
总资产报酬率(%)	5.8	3.5	2	−2.5	−7.6
主营业务利润率(%)	18	13	6.2	−0.1	−7.6
盈余现金保障倍数	9.8	5	0.7	−0.7	−3.1
成本费用利润率(%)	10.5	6	2.4	−2.6	−14.3
资本收益率(%)	11.9	9.5	4.3	−3.2	−10
二、资产质量状况					
总资产周转率(次)	2	1.2	0.8	0.4	0.2
应收账款周转率(次)	17.7	10.3	6.8	4.1	2.7
不良资产比率(%)	0.3	1.6	3.1	12.7	24.3
流动资产周转率(次)	3.2	2.3	1.1	0.7	0.5
资产现金回收率(%)	15.6	7.1	0.8	−4.9	−8
三、债务风险状况					
资产负债率(%)	43.5	58	70.8	82.8	94.5
已获利息倍数	3.9	2.2	0.9	−0.9	−4.7
速动比率(%)	140.3	111.5	72.6	48.7	30.1
现金流动负债比率(%)	17.5	11.1	2	−9.6	−16.8
带息负债比率(%)	32.3	44.6	55.5	69.8	81.7
或有负债比率(%)	0.3	1.8	5	13.2	21
四、经营增长状况					
销售(营业)增长率(%)	19.6	13.6	4.1	−11.2	−20.3
资本保值增值率(%)	109.7	106	103.4	97.2	87.9
销售(营业)利润增长率(%)	17.3	12	4	−9.9	−20.8
总资产增长率(%)	19.1	13.7	7.2	−5	−14.5
技术投入比率(%)	2	1.7	1.4	1	0.3

续表

	优秀值	良好值	平均值	较低值	较差值
五、补充资料					
存货周转率(次)	15.7	8.4	2.9	1.2	0.7
三年销售平均增长率(%)	19.1	13.5	4.4	−10.9	−20.6
成本费用占主营业务收入比重(%)	81.3	90.4	97.7	104.4	117.4
经济增长值率(%)	5.2	2.2	−1.3	−4.9	−7.8
EBITDA率(%)	27.3	17.9	8.2	0.7	−3.1
资本积累率(%)	29.1	15.1	6.6	−5.7	−20.6

附录 5-1-3　建筑业——小型企业

	优秀值	良好值	平均值	较低值	较差值
一、盈利能力状况					
净资产收益率(%)	13.8	6.8	2	−3.9	−10.4
总资产报酬率(%)	9.4	4.9	0.8	−2.8	−6
主营业务利润率(%)	16.5	12.1	7.6	4.3	0.9
盈余现金保障倍数	5.3	2.2	−0.5	−1.2	−9.5
成本费用利润率(%)	8.6	5.1	3.3	0.6	−3.2
资本收益率(%)	15.7	11.4	6.8	−1.6	−7
二、资产质量状况					
总资产周转率(次)	2.2	1.5	0.5	0.4	0.1
应收账款周转率(次)	15.7	9.8	5	3.4	2.4
不良资产比率(%)	0.2	1.1	3.2	6.2	10.3
流动资产周转率(次)	2.7	2	0.8	0.7	0.4
资产现金回收率(%)	3.2	1.1	0.3	−4.1	−12.9
三、债务风险状况					
资产负债率(%)	46.2	60.6	77.2	88	94.9
已获利息倍数	3.6	1.8	0.9	−0.8	−5
速动比率(%)	169.3	131.3	91.8	74.7	57.3
现金流动负债比率(%)	5.1	3.1	0.7	−6.6	−14.4
带息负债比率(%)	31	38.7	49.2	64.6	76.7
或有负债比率(%)	0.7	2.2	4.7	8.4	10.5
四、经营增长状况					
销售(营业)增长率(%)	24.4	13.5	4.4	−8.2	−12.7
资本保值增值率(%)	112.8	105.8	101.8	95.1	88.1
销售(营业)利润增长率(%)	30.1	16.4	9.3	5.7	1.2
总资产增长率(%)	34.9	30.4	25.4	10.4	−0.4
技术投入比率(%)	1	0.8	0.7	0.4	0.2
五、补充资料					
存货周转率(次)	10.8	9	2	1	0.7
三年销售平均增长率(%)	23.2	17.3	15.4	8.4	2
成本费用占主营业务收入比重(%)	78.8	91.1	97.7	100	103.2
经济增长值率(%)	6.5	3.2	−1.2	−3.8	−7.5
EBITDA率(%)	11	8.4	5	1.7	−0.9
资本积累率(%)	13.2	8.9	3.1	−6.4	−13.6

附录 5-1-4　交通运输仓储及邮政业——小型企业

	优秀值	良好值	平均值	较低值	较差值
一、盈利能力状况					
净资产收益率(%)	8.7	5.6	2.2	-3.8	-9.3
总资产报酬率(%)	6	3.8	1.1	-2.5	-6.4
主营业务利润率(%)	10.7	6	0.5	-6.4	-15
盈余现金保障倍数	9.3	2.6	1	-0.8	-3
成本费用利润率(%)	5.5	2.6	1.3	-7	-11.6
资本收益率(%)	10.7	6.8	2.9	-5.4	-11.7
二、资产质量状况					
总资产周转率(次)	1.3	0.9	0.4	0.2	0.1
应收账款周转率(次)	7	3.9	1.8	0.5	0.2
不良资产比率(%)	0.1	0.3	2	4.6	10.3
流动资产周转率(次)	3	2.1	1.3	0.2	0.1
资产现金回收率(%)	12.5	7.3	0.7	-4.7	-14
三、债务风险状况					
资产负债率(%)	54	65.4	76.1	86.4	94.7
已获利息倍数	4.4	2.6	1.8	-0.1	-2.1
速动比率(%)	129.2	91.1	65.7	36.9	21.3
现金流动负债比率(%)	17.6	9	0.8	-9.6	-21.2
带息负债比率(%)	45.5	56.9	70.1	78	96
或有负债比率(%)	2.1	2.5	7	15.5	24.8
四、经营增长状况					
销售(营业)增长率(%)	12.5	7.8	1.1	-9.1	-17.9
资本保值增值率(%)	108.5	105.4	101.8	96.2	89
销售(营业)利润增长率(%)	11.5	4.6	0.5	-12.5	-24
总资产增长率(%)	16.5	12.8	6.1	-5.7	-13.3
技术投入比率(%)	0.8	0.4	0.3	0.2	0.1
五、补充资料					
存货周转率(次)	12	6.7	2.5	2.2	1.9
三年销售平均增长率(%)	17.5	9.4	2.7	-7.5	-16.3
成本费用占主营业务收入比重(%)	75.1	95	102.6	112.5	120.1
经济增长值率(%)	4.6	0.1	-4.3	-7.2	-9.4
EBITDA率(%)	10.3	6.5	2.4	0.8	-1.5
资本积累率(%)	25	16.2	1.3	-6.1	-11.8

附录 5-1-5　信息技术服务业——小型企业

	优秀值	良好值	平均值	较低值	较差值
一、盈利能力状况					
净资产收益率(%)	10.8	8.8	6.5	-2.8	-9
总资产报酬率(%)	9.5	7.1	4	-1.7	-7.5
主营业务利润率(%)	27.9	20.1	11.8	5.8	-4.6
盈余现金保障倍数	4.9	2.5	1	-2	-6
成本费用利润率(%)	14.3	8.5	1.3	-5.2	-13.6
资本收益率(%)	14.8	11.7	8.1	-4.9	-14.1

续表

	优秀值	良好值	平均值	较低值	较差值
二、资产质量状况					
总资产周转率(次)	1.7	1	0.6	0.3	0.1
应收账款周转率(次)	11.2	8.1	1.8	0.6	0.3
不良资产比率(%)	0.8	1.6	2.7	9.4	18
流动资产周转率(次)	3	1.8	1.1	0.5	0.2
资产现金回收率(%)	22.8	14.5	2.1	−3.3	−8.8
三、债务风险状况					
资产负债率(%)	37	42.8	54.2	66.5	77.9
已获利息倍数	7.9	6.1	4.5	1.7	−1.4
速动比率(%)	160	129.2	108.8	75.8	46.7
现金流动负债比率(%)	43.7	32.5	21.4	−3.5	−10.2
带息负债比率(%)	41.9	52.8	61	70	81.7
或有负债比率(%)	0.1	1.2	4.5	12.9	21.7
四、经营增长状况					
销售(营业)增长率(%)	22.3	14.7	−2.3	−10.4	−18.6
资本保值增值率(%)	110.3	108.6	106.2	97.9	91
销售(营业)利润增长率(%)	18	9.6	4.4	−20.5	−33.2
总资产增长率(%)	13.1	8.5	6.2	−7.6	−19
技术投入比率(%)	1.5	1.2	1.1	1	0.8
五、补充资料					
存货周转率(次)	25.1	17.1	4.6	2.7	1.2
三年销售平均增长率(%)	21.8	13.9	4.3	−8.3	−16.8
成本费用占主营业务收入比重(%)	75.9	80.8	84.9	89.3	94.8
经济增长值率(%)	4.3	1.6	−1.3	−4.3	−13.1
EBITDA率(%)	36.4	28.4	19.4	8.8	−11.7
资本积累率(%)	24.8	17.4	1.7	1.5	−12.7

附录 5-1-6　批发和零售贸易业——小型企业

	优秀值	良好值	平均值	较低值	较差值
一、盈利能力状况					
净资产收益率(%)	11.7	8	4.9	−1.2	−5.4
总资产报酬率(%)	6.5	4.7	2.5	−0.9	−4.1
主营业务利润率(%)	8.2	5.2	3.2	0.7	−3.5
盈余现金保障倍数	2.1	1.1	0.6	−0.7	−5.6
成本费用利润率(%)	3.2	2.1	1	−2.1	−3.2
资本收益率(%)	15.6	11.1	5	−3.2	−5.6
二、资产质量状况					
总资产周转率(次)	5.4	2.6	1.6	0.4	0.1
应收账款周转率(次)	6	2.8	1.8	0.6	0.3
不良资产比率(%)	1.2	2.2	4.1	6.9	9.3
流动资产周转率(次)	5.9	2.7	1.7	0.5	0.2
资产现金回收率(%)	6.3	4	0.7	−3	−6.2

续表

	优秀值	良好值	平均值	较低值	较差值
三、债务风险状况					
资产负债率（%）	54.8	70.2	74.6	78.1	85.8
已获利息倍数	3.7	2.3	1.7	−0.1	−3
速动比率（%）	121.6	97.3	81.6	65.1	40.5
现金流动负债比率（%）	10.9	6.1	1.7	−3.9	−8.9
带息负债比率（%）	42	53.4	59.4	65.7	76.9
或有负债比率（%）	1.4	2.3	7	7.6	8.5
四、经营增长状况					
销售（营业）增长率（%）	25.6	10.2	3.4	−8.9	−15.3
资本保值增值率（%）	108.4	104.8	100.2	92.9	87.4
销售（营业）利润增长率（%）	21.2	12.1	7.4	−7.4	−13.2
总资产增长率（%）	26.5	16.2	11.2	2.7	−2.1
技术投入比率（%）	0.8	0.5	0.3	0.2	0.1
五、补充资料					
存货周转率（次）	12.1	9.3	7.9	1.9	0.8
三年销售平均增长率（%）	13.4	10.4	5	3.9	0.8
成本费用占主营业务收入比重（%）	97	97.9	99	99.7	103.9
经济增长值率（%）	7.5	4.4	1.3	−6.1	−9.8
EBITDA率（%）	8.9	6.5	3.5	1.5	−1.1
资本积累率（%）	13.2	10.3	5.5	−2.8	−6.7

附录 5-1-7　住宿和餐饮业——小型企业

	优秀值	良好值	平均值	较低值	较差值
一、盈利能力状况					
净资产收益率（%）	8.1	4	1.4	−4.2	−11.6
总资产报酬率（%）	4	2.4	0.5	−2.1	−4.3
主营业务利润率（%）	46.1	35	20.6	7.3	−1.2
盈余现金保障倍数	11	4.2	1.4	−1.3	−3.4
成本费用利润率（%）	10.2	6.5	1.9	−8.9	−14.1
资本收益率（%）	9.2	4.3	1	−5.4	−13.8
二、资产质量状况					
总资产周转率（次）	1.2	0.6	0.4	0.2	0.1
应收账款周转率（次）	27.7	20.5	12.7	9.6	7.8
不良资产比率（%）	0.1	0.7	2.3	12.5	28.1
流动资产周转率（次）	4.6	3.1	1.1	0.6	0.2
资产现金回收率（%）	14.7	7.7	1.9	−0.8	−2.6
三、债务风险状况					
资产负债率（%）	31.9	42.3	59.4	71.5	83.1
已获利息倍数	2	1.2	0.1	−1.8	−6.2
速动比率（%）	129	86.8	59.5	38.3	15.5
现金流动负债比率（%）	19.3	11.8	7.5	2.8	−0.1
带息负债比率（%）	17.8	29.1	38.5	63.1	77.2
或有负债比率（%）	0.4	1	6.3	14.8	24.1

续表

	优秀值	良好值	平均值	较低值	较差值
四、经营增长状况					
销售(营业)增长率(%)	26.1	16.4	1.9	−12.2	−18.9
资本保值增值率(%)	105.1	102.6	101.1	94	89.1
销售(营业)利润增长率(%)	18	9.1	2	−10.7	−19.5
总资产增长率(%)	16.1	11.3	6.7	−8.6	−16.1
技术投入比率(%)	0.8	0.7	0.6	0.5	0.4
五、补充资料					
存货周转率(次)	28.6	16.4	4.7	2	0.8
三年销售平均增长率(%)	28.2	18.4	4	−10.2	−16.8
成本费用占主营业务收入比重(%)	83.3	93.8	103.5	112.2	121.3
经济增长值率(%)	8.4	1.9	−4.2	−8.4	−14.4
EBITDA率(%)	33	23.6	11.2	−1	−12.4
资本积累率(%)	36.4	19.5	5.7	−1.2	−15.9

附录 5-1-8　房地产业——小型企业

	优秀值	良好值	平均值	较低值	较差值
一、盈利能力状况					
净资产收益率(%)	12.8	6.5	2.9	0.6	−8.5
总资产报酬率(%)	8.3	4.5	2.7	0.1	−3.9
主营业务利润率(%)	45.4	32.2	24.4	19.8	10.4
盈余现金保障倍数	8.7	4	1.2	−0.8	−3.1
成本费用利润率(%)	18	13.3	7.9	2	−11.7
资本收益率(%)	14.2	8.1	3.6	1.6	−9.2
二、资产质量状况					
总资产周转率(次)	0.8	0.5	0.3	0.2	0.1
应收账款周转率(次)	28.4	13.4	7.7	1.3	0.9
不良资产比率(%)	0.4	1.7	3.4	9.6	25.8
流动资产周转率(次)	1	0.6	0.4	0.3	0.2
资产现金回收率(%)	13.7	5.7	0.4	−6.2	−15.2
三、债务风险状况					
资产负债率(%)	51.2	65.8	75.4	89	95.1
已获利息倍数	5.2	3.5	2.2	0.5	−2.1
速动比率(%)	134.9	111.5	70.2	52.6	29.6
现金流动负债比率(%)	17.8	10.1	0.5	−6.6	−16.6
带息负债比率(%)	35	55.8	66.5	81	92
或有负债比率(%)	1.3	2.2	7.2	15.6	24.9
四、经营增长状况					
销售(营业)增长率(%)	11.9	7.7	1.8	−5.8	−12.9
资本保值增值率(%)	112.3	107.8	103.8	100.9	93.1
销售(营业)利润增长率(%)	28.8	12.6	5	−2.1	−9.4
总资产增长率(%)	21.1	15.7	10.1	0.8	−10.4
技术投入比率(%)	1.1	1	0.8	0.6	0.4

续表

	优秀值	良好值	平均值	较低值	较差值
五、补充资料					
存货周转率(次)	4.8	2.1	0.8	0.4	0.3
三年销售平均增长率(%)	11.6	7.2	1.2	−10.5	−21.2
成本费用占主营业务收入比重(%)	54.4	68.4	84.6	99.5	109.5
经济增长值率(%)	12	6	2.8	−0.6	−4.2
EBITDA率(%)	46	28.7	15.5	−1.7	−11.3
资本积累率(%)	33.3	22.8	8.3	−6.6	−23.4

附录 5-1-9　社会服务业——小型企业

	优秀值	良好值	平均值	较低值	较差值
一、盈利能力状况					
净资产收益率(%)	11.7	6.1	2.8	−3	−8.6
总资产报酬率(%)	10.4	5.6	2.3	−2.9	−7.4
主营业务利润率(%)	19.2	11.6	6.5	1	−3.6
盈余现金保障倍数	5.5	2.5	1	−0.4	−3.9
成本费用利润率(%)	15.5	9	4.8	−0.8	−19.6
资本收益率(%)	13.1	6.9	3.2	−0.7	−8.6
二、资产质量状况					
总资产周转率(次)	2.3	1.5	0.8	0.3	0.1
应收账款周转率(次)	28.3	15.9	3.8	3.3	3
不良资产比率(%)	0.6	1	2	25.2	26.3
流动资产周转率(次)	3.9	2.5	1	0.4	0.2
资产现金回收率(%)	29.9	13.8	1.7	−0.1	−14.1
三、债务风险状况					
资产负债率(%)	42.3	53.4	64.8	73.3	83.2
已获利息倍数	7.2	5.2	3	1	−4.5
速动比率(%)	133.3	118.3	103.4	77.1	41.3
现金流动负债比率(%)	31.3	14.6	3.2	−0.2	−15.2
带息负债比率(%)	18.9	34.9	47.3	60.3	70.6
或有负债比率(%)	0.2	0.9	5.5	14.2	23.3
四、经营增长状况					
销售(营业)增长率(%)	15.6	9.6	3.6	−2.1	−6.5
资本保值增值率(%)	107.8	105	103.1	97.4	91.2
销售(营业)利润增长率(%)	18.2	11.4	2.8	−7.2	−20.6
总资产增长率(%)	26.5	16.1	8	−6.7	−16.8
技术投入比率(%)	8.5	7.2	4	2.4	1.4
五、补充资料					
存货周转率(次)	20.2	10.4	1.5	0.5	0.3
三年销售平均增长率(%)	14.2	4.7	1.5	0.5	−0.5
成本费用占主营业务收入比重(%)	54.6	73.3	92.4	101.2	117.9
经济增长值率(%)	11.3	6	1.9	0.2	−2.8
EBITDA率(%)	46.5	35.9	12.4	0.7	−2.9
资本积累率(%)	37.4	22.6	5.3	−6.9	−20.1

附录 5-1-10　传播与文化业——全行业

	优秀值	良好值	平均值	较低值	较差值
一、盈利能力状况					
净资产收益率(%)	13.6	9.8	6.2	-3.6	-11
总资产报酬率(%)	7.7	6.4	3.9	-3.3	-8.2
主营业务利润率(%)	52.2	35.5	25.3	14.1	-14.5
盈余现金保障倍数	10.4	4.8	1.1	0.4	-0.2
成本费用利润率(%)	15.7	12	8	-5.2	-23.3
资本收益率(%)	15.8	11.9	7.5	-4.5	-10.7
二、资产质量状况					
总资产周转率(次)	1.2	0.6	0.4	0.2	0.1
应收账款周转率(次)	35.6	19.3	9.6	5.7	2.5
不良资产比率(%)	0.1	0.3	1.2	7.1	16.5
流动资产周转率(次)	2.8	1.6	0.6	0.4	0.2
资产现金回收率(%)	16.3	10.1	3.4	-3.2	-8.9
三、债务风险状况					
资产负债率(%)	31.6	41.5	46.9	56.2	68.1
已获利息倍数	6.3	4.2	2.2	-2.1	-8.4
速动比率(%)	142.7	118.4	88.2	51.6	24.6
现金流动负债比率(%)	24.7	18	8.9	-7.5	-13.4
带息负债比率(%)	28.2	39.3	50.9	65.5	89
或有负债比率(%)	0.1	0.3	3.6	12.5	21.3
四、经营增长状况					
销售(营业)增长率(%)	25	12.4	2.6	-9.8	-19.8
资本保值增值率(%)	111.5	108.7	104.7	96.1	89.2
销售(营业)利润增长率(%)	21.9	16.9	2.1	-11.1	-16.9
总资产增长率(%)	20.1	13.1	5.4	-6.5	-13.8
技术投入比率(%)	1.2	0.9	0.8	0.7	0.6
五、补充资料					
存货周转率(次)	18	8.6	1.8	0.6	0.4
三年销售平均增长率(%)	28.4	16.1	6.1	-6.1	-16.3
成本费用占主营业务收入比重(%)	74.5	86.3	97.6	105.4	115.6
经济增长值率(%)	11.7	6.6	1	-6.1	-14.1
EBITDA率(%)	32	18	8.1	-7.9	-14.8
资本积累率(%)	32.1	17.6	4.9	-5	-15.6

附录 5-1-11　农林牧渔业——小型企业

	优秀值	良好值	平均值	较低值	较差值
一、盈利能力状况					
净资产收益率(%)	7	3.7	0.6	-5.3	-10.8
总资产报酬率(%)	5.5	3	0.1	-5	-10.2
主营业务利润率(%)	16.7	11.6	6.6	0.4	-8.3

续表

	优秀值	良好值	平均值	较低值	较差值
盈余现金保障倍数	10.2	4.2	1.3	−1.6	−4.1
成本费用利润率(%)	7.6	4.5	0.9	−10.8	−25
资本收益率(%)	8.6	4.2	1.1	−5.2	−13.5
二、资产质量状况					
总资产周转率(次)	1.4	0.8	0.6	0.3	0.2
应收账款周转率(次)	20.3	14.1	8.7	6.8	6.3
不良资产比率(%)	0.1	0.6	1.5	9.2	15.1
流动资产周转率(次)	2.1	1.3	1	0.7	0.5
资产现金回收率(%)	8.4	4.1	0.5	−3.1	−9.1
三、债务风险状况					
资产负债率(%)	31.8	45.4	65.4	79.6	85.8
已获利息倍数	3.9	3	1	−3.7	−9.7
速动比率(%)	166.8	129.3	83.3	65.1	39.7
现金流动负债比率(%)	13.6	7.4	0.6	−5	−11.7
带息负债比率(%)	23.2	34.3	45.1	63.4	83.7
或有负债比率(%)	1.1	2.1	6.8	15.5	24.1
四、经营增长状况					
销售(营业)增长率(%)	22.9	16.8	7.6	−4.6	−22.2
资本保值增值率(%)	106.1	103.2	101.2	92.7	88.4
销售(营业)利润增长率(%)	15.5	8.9	−0.2	−12.2	−24.8
总资产增长率(%)	13.9	8.9	4.2	−3.4	−10.2
技术投入比率(%)	0.5	0.4	0.3	0.2	0.1
五、补充资料					
存货周转率(次)	17.2	8.4	2.8	1.5	0.8
三年销售平均增长率(%)	20.8	14.8	5.5	−6.5	−24.3
成本费用占主营业务收入比重(%)	69.4	89.1	100.9	112.6	120.5
经济增长值率	6.8	1.9	−2.9	−7.4	−13
EBITDA率(%)	17.4	9.4	4.7	−4.2	−14.7
资本积累率(%)	31.8	16	1.5	−4.1	−14.8

(资料来源：节选改编自国务院国资委统计评价局.企业绩效评价标准值[M].北京：经济科学出版社,2013.)

附录5-2 A公司资产负债表

编制单位：A公司　　　　　　　　　　　　　　　　　　　　　2013年12月31日

单位：人民币百元(小数点后尾数为四舍五入值,略有偏差)

资产	期末余额	期初余额	负债与所有者权益	期末余额	期初余额
货币资金	244 102.18	336 208.10	应付账款	3 021.27	4 479.19
应收账款	21 394.59	20 317.18	预收款项	3 362.75	2 883.97
预付款项	3 961.62	2 478.08	应付职工薪酬	16 956.91	13 456.31

续表

资产	期末余额	期初余额	负债与所有者权益	期末余额	期初余额
应收利息	3 592.59	1 924.32	应交税费	4 027.33	3 679.28
其他应收款	91 179.66	71 591.03	其他应付款	46 770.10	15 876.23
流动资产合计	364 230.64	432 518.70	流动负债合计	74 138.37	40 374.97
长期股权投资	423 126.40	272 741.82	其他非流动负债	5 820.34	5 793.61
固定资产	43 224.79	41 823.28	非流动资产负债合计	5 820.34	5 793.61
在建工程	13 408.14	9 535.97	负债	79.95	
无形资产	19 141.81	18 768.97	实收资本	369 387.00	183 982.50
长期待摊费用	6 456.65	9 282.95	资本公积	218 360.09	390 056.00
递延所得税资产	418.92	196.03	盈余公积	38 741.58	31 197.84
其他非流动资产	1 000.00		未分配利润	164 559.98	133 462.82
非流动资产合计	506 776.71	352 349.03	所有者权益合计	791 048.64	738 699.15

附录5-3 A公司损益表

编制单位：A公司　　　　　　　　　　　　　　　　　　2013年12月31日

单位：人民币百元（小数点后尾数为四舍五入值，略有偏差）

	本期金额	上期金额
一、营业收入	261 966.61	211 548.24
减：营业成本	71 953.00	57 811.91
营业税金及附加	776.00	3 977.82
销售费用	50 423.55	40 285.85
管理费用	65 307.38	61 703.25
财务费用	−9 959.46	−7 209.55
资产减值损失	833.66	1 189.22
加：公允价值变动损益（损失以"−"号填列）		
投资收益（损失以"−"号填列）	0.50	140.00
二、营业利润（亏损以"−"号填列）	82 632.98	53 929.74
加：营业外收入	5 392.15	6 473.25
减：营业外支出	229.22	134.70
三、利润总额（亏损总额以"−"号填列）	87 795.91	60 268.29
减：所得税费用	12 358.50	9 579.81
四、净利润（净亏损以"−"号填列）	75 437.41	50 688.48

附录 5-4　A 公司现金流量表

编制单位：A 公司　　　　　　　　　　　　　　　　　　　2013 年 12 月 31 日

单位：人民币百元（小数点后尾数为四舍五入值，略有偏差）

项目	本期金额	上期金额
一、经营活动产生的现金流量：		
销售商品、提供劳务收到的现金	276 941.00	211 882.41
收到其他与经营活动有关的现金	33 220.70	26 321.41
现金流入小计	310 161.70	238 203.82
购买商品、接受劳务支付的现金	50 947.64	33 745.10
支付给职工以及为职工支付的现金	74 626.98	67 548.69
支付的各项税费	21 458.67	18 281.86
支付其他与经营活动有关的现金	58 572.44	33 293.12
现金流出小计	205 605.73	152 868.76
二、经营活动产生的现金流量净额	104 555.97	85 335.07
收回投资收到的现金	305.03	
取得投资收益所收到的现金		27 840.00
处置固定资产、无形资产和其他长期资产收回的现金净额	207.98	148.77
收到其他与投资活动有关的现金	106 513.75	17 188.56
现金流入小计	107 026.76	45 177.33
购建固定资产、无形资产和其他长期资产支付的现金	32 128.51	30 111.94
投资支付的现金	145 026.55	70 524.46
取得子公司及其他营业单位支付的现金净额	2 882.71	
支付其他与投资活动有关的现金	1 220.98	
现金流出小计	181 258.74	100 636.40
三、投资活动产生的现金流量净额	−74 231.98	−55 459.07
吸收投资收到的现金	12 079.89	
现金流入小计	12 079.89	
分配股利、利润或偿付利息支付的现金	36 796.50	55 194.75
现金流出小计	36 796.50	55 194.75
四、筹资活动产生的现金流量净额	−24 716.61	−55 194.75
五、汇率变动对现金及现金等价物的影响	−29.99	1.19
六、现金及现金等价物净增加额	5 577.38	−25 317.56
加：期初现金及现金等价物余额	32 908.92	58 226.48
七、期末现金及现金等价物余额	38 486.30	32 908.92

附录 5-5　中国工商银行小企业法人客户信用评级指标体系

根据企业的经营期限、信用记录情况,小企业信用评价指标体系分为甲、乙、丙三类,甲类适用于经营期未超过 1 年的小企业;乙类适用于经营期超过 1 年的新开户小企业;丙类适用于经营期超过 1 年的非新开户小企业。

评价指标体系包括股东情况、经济条件、发展前景、偿债能力等方面。

小企业信用等级分为 AA、AA－、A＋、A、A－、BBB＋、BBB、BBB－、BB、B 10 个等级(附录 5-5-1),等级的定义同《中国工商银行法人客户评价办法》。

附录 5-5-1　企业评级分数表

采用甲类、乙类评价体系进行评级的小企业各等级对应的分数段		采用丙类评价体系进行评级的小企业等级对应的分数段	
A＋	80 分(含)以上	AA	85 分(含)以上
A	74(含)～80 分	AA－	80(含)～85 分
A－	68(含)～74 分	A＋	74(含)～80 分
BB＋	62(含)～68 分	A	68(含)～74 分
BBB	56(含)～62 分	A－	62(含)～68 分
BBB－	50(含)～56 分	BBB＋	56(含)～62 分
BB	40(含)～50 分	BBB	50(含)～56 分
B	40 分以下	BBB－	44(含)～50 分
		BB	40(含)～44 分
		B	40 分以下

附录 5-5-2　甲类评价指标体系

指标		权重	指标解释	评分标准
股东(5)	经济实力	5	母公司或控股投资个人的经济实力	母公司所有者权益/母公司对本企业投资额大于 4 得 5 分
				大于 3 不大于 4 得 3 分
				大于 2 不大于 3 得 1 分
				不大于 2 得 0 分
				若为共同控制,按投资比例加权计算
				控股投资个人的总资产/投资个人对本企业的投资额大于 3 得 5 分
				大于 2 不大于 3 得 3 分
				不大于 2 得 1 分
				若为共同控制,按投资比例加权计算
管理层(15)	品质	4	管理者的谈吐行为、诚实程度	艰苦创业、谈吐诚实、社会反映良好得 4 分
				一般得 2 分
				行踪不定、背景繁杂得 0 分

续表

指标		权重	指标解释	评分标准
管理层(15)	从业经验	7	企业经营管理者从事本行业的经营年限	
				曾经营的企业发生关、停、并、破产的得－10分
	经营能力	4	管理能力与经营方针	管理规范、经营稳健、思路清晰得4分
				管理一般、经营一般得2分
				管理混乱、领导层经营思想不统一得－10分
条件(20)	经济环境	10	根据企业所处地区人均GDP而定	人均GDP在18 000元以上得10分
				16 000～18 000元得9分
				14 000～16 000元得8分
				12 000～14 000元得7分
				10 000～12 000元得6分
				8 000～10 000元得5分
				6 000～8 000元得4分
				4 500～6 000元得3分
				3 000～4 500元得2分
				3 000元以下得1分
	政策支持	5	客户所在区域对客户的政策支持力度	支持力度大得5分
				一般得3分
				较差得0分
				如果受到政策限制得－10分
	信用环境	5	按我行在当地分支机构的贷款不良率而定	不大于10%得5分
				大于10%不大于20%得3分
				其余得1分
发展前景(10)	行业排名	4	依据我行每年公布的行业排序而定	前20名得4分
				21～40名得3分
				41～60名得2分
				其余得1分
	产品市场（工业）	3	根据产品的预期销售情况判断	产品将非常热销得3分
				一般得2分
				可能滞销得0分
	产品技术（工业）	3	根据其与同类产品相比的科技含量判断	科技含量高得3分
				一般得1分
				较差得0分
	购销渠道（商业）	3	根据供货商和购货商的实力而定	购销都很有保障得3分
				单方面很有保障另一方面一般得1分
				两方都有保障一般得0分
				任何一方没有保障得－10分

续表

指　　标		权重	指标解释	评分标准
发展前景 (10)	地理位置 （商业）	3	根据经营场所的地理位置进行判断	地处闹市区得3分 地段一般得2分 位置较为偏僻得0分
	盈利能力 （非工商）	4	企业盈利能力与同行业同规模企业相比	很好得4分 较好得3分 一般得1分 较差得0分
	客户群体 （非工商）	2	企业的客户消费能力和集中度	消费能力强、集中度不大得2分 消费能力强、集中度大得1分 其他得0分
偿债能力 (50)	实收资本	10	以验资报告为准	以50万元为起点，每50万元得1分，最高得10分
	担保能力	40	对企业已经和可能向我行提供的全部有效抵（质）押物[包括第三方提供的抵（质）押物]情况，以及能够出具有效承诺证明的保证情况进行评价	（略）

附录5-5-3　乙类评价指标体系

指　　标		权重	指标解释	评分标准
股东(2)	经济实力	2	母公司或控股投资个人的经济实力	母公司所有者权益/母公司对本企业投资额大于3得2分 大于2不大于3得1分 不大于2得0分 若为共同控制，按投资比例加权计算 控股投资个人的总资产/投资个人对本企业的投资额大于2得2分 不大于2得1分 若为共同控制，按投资比例加权计算
管理层(9)	品质	3	谈吐行为、诚实程度	艰苦创业、谈吐诚实、社会反映良好得3分 一般得2分 行踪不定、背景繁杂得0分
	从业经验	3	企业经营管理者从事本行的经营年限	曾经营的企业发生关、停、并、破产的得－10分

续表

指　　标		权重	指　标　解　释	评　分　标　准
管理层(9)	经营能力	3	管理能力与经营方针	管理规范、经营稳健、思路清晰得3分 管理一般、经营一般得2分 管理混乱、领导层经营思想不统一得−10分
条件(14)	经济环境	8	根据经济发达程度而定	人均GDP 18 000元以上得8分 12 000～18 000元得7分 10 000～12 000元得6分 8 000～10 000元得5分 6 000～8 000元得4分 4 500～6 000元得3分 3 000～4 500元得2分 3 000元以下得1分
	政策支持	3	客户所在区域对客户的政策支持力度	支持力度大得3分 一般得2分 较差得0分 如果受到政策限制得−10分
	信用环境	3	按我行在当地分支机构的贷款不良率而定	不大于10%得3分 大于10%不大于20%得2分 其余得1分
发展前景(7)	行业排名	5	依据我行每年公布的行业排序而定	前20名得5分 21～40名得3分 41～60名得1分 其余得0分
	产品供求（工业）	1	根据产品的预期销售情况判断	产品将热销得1分 一般得0.5分 可能滞销得0分
	产品技术（工业）	1	根据其与同类产品相比的科技含量判断	科技含量高得1分 一般得0.5分 较差得0分
	购销渠道（商业）	1	根据供货商和购货商的实力而定	购销都有保障得1分 单方面很有保障另一方面一般得0.5分 两方都有保障一般得0分 任何一方没有保障得−10分
	地理位置（商业）	1	根据经营场所的地理位置进行判断	地处闹市区得1分 地段一般得0.5分 位置较为偏僻得0分
	盈利能力（非工商）	1	企业盈利能力与同行业同规模企业相比	很好得1分 较好得0.5分 一般得0分
	客户群体（非工商）	1	企业的客户消费能力和集中度	消费能力强、集中度不大得1分 消费能力强、集中度大得0.5分 其他得0分

续表

指	标	权重	指标解释	评分标准
经营状况（12）	销售收入增长情况	3	通过销售收入增长率确定得分	两年内销售收入增长率连续为正得3分
				连续两年为负得0分
				其他得1分
				若存在销售收入大幅降低的情况则减5分
	销售收入	4	以评级前一年的全年销售收入总额为依据（取自企业年度财务报告数据）	以200万元为起点，每增加40万加0.1分，满分为4分
	纳税情况	5	以评级前一年全年实际缴纳的流转税款为依据	以10万元为起点，每增2万元加0.1分，最高得5分
				实行定额税的企业得2分（实行优惠税率按照优惠前标准计算得分）
偿债能力（56）	实收资本	6	以验资报告为准	以50万元为起点，每50万元得1分，最高得10分
	资产负债率	5	与本行业相同规模的企业标准值进行对比（取自企业年度财务报表数据）	高于较差值得0分
				较差值与较低值之间得1分
				平均值与较低值之间得2分
				良好值与平均值之间得3分
				优秀值与良好值之间得4分
				低于优秀值得5分
	担保能力	45	对企业已经和可能向我行提供的全部有效抵（质）押物[包括第三方提供的抵（质）押物]情况，以及能够出具有效承诺证明的保证情况进行评价	（略）

注：对专业外贸企业无销售收入增长情况打分项，由出口收汇率代替，具体为：

指	标	权重	指标解释	评分标准
经营状况	出口收汇率	3	取自外汇局的出口收汇率	出口收汇率95%以上得3分
				70%～95%得1分
				70%以下得0分

附录 5-5-4 丙类评价指标体系

指　标		权重	指标解释	评分标准
股东(2)	经济实力	2	母公司或控股投资个人的经济实力	母公司所有者权益/母公司对本企业投资额大于3得2分
				大于2不大于3得1分
				不大于2得0分
				若为共同控制,按投资比例加权计算
				控股投资个人的总资产/投资个人对本企业的投资额大于2得2分
				不大于2得1分
				若为共同控制,按投资比例加权计算
管理层(6)	品质	2	管理者的谈吐行为、诚实程度	艰苦创业、谈吐诚实、社会反映良好得2分
				一般得1分
				行踪不定、背景繁杂得0分
	从业经验	2	企业经营管理者从事本行的经营年限	
				曾经营的企业发生关、停、并、破产的得—10分
	经营能力	2	管理能力与经营方针	管理规范、经营稳健、思路清晰得2分
				管理一般、经营一般得1分
				管理混乱、领导层经营思想不统一得—10分
经营状况(14)	销售收入增长情况	3	通过销售收入增长率情况确定	两年内销售收入增长率连续为正得3分
				连续两年为负得0分
				其他得1分
				若存在销售收入大幅降低的情况则减5分
	销售收入	5	以评级前一年的全年销售收入总额为依据(取自企业年度财务报告数据)	以100万元为起点,每增加20万元加0.1分,满分为5分
	纳税情况	6	以评级前一年全年实际缴纳的流转税款为据	10万元为起点,每增1万元加0.1分,最高得6分
				实行定额税的企业得3分(实行优惠税率按照优惠前标准计算得分)
信誉状况(15)	年销售归行额	5	本行账户贷方销售发生额。已签委托代扣协议的法人代表个人账户、储蓄存折发生额按6折计分	800万(含)以上得5分
				600万(含)～800万元得4分
				400万(含)～600万元得3分
				200万(含)～400万元得2分
				100万(含)～200万元得1分
				100万元以下得0分

续表

指	标	权重	指标解释	评分标准
信誉状况（15）	存贷比	5	最近一年存款积除以贷款积数	30%(含)以上得5分
				20%(含)~30%得4分
				15%(含)~20%得3分
				10%(含)~15%得2分
				5%(含)~10%得1分
				5%以下得0分
	企业还本付息情况	5	贷款本金与利息是否按时归还,表外业务是否按时付款	评级前连续2年无逾期、欠息、垫款得5分
				建立信贷关系1年以上但不满2年,且无逾期、欠息、垫款得3分
				评级前1年(不含)~2年内逾期或欠息或垫款一次扣4分
				评级前1年内(含)逾期或欠息或垫款一次扣5分
条件(13)	经济环境	8	根据企业所处地区人均GDP而定	人均GDP180 000元以上得8分
				12 000~18 000元得7分
				10 000~12 000元得6分
				8 000~10 000元得5分
				6 000~8 000元得4分
				4 500~6 000元得3分
				3 000~4 500元得2分
				3 000元以下得1分
	政策支持	2	客户所在区域对客户的政策支持力度	支持力度大得2分
				一般得1分
				较差得0分
				如果受到政策限制得-10分
	信用环境	3	按我行在当地分支机构的贷款不良率而定	不大于10%得3分
				大于10%不大于20%得2分
				其余得1分
发展前景（5）	行业排名	3	依据我行每年公布的行业排序而定	前20名得3分
				21~40名得2分
				41~60名得1分
				其余得0分
	产品市场（工业）	1	根据产品的预期销售情况判断	产品将热销得1分
				一般得0.5分
				可能滞销得0分
	产品技术（工业）	1	根据其与同类产品相比的科技含量判断	科技含量高得1分
				一般得0.5分
				较差得0分

续表

指标		权重	指标解释	评分标准
发展前景（5）	购销渠道（商业）	1	根据供货商和购货商的实力而定	购销都很有保障得1分 单方面很有保障另一方面一般得0.5分 两方都有保障一般得0分 任何一方没有保障得−10分
	地理位置（商业）	1	根据经营场所的地理位置进行判断	地处闹市区得1分 地段一般得0.5分 位置较为偏僻得0分
	盈利能力（非工商）	2	企业盈利能力与同行业同规模企业相比	很好得2分 较好得1.5分 一般得1分 较差得0分
偿债能力（45）	实收资本	6	以验资报告为准	以50万元为起点，每50万元得1分，最高得6分
	资产负债率	5	与本行业相同规模的企业标准值进行对比（取自企业年度财务报表数据）	高于较差值得0分 较差值与较低值之间得1分 平均值与较低值之间得2分 良好值与平均值之间得3分 优秀值与良好值之间得4分 低于优秀值得5分
	销售收入/付息性债务	6	销售收入指评级前一年全年的销售收入；付息性债务指评级前一年年度报表结束日的付息性债务总额	100%得2分，增减5%+/−0.2分，最高得6分
	实收资本/付息性债务	6	付息性债务指评级前一年年度报表结束日的付息性债务总额	50%得2分，增减2.5%+/−0.2分，最高得6分
	担保能力	28	对企业已经和可能向我行提供的全部有效抵（质）押物［包括第三方提供的抵（质）押物］情况，以及能够出具有效承诺证明的保证情况进行评价	（略）

注：对专业外贸企业无销售收入归行额打分项，由出口收汇率代替，具体为：

指标		权重	指标解释	评分标准
信誉状况	出口收汇率	5	取自外汇局的出口收汇率	95%以上得5分 90%～95%得4分 85%～90%得3分 80%～85%得2分 75%～80%得1分 75%以下得0分

（资料来源：节选改编自中国工商银行小企业法人客户信用等级评定办法［Z］.工银发〔2005〕78号.）

参 考 文 献

[1] 何嗣江,严谷军.微型金融理论与实践[M].杭州：浙江大学出版社,2013.
[2] 中国人民银行小额信贷专题组.小额贷款公司指导手册[M].北京：中国金融出版社,2006.
[3] 中共中央关于制定国民经济和社会发展第十一个五年规划的建议[Z].中发〔2006〕1号.
[4] 朱文明.中国扶贫基金会小额信贷模式及其启示[J].中国农村金融,2012(24)：60-63.
[5] 巴曙松.2013小微企业融资发展报告——中国现状及亚洲实践[R].海南：博鳌亚洲论坛2013年年会,2013-04-06.
[6] 艾瑞研究院.2014年P2P小额信贷典型模式案例研究报告[EB/OL].艾瑞网,2014-01-08.http：//www.iresearch.com.cn/Report/2099.html.
[7] 艾瑞研究院.2013年中国P2P贷款行业研究报告.艾瑞网,2013-10-10.http：//www.iresearch.com.cn/report/2060.html.
[8] 叶洁纯,孙景锋.小额贷款公司迅速崛起业务员年薪过两万[N].南方日报,2013-10-30(5).
[9] 李冠男.违规发放贷款信贷员获刑[N].检察日报,2015-8-5(6).
[10] 蔡强,邰飞.舞阳信贷员违法放贷谋私利,被法院判刑并处罚金[EB/OL].大河网.http：//news.dahe.cn/2015/08-10/105430228.html.
[11] 何家银,李胜.邮政银行信贷员收取好处费7万元被判五年[EB/OL].南宁法制网,2015-5-28.http：//www.nnfzw.com.cn/news_show.asp?id=59610.
[12] 唐成彬.信贷员违法放贷 四百多农户"被贷款"千余万[EB/OL].中安在线.http：//ah.anhuinews.com/system/2015/11/18/007089610.shtml.
[13] 田甜,万江红.孟加拉GB小额信贷模式及其启示[J].时代经贸学术版,2007,5(2)：126-128.
[14] 鱼小强.国际小额信贷的发展趋势[J].农业经济,2005(3)：46-47.
[15] 何广文,杜晓山,白澄宇等.中国小额信贷行业评估报告[EB/OL].中国小额信贷发展促进网络,2009-02-17：7-8. http：//wenku.baidu.com/link?url=l69UNjoStQxxq9oCWjy8rac0e591QLYSNmHobmZh6vtKRo3Spz_0D5I3vVM71qIv8ICAOr_WA3ojYb7nzNY_krrem4EpciG6d0wSrTAKkPi.
[16] 银行从业资格委员会.银行业法律法规与综合能力[M].成都：西南财经大学出版社,2015.
[17] 阎敏.银行信贷风险管理案例分析[M].北京：清华大学出版社,2015.
[18] 刘志月.小额贷款公司经营存四大风险[N].法制日报.2015-5-20.
[19] 张和平,杨健翔.一家小额贷款公司成长的烦恼[EB/OL].新华网,http：//news.xinhuanet.com/newscenter/2009-03/23/content_11057754.html.
[20] 宁海县跃龙小额贷款股份有限公司与叶满亦、吴宗建等借款合同纠纷一审民事判决书(2013甬宁商初字第1777号)[EB/OL].中国裁判文书网,2014-04-02.http：//wenshu.court.gov.cn/content/content?DocID=40835c71-728d-4e9d-ad32-327a32226102.
[21] 华丽,刘春林,王钢.信贷员违规放贷被判刑并处罚金[N].检察日报,2014-8-17(6).
[22] 赵静,金有成.山西一家三口伪造房产证多次骗取贷款公司贷款[EB/OL].中国新闻网.http：//www.chinanews.com/fz/2012/10-11/4240122.shtml.
[23] 国务院法制办公室.中华人民共和国担保法注解与配套[M].北京：中国法制出版社,2014.
[24] 中国人民银行关于人民币贷款利率有关问题的通知[Z].银发〔2003〕251号.
[25] 中国银行业协会.小额信贷[M].北京：中国金融出版社,2012.
[26] 张杨.小议"信贷工厂"模式[J].经济生活文摘月刊,2013(2)：14-16.
[27] 曹华.中国银行小企业金融服务特色产品——中银信贷工厂[EB/OL].人民网经济频道,2011-1-9.http：//finance.people.com.cn/GB/8215/210272/211234/211448/13686152.html.
[28] 国务院关于取消和调整一批行政审批项目等事项的决定[Z].国发〔2014〕50号.
[29] 中国教育发展基金会,中国人民银行金融研究所.中国小额信贷案例选编[M].北京：中国市场出版

社,2009.
- [30] 银行开展小企业贷款业务指导意见[Z].银监发〔2005〕54号.
- [31] 山东省联社枣庄办事处课题组.影像系统在农村小额信贷管理中的应用[J].中国农村金融,2011(6):10-12.
- [32] 邱俊如.小额信贷实务[M].北京:中国金融出版社,2012.
- [33] 贷款通则[Z].中国人民银行令〔1996〕第2号.
- [34] 中华人民共和国物权法[Z].主席令〔2007〕第10届第62号.
- [35] 中华人民共和国合同法[Z].中华人民共和国主席令〔1999〕第9届第15号.
- [36] 中华人民共和国担保法[Z].中华人民共和国主席令〔1995〕第8届第50号.
- [37] 证券公司股票质押贷款管理办法[Z].银发〔2004〕256号.
- [38] 中国证券登记结算有限责任公司深圳分公司证券公司股票质押登记业务运作指引[Z].深圳综〔2001〕10号.
- [39] 黄武.小额贷款评估技术与风险控制[M].北京:中国金融出版社,2013.
- [40] 黄兰.贷后检查情况报告写作一例[J].文摘版:经济管理,2015(10):230-230.
- [41] 商业银行授信工作尽职指引[Z].银监发〔2004〕51号.
- [42] 朱宇峰.我们的目标客户集中在长尾[EB/OL].和讯网.http://iof.hexun.com/2014-09-27/168915859.html.
- [43] 中华人民共和国民事诉讼法[Z].中华人民共和国主席令〔2012〕11届59号.
- [44] 周勤.商业银行小微金融业务创新及风险控制的建议[D].浙江大学硕士学位论文,2013.
- [45] 中国工商银行抵(质)押物(权)评估管理办法[Z].工银发〔2005〕133号.
- [46] 企业会计制度[Z].财会〔2000〕25号.
- [47] 宋娟.财务报表分析从入门到精通[M].北京:机械工业出版社,2010.
- [48] 来国伟,赵映珍.商业银行小微企业信贷研究[N].中华合作时报农村金融,2015-3-21.
- [49] 国务院国资委统计评价局.企业绩效评价标准值[M].北京:经济科学出版社,2013.
- [50] 中国工商银行小企业法人客户信用等级评定办法[Z].工银发〔2005〕78号.